湖南统战智库
研究报告

Research Report of
Hunan United Front Think Tank

许烨 著

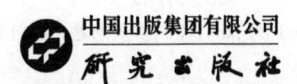

中国出版集团有限公司
研究出版社

图书在版编目 (CIP) 数据

湖南统战智库研究报告 / 许烨著 . -- 北京 : 研究
出版社 , 2024.9. -- ISBN 978-7-5199-1711-1
Ⅰ . D613
中国国家版本馆 CIP 数据核字第 2024KA0344 号

出 品 人：陈建军
出版统筹：丁　波
责任编辑：赵明霞

湖南统战智库研究报告
HUNAN TONGZHAN ZHIKU YANJIU BAOGAO

许烨　著

研究出版社 出版发行

（100006　北京市东城区灯市口大街100号华腾商务楼）
北京建宏印刷有限公司印刷　新华书店经销
2024年9月第1版　2024年9月第1次印刷
开本：710毫米×1000毫米　1/16　印张：17.75
字数：286千字
ISBN 978-7-5199-1711-1　　定价：68.00元
电话（010）64217619　64217652（发行部）

版权所有•侵权必究
凡购买本社图书，如有印制质量问题，我社负责调换。

序言

时代是思想之母,实践是理论之源。进入中国特色社会主义新时代,深入学习领会习近平新时代中国特色社会主义思想,系统学习习近平总书记关于做好新时代党的统一战线工作的重要思想,从理论与实践相结合的高度深刻认识和认真研究党的统一战线工作的新方位、新使命和新目标,是统一战线工作者的首要政治任务。

为了深入研究新时代统一战线理论和实践问题,湖南省社会主义学院近年来由青年教师许烨副教授牵头,重点围绕党外代表人士队伍建设、参政党建设、非公有制经济、新的社会阶层、党外知识分子、中华文化等课题进行专题研讨,先后形成了"党外代表人士能力素质模型建构研究""民主党派参政议政提质增效研究""新时代加强非公有制经济组织党建工作研究""民主党派领军人物的成长规律研究""新时代党外知识分子统战工作研究""新时代民族工作的坚持与创新研究""宗教与社会主义社会相适应问题研究"等多个议题,不仅圆满结项,研究报告在中央和各级层面多次获奖,而且起到了咨政建言的积极作用。这批研究成果之所以被省委组织部、统战部等党政机关吸纳在政治培训工作中运用,关键是把握好了时代方位,强化了对统战工作规律性的探索,拓宽了视野,结合了实际教学。

第一,能力素质是党外代表人士队伍建设的核心内容。党外代表人士的能力素质包括通用素质能力和专业素质能力两个方面。不同类别、不同岗位党外代表人士的能力素质模型构成不同。根据党外代表人士的使命,遵循聚焦性、差异化、现实性和前瞻性原则,课题组通过能力需求、问卷调查、数据分析、现状研判、构建模型、验证模型、修改完善模型七个步骤，从确立党外代表人士能力素质要素词典、分析能力素质差异化要求、评估能力素质现状、加强能力素质建设四个层次构建党外代表人士能力素质模型。党外代表人士能力素质模型的应用要求是：完善党外代表人士能力素质建设与规划机制，建立科学的党外代表人士能力素质评价与沟通机制，建立健全党外代表人士能力素质认可与激励机制，构建党外代表人士能力提升机制。

第二，参政议政提质增效是新时代民主党派发挥好履职尽责作用的迫切要求。深入学习习近平总书记关于多党合作的重要论述，加强民主党派自身建设，努力围绕三大职能提高履职能力水平，是实现国家治理体系和治理能力现代化的要求。根据坚持中国共产党的全面领导，提出了参政议政的基本原则、基本要求，着重以能力素质为基础，紧扣大局，找准新时代参政议政的政治定位；健全民主党派人才智库，建立人才凝聚和发展机制；注重调查研究总体规划，完善参政议政共享平台；健全参政议政职能部门，完善参政议政工作保障机制；构建建议提案网上办理系统，发挥网络参政议政作用；完善参政议政质量效能的考核，完善参政议政工作激励机制。

第三，非公有制经济组织党建工作是非公有制经济"两个健康"的重要保障。嵌入性治理理论为坚持党对非公有制经济组织的领导与建立现代企业制度的有机结合提供了新的视角。嵌入性治理有助于增强现有非公有制企业党建模式的适应性，是适应非公有制经济组织面临新时代新使命新征程的需要，是贯彻中国共产党的十九大精神、发挥企业基层党组织政治核心地位和先进性作用的需要。以湖南为例，传统治理模式下非公有制经济组织党组织政治核心作用发挥成效较好，组织覆盖率高位提升，体制机制不断完善，舆论氛围逐渐增强，创新举措持续推出；但存在不少隐忧，在落实非公有制经济组织党建规定工作方面不到位，在推进企业党建工作的创新实践中也面临着不少困难与挑战，思想建设、组织建设、作风建设、制度建设、反腐倡廉建设和纯洁性建设等方面均存在一些问题，少数非公有制企业党员在政治观、价值观、社会观、生活观、学习观上存在一些问题，职工主人翁地位被弱化。整体而言，传统党建在非公有制经济组织领域遭遇机制困境，如动力不足，非公有制经济组织对传统党建的挑战；制度脱节，传统党建模式滞后于党建实践；角色错位，政治逻辑与经济逻辑的双重错置；功能障碍，组织地位"虚化"与党员角色"边缘化"；机制冲突，党建机制与企业治理存在的兼容性不足。非公有制经济组织是一个特殊的领域，其党建工作没有现成的经验可遵循，只有不断探索与创新，才能逐步掌握开展党建工作的内在规律。

第四，加强新形势下新媒体代表人士政治引领。促进新媒体代表人士思想进步，是政治引领的目的性要求。新形势下加强新媒体代表人士政治引领，是由统一战线的性质和任务、新形势的改革发展、统战成员的新特点、协商民主的发展所决定的。根据湖南省新媒体代表人士对体制、政党、政策、身份、文化、发展等政治认同现状的调研分析和目前开展新媒体代表人士政治引导工作的探索与成效分析，要更好地团结和引导他们实现"同心"和"共识"，需要构建增进新的社会阶层人士政治认同及引导整合机制"大网络"。

第五，党外知识分子工作是统一战线的基础性、战略性工作。随着社会的发展和时代的变革，传统的党外知识分子工作出现了一些现实问题和短板。根据新时代党外知识分子的专业理论和能力较强、价值取向多元化、政治认同度高、政治诉求增强等新特点，需要对党外知识分子工作进行新的调整和改变，切实增强党外知识分子统战工作主体责任，全面认识新时代党外知识分子的特点，着力创新党外知识分子统战工作方法，探索增加党外知识分子统战工作载体。

第六，新时代中华优秀传统文化传承发展有利于维护国家文化安全、增强国家文化软实力，有利于推进国家治理体系和治理能力现代化，有利于全面提升人民群众文化道德素养。传承过程应遵循以马克思主义为指导、以人民为中心、以实践为导向、具备国际视野、批判继承传统的原则。新时代中华优秀传统文化传承发展仍然面临一些困境，应当充分调动全社会的积极性、创造性，构建多元协同合作的主体体系；着力加大教育宣传力度，加强文化自觉和文化认同；全面加强研究阐释，形成符合新时代要求的传承发展内容；重点利用现代化、信息化资源，丰富并创新传承发展方式和手段；多方探索并确立制度，建立健全传承发展保障系统。

新时代统一战线工作怎么做，是重大政治问题，也是重大理论问题和实践问题，还是统战工作者和选择从事党外代表人士政治培训工作的同志引以为豪的职责并当作重要任务甚至终身追求的事业。总之要以习近平新时代中国特色社会主义思想为指导，学懂弄通做实习近平总书记关于加强和改进统一战线工作的重要思想，把理论弄通、把业务做精、把作风搞硬，熟练掌握党的统一战线理论方针政策，熟悉了解统战领域各项工作，理论联系实际，丰富实践经验，精湛业务技能，深入研究、探求规律、把握方向、解决问题，做到"著作学识人人赞、成果辉煌都当用"。

周述杰

目录

第一章 党外代表人士能力素质模型建构研究 ……………………… 001
第一节 党外代表人士能力素质模型的作用及基本原则 ………… 002
第二节 党外代表人士能力素质差异化要求分析和模型设计 …… 005
第三节 各领域党外代表人士能力素质现状及短板 ……………… 012
第四节 提升各领域党外代表人士能力素质和推动模型运用的对策建议
……………………………………………………………………… 034

第二章 民主党派参政议政提质增效研究 …………………………… 044
第一节 参政议政提质增效的定位及基本原则 …………………… 045
第二节 民主党派组织参政议政现状 ……………………………… 048
第三节 新时代民主党派参政议政提质增效的对策建议 ………… 060

第三章 新时代加强非公有制经济组织党建工作研究 ……………… 073
第一节 非公有制经济组织党组织作用的基本内涵 ……………… 074
第二节 传统治理模式下非公有制经济组织党组织作用发挥的现状 …… 086
第三节 嵌入性治理理论及其与非公有制经济组织党组织作用的逻辑关系
……………………………………………………………………… 121
第四节 非公有制企业党组织嵌入现代企业治理结构的支持要素分析
……………………………………………………………………… 127
第五节 嵌入式构建：非公有制经济组织党建运行机制体系 …… 138

第四章　新时代新媒体代表人士政治引领研究 150
第一节　新时代新媒体代表人士与政治引领的关系 151
第二节　新时代新媒体代表人士的政治思想现状分析 163
第三节　新时代新媒体代表人士政治引领面临的挑战 184
第四节　新时代新媒体代表人士政治引领的动力与条件 191
第五节　新时代新媒体代表人士政治引领的路径选择 202

第五章　新时代党外知识分子规律特点与工作对策研究 212
第一节　新时代党外知识分子的思想特征与工作要求 213
第二节　新时代党外知识分子工作存在的问题 221
第三节　做好新时代党外知识分子工作的对策 230

第六章　新时代中华优秀传统文化的传承发展研究 241
第一节　新时代中华优秀传统文化的内涵及其基本精神 241
第二节　新时代中华优秀传统文化传承发展的重大意义和遵循原则 244
第三节　新时代中华优秀传统文化传承发展存在的问题和困境 249
第四节　新时代中华优秀传统文化传承发展的实现路径和具体对策 251

参考文献 258

附录 264

后记 273

第一章

党外代表人士能力素质模型建构研究

加强党外代表人士队伍建设，培养使用党外代表人士，是坚持走中国特色社会主义政治发展道路的固本之举。在中央统战工作会上，习近平总书记就加强党外代表人士培养使用进行了专门阐述，明确提出民主党派领导班子要提高五种能力，即"政治把握能力、参政议政能力、组织领导能力、合作共事能力、解决自身问题能力"。中国共产党的十九大报告对"建设高素质专业化干部队伍"提出了新要求，强调"培养专业能力、专业精神，增强干部队伍适应新时代中国特色社会主义发展要求的能力"[①]。2018年1月，全国统战部长会议强调："把党外代表人士的培养使用放到坚持和完善我国多党合作制度的高度，作为一项战略任务抓紧抓好。有计划有组织地加大党外代表人士培养力度，加强党外代表人士的梯队建设，推荐优秀党外干部担任领导职务，加强对党外干部的管理，帮助党外干部健康成长。"[②]

能力素质是党外代表人士队伍建设的核心内容。目前，有关党外代表人士队伍能力建设的研究还较为薄弱，缺少理论工具、实践经验和实证数据的支撑。把握不同领域不同类型党外代表人士的不同特点和差异性，细化各领域党外代表人士能力素质要素，确立各领域党外代表人士能力素质的不同需求，在此基础上构建党外代表人士能力素质模型，有利于进一步加强和改进新时代党外代表人士队伍建设。本书参照中央关于加强党外代表人士队伍建设的总体部署，

[①] 《党的十九大报告辅导读本》，人民出版社2017年版，第63页。
[②] 《2018年统战工作怎么干？全国统战部长会议定调！》，载团结网 http：//www.tuanjiebao.com/2018-01/17/content_130278.htm，最后访问日期：2018年1月17日。

根据《中国共产党统一战线工作条例》和《关于加强新形势下党外代表人士队伍建设的意见》对党外代表人士发现储备、教育培养、选拔任用和管理等的具体要求，从导向性、可操作性、规范性、创新性角度建构党外代表人士能力素质模型。

第一节 党外代表人士能力素质模型的作用及基本原则

一、党外代表人士能力素质模型的概念

1973年，美国心理学家大卫·麦克利兰（David C. McClelland）在《测量素质能力而非智力》一文中首次提出能力素质（competency）。麦克利兰在冰山模型中列出了能力素质的构成。根据不同表现形式，他把模型分为表面的"冰山以上"和深藏的"冰山以下"两大部分（见图1-1）。"冰山以上"为知识、技能，是外在容易了解和测量的部分，也称为基准性素质；"冰山以下"为价值观、社会角色、自我概念、特质和社会动机，是人内在的难以测量的个性特征，也称为鉴别性素质。由于对"competency"及其构成要素的理解差异，目前国内外对此概念尚无定论。有学者认为，能力素质模型"本质上就是指为完成某项特定工作，达成某一指定绩效目标所要求的一系列不同素质要素的组合，包括不同的动机表现、个性与品质要求、自我形象与社会角色特征以及知识与技能水平"[1]。在实践中，不同的专家学者从不同维度对能力素质模型进行了构建。如有学者基于能力素质模型建立了工作负责人分级管理体系[2]，但大都烦琐复杂，操作起来有一定困难，一般简化为知识、技能、经验、职业素养四个维度。

课题组认为，能力素质模型是指一个人在具体工作行为中表现出来的胜任

---

[1] 张晓东、舒忠飞：《国外高级公务员能力素质模型建设及其对我国领导干部继续教育工作的启示——以美、英、荷、澳为例》，载《继续教育》2016年第8期，第77-80页。

[2] 高浩宇、潘超：《基于能力素质模型的工作负责人分级管理体系》，载《电力与能源》2015年第2期，第263-267页。

工作所需要具备的素质、能力、知识等个人特征，是决定并区别差异的要素。它分为通用素质能力和专业素质能力两类。① 通用素质能力是党外代表人士所应具备的通用性的能力，包括基本素质、通用能力、基础知识；专业素质能力是党外代表人士所应具备的特定岗位能力，包括专业素质、专业能力、专业知识。不同类别、不同岗位党外代表人士的能力素质模型构成不同。

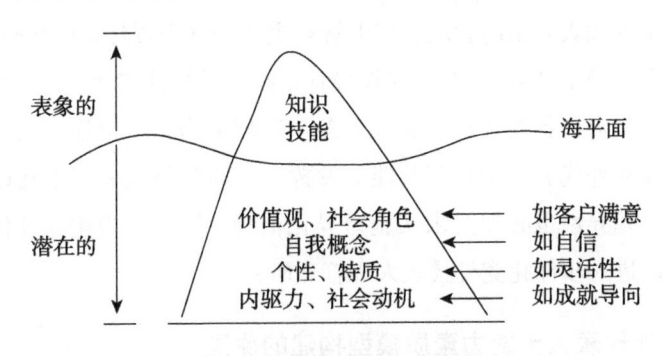

图 1-1 能力素质冰山模型

二、构建党外代表人士能力素质模型的重要性

（一）是新形势下加强党外代表人士队伍建设的需要

政治坚定、业绩突出、群众认同，是党外代表人士的基本标准，也是加强党外代表人士队伍建设的根本要求。构建党外代表人士能力素质模型对建设一支数量充足、结构合理、素质优良、作用突出的党外代表人士队伍而言意义重大。对于体制内的党外干部，主要是参照《公务员法》《党政领导干部选拔任用工作条例》等法规政策进行整齐划一的治理，忽视了党外代表人士与党内干部相比在职能定位、专业造诣和社会影响方面的不同要求，导致党内党外干部日趋同质化。因此，构建党外代表人士能力素质模型既有利于加强党外代表人士培养的针对性，又有利于加强党外代表人士的任用，避免党外干部任用的随意性和趋同性。

---

① David C. McClelland, "Testing for competency rather than for intelligence", *American Psychologist*, vol. 28, 1973, pp. 1-4.

（二）是进一步加强党外代表人士管理的需要

2012 年《关于加强新形势下党外代表人士队伍建设的意见》第一次把管理与发现、培养、使用并列作为党外代表人士队伍建设"四个环节"之一，提出专门的政策要求。《中国共产党统一战线工作条例》从党内法规的角度进一步强调要加强对党外代表人士的管理，重申管理重点和管理责任。但从整体上来说，相关理论研究仍趋于"碎片化"，制度设计还缺乏系统性和针对性，各管理主体工作协同性还不强，各类党外代表人士参与管理的内生动力还不足等，在很大程度上制约着党外代表人士管理效能的发挥。八类党外代表人士在政治思想倾向上存在显著差异性也必然要求实施差异化治理。因此，构建党外代表人士能力素质模型能进一步深化党外代表人士管理研究。

三、党外代表人士能力素质模型构建的原则

适应党外代表人士差异化客观规律，构建党外代表人士能力素质模型，是有效提升党外代表人士能力素质的首要环节。主要遵循以下基本原则：

第一，聚焦原则。党外代表人士的职能定位决定了其职责和岗位的宽泛，与之对应的素质要求也呈多样化，但素质模型的构建主要聚焦履行核心职能需要的核心能力。[1]

第二，差异化原则。结合党外代表人士群体差异性特征，分类探讨党外代表人士能力素质的差异。

第三，现实性原则。素质模型的构建要符合党外代表人士队伍管理现状，符合党外代表人士队伍的管理特点。

第四，前瞻性原则。要根据习近平新时代中国特色社会主义思想，特别是习近平总书记关于加强和改进统一战线工作的重要思想，严格落实《关于加强新形势下党外代表人士队伍建设的意见》，构建过程中在能力要素以及级别定义

---

[1] 肖伟、石鲁香等：《党群干部能力素质模型研究》，载《山东工业技术》2016 年第 2 期，第 292 页。

上预设一部分对于党外代表人士培养使用的要求，从而使该能力素质模型在一定时期内保持其先进性。

第二节　党外代表人士能力素质差异化要求分析和模型设计

为更准确把握党外代表人士能力素质现状，为构建能力素质模型提供数据支持，课题组针对研究对象做了调查。限于客观条件，根据不同调查内容对民主党派代表人士、无党派代表人士、少数民族代表人士、宗教界代表人士、非公有制经济代表人士、港澳台及海外代表人士、新的社会阶层代表人士、党外知识分子代表人士这八类调查对象有所取舍，最后通过随机抽样的方式确定了调查对象。

一、党外代表人士能力素质差异化要求分析

党外代表人士能力素质建设过程的目的是要不断提高组织能力，使组织有能力维持高绩效。在构建模型的过程中，我们应该首先分析党外代表人士组织现在具有什么能力以及应该具有什么能力。借鉴前期研究成果，模型立足于《关于加强新形势下党外代表人士队伍建设的意见》提出的党外代表人士的五种能力建设，即：（1）政治把握能力：在具体的社会历史条件下对政治局面和政治道路的判断和选择能力；（2）参政议政能力：坚持、落实、完善和发展中国共产党领导的多党合作和政治协商制度所需要的能力；（3）组织领导能力：根据工作任务，对资源进行分配，同时控制、激励和协调群体活动过程，使之相互融合，从而实现组织目标的能力；（4）合作共事能力：相互合作、共同发展的能力；（5）解决自身问题的能力：克服自身思想作风上的问题，自我化解各种矛盾，提高自身凝聚力和战斗力的能力。准确把握不同领域不同类型党外代表人士的不同特点，充分尊重其差异性，增强管理针对性和科学性，分别细化民主党派、无党派、民族、宗教界、非公有制经济、新阶层、党外知识分子等

各领域代表人士能力素质要素，确立各领域党外代表人士能力素质的不同需求。在党外代表人士出现多重身份时，原则上以其最高身份或最能体现其发展方向的身份来确定其主体代表性，特殊情况下还要综合党外代表人士对自我身份的认同及实际工作需要等方面的因素来分析界定。

（一）党外代表人士能力素质的差异化需求

第一，民主党派代表人士能力素质需求。民主党派代表人士的能力素质将对我国各民主党派的素质、民主党派的建设以及今后发挥参政党作用具有重要影响。新形势下，民主党派的政党意识、参政意识、民主意识明显增强，在参政议政、民主监督方面发挥了积极作用。但整体而言，新时代民主党派成员应当继续增强政党意识、参政意识、民主意识，在进一步发挥好政治协商、参政议政、民主监督作用的同时，把能力素质需求突出放到政治把握能力和参政议政能力上，围绕牢固树立正确的政治观、国家观、群众观和多党合作意识，增强政策法律知识、专业知识水平和参政议政能力，提高分析判断能力、综合协调能力和组织领导合作共事能力。

第二，无党派代表人士能力素质需求。根据其具有较高的学术水平和业务工作水平、具备中高级职称等特点，注重通过引导参加各级政治培训、会议和活动，加强中国共产党的领导和社会主义核心价值观的教育，强化政治认同，提升政治把握能力、参政议政能力和合作共事能力。

第三，少数民族代表人士能力素质需求。要突出贯彻落实党的民族政策，增进"五个认同"，构建平等团结互助和谐的社会主义民族关系，维护祖国统一、民族团结等方面的内容。要着力提高政治理论水平、实际工作能力和参政议政能力，更好地发挥其在党委、政府联系少数民族群众中的桥梁纽带作用。其能力素质需求主要集中在政治把握能力、合作共事能力和解决自身问题能力等方面。

第四，宗教界代表人士能力素质需求。根据"政治上靠得住、宗教上有造诣、品德上能服众、关键时起作用"的选拔标准，宗教界代表人士应爱国爱教、遵纪守法、有较高的宗教学识，增强他们拥护和贯彻落实党的宗教政策、推动宗教与社会主义社会相适应的自觉性。其能力素质需求主要集中在政治把握能力和解决自身问题能力方面。

第五，非公有制经济代表人士能力素质需求。要继续引导他们坚持爱国、敬业、创新、守法、诚信、贡献的价值观，有意识地提高他们的政治素养、法治意识和创新能力。其能力素质主要集中在参政议政能力和组织领导能力方面。要围绕做合格中国特色社会主义事业建设者的目标，进一步提升他们的政治把握能力、合作共事能力和解决自身问题能力。

第六，港澳台及海外代表人士能力素质需求。对于台湾同胞、港澳同胞、海外侨胞中拥护祖国统一并有一定影响、有一定经济实力或学术造诣较高的代表人士，要继续坚持"一国两制""和平统一"方针，引导他们为祖国统一、民族复兴贡献力量，集中抓好政治把握能力和合作共事能力建设。根据这类党外代表人士的身份特点，要突出抓好国情省情地情教育，加强沟通交流，进一步提高他们的参政议政能力。

第七，新的社会阶层代表人士能力素质需求。新的社会阶层代表人士思想活跃，年轻化、知识化和技术化等特点明显。其能力素质需求集中体现在政治把握能力、参政议政能力和组织领导能力方面，特别要突出坚持中国共产党的领导、坚持中国特色社会主义道路和履行社会责任。

第八，党外知识分子代表人士能力素质需求。党外知识分子代表人士思想价值观念非常多元，有较高的文化水平和较系统的专门知识，也有较高的社会知名度，参政议政的能力比较强。其能力素质需求集中体现为解决自身问题的能力和参政议政能力。

(二) 党外代表人士与党内干部能力素质的差异化分析

党外代表人士与党内干部在组织领导能力、合作共事能力和解决自身问题能力方面的差异性不大，但在以下方面存在较大差异：

第一，政治素质差异。党外代表人士的政治素质主要表现为对社会主流意识形态和政治制度的肯定与支持，在经济社会生活中的政治价值表达和政治参与。党内干部的思想政治素质在实践中重点表现为"四观"，即权力观、价值观、政绩观、发展观。

第二，执政党和参政党能力需求差异。执政党要有包容各种意见的雅量和从善如流的魄力。参政党要有政治担当和社会担当，其担当主要通过履行参政议政、民主监督和政治协商等职能来实现。

第三，履职能力差异。党外代表人士选拔使用强调"讲政治""善参政""有影响"等要求，在选拔、推荐时主要关注专业成绩和参政议政能力。根据调查，绝大部分的被测试者对与自身业绩相关的能力更为关注，50%的被测试者认为党外代表人士能力素质建设中的组织领导能力对工作最重要，远高于其他四种能力。而党内干部的相关能力素质主要按照《国家公务员通用能力标准框架（试行）》的有关要求，包括政治鉴别能力、依法行政能力、公共服务能力、调查研究能力、学习能力、沟通协调能力、创新能力、应对突发事件能力、心理调适能力九大类能力要素。

二、党外代表人士能力素质模型的设计

在明确党外代表人士使命的前提下，绘制出党外代表人士能力素质与战略系统构建图，确定了如下四个层次：

（一）战略：确立能力素质要素词典

课题组首先详细确定党外代表人士所需要的知识和能力的要求，初步构建了党外代表人士能力素质要素词典，作为分析文本、构建模型的依据。在对能力素质要素词典进行进一步整理时，为避免由于研究成员个体差异而导致文本要素提炼过程中的主观性偏差，在小组成员对文本分析后，将其提交给所有研究人员共同讨论、商议，达成共识后，确定要素名称。为确保要素名称的科学性和规范性，课题组多次邀请相关领域专家对要素提取方式进行把关和指点，邀请党外代表人士中的专家对能力素质要素名称进行进一步研讨修改。最终研究组对最初构建的词典中有偏差的要素进行重新鉴定，将新发现的要素做了及时补充，由此得到更丰富的能力素质要素（见表1-1）。

表1-1 党外代表人士能力素质要素词典

能力要点		能力要素
素质能力	政治把握能力	政治方向、政治理论知识、政治立场、政治鉴别能力、政治敏锐性、政策法律知识、政治作风、政治纪律、政治信仰、政治观点、政治思路、政治纪律、国际视野、政治宗旨、政治目标
	参政议政能力	专业知识水平、分析决策能力、战略思维能力、学习能力、民主监督能力、责任意识、服务能力、大局意识、创新能力、口头表达能力、写作能力、发展当地经济能力、变革能力、调查研究能力、参政党意识、信息化能力
	组织领导能力	政策宣传执行能力、管理能力、计划组织能力、总揽全局能力、应对突发事件能力、化解矛盾冲突能力、解决工作问题能力、知人善任能力、公文处理能力、培养下属的能力、团队领导能力、群众性、反映社情民意能力
	合作共事能力	人际交往能力、沟通能力、协调能力、自律意识、竞争意识、影响力、激励能力、奉献精神、心理调适能力、适应能力、团结协作能力、诚信度、观察能力
	解决自身问题的能力	原则性、主动性、条理性、严密性、开拓进取能力、务实性、前瞻性、严密性、保守性、独立性、敏锐性、表率性、果断性、灵活性、包容性、事业心、敢为性、亲和力、同情心、公平性、成就感、服从性、耐心

（二）模型构建

通过能力需求、问卷调查、数据分析、现状研判、构建模型、验证模型、修改完善模型七个步骤，构建党外代表人士素质能力模型。其中建模是整个研究中最复杂和具有挑战性的阶段。主要工作是通过问卷调查和访谈获取党外代表人士行为信息、访谈录入文本、分析文本提取素质能力要素、划分素质能力层级和描述行为特征。研究组严格遵循调查研究的主要原则开展工作，同时辅以其他多种研究方法。为了保证党外代表人士素质能力模型的有效性，需要对模型进行反复修改论证。本研究主要采用问卷调查验证，征询和听取人事教育和业务主管部门领导以及相关专家、统战部门的意见，就模型要素选取、定义界定、行为特征描述等关键方面，进行修改完善。经过以上步骤，最终构建党外代表人士素质能力模型。

（三）评估能力现状

通过问卷调查评估党外代表人士的能力素质现状，这些评估为当前党外代表人士能力素质现状和绩效考核提供了有意义的反馈，也为党外代表人士的未来发展提供了可参考的思路。

（四）加强能力建设

根据二者之间的差异，构建党外代表人士能力素质提升机制，组织实施能力素质开发计划来缩小这一差距（见图1-2）。

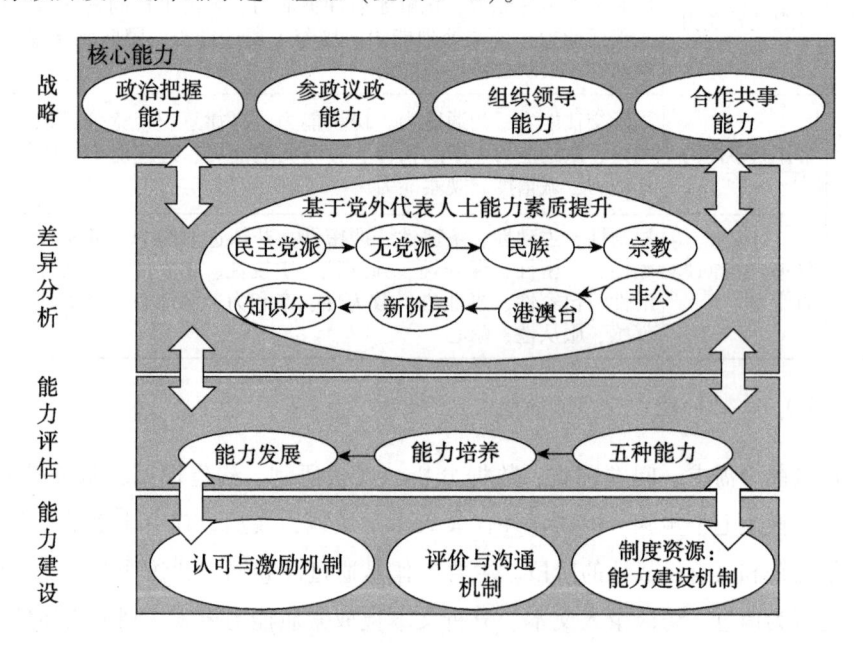

图1-2　党外代表人士能力素质建设模型

三、党外代表人士能力素质模型的应用

党外代表人士能力素质模型的建构为党外代表人士培训、选拔、使用、考评和职业规划开辟了创新道路，也为进一步细化各领域各层次党外代表人士能力素质模型提供了良好的借鉴。

第一，为党外代表人士培训提供标准。高效率的党外代表人士培养应针对党外代表人士的特点和个人需求来制订方案，将党外代表人士能力素质模型作为加强党外代表人士培训的重要参照。依据党外代表人士能力素质模型，结合《关于加强新形势下党外代表人士队伍建设的意见》和社会主义学院的政治共识教育目标，构建党外代表人士干部能力培训机制，通过能力素质模型的比较和测试，可以为党外代表人士规划不同的发展方向，制订相应的培训方案，设计合适的培训课程，进一步优化培训课程体系，增强针对性。

第二，为党外代表人士的选拔和使用提供参考。将党外代表人士能力素质模型作为选拔党外干部的工具之一。通过能力素质模型，对党外代表人士队伍的发展潜力进行评估，考评候选对象是否具备"优秀"党外干部的潜质，能够为党外干部发现能力"短板"，找到"最合适"的岗位。也可根据能力素质模型设计有针对性的选聘问题，通过问卷、面谈等多种方式进一步考察候选党外干部与岗位的匹配度，提高党外代表人士人才选拔的精准性与成功率。同时，通过明确特定岗位的特定能力素质，可以在一定程度上改善党对党外代表人士队伍建设的领导，避免党外干部使用的随意性和偶然性，更好地体现人岗一致的原则。

第三，为党外代表人士能绩考评提供依据。将党外代表人士能力素质模型作为党外代表人士队伍建设的考评工具，依照党外代表人士能力素质模型对民主党派人士、无党派人士、少数民族人士、宗教界人士、非公有制经济人士、港澳台及海外人士、新的社会阶层人士、党外知识分子这八类群体中的代表人士进行考评，考评结果可用于单位、行业、统战部门等整体了解和把握党外代表人士的能力素质状况，为党外代表人士队伍建设、人才盘点、培训和培养重点确定，以及选人用人提供参考。同时，单位、行业或统战部门将考评结果提供给党外代表人士，帮助其了解自身目前的能力素质状况和差距，使党外人士对照党外代表人士能力素质模型进行有目的的自我能力素质提升。

第四，为党外代表人士的队伍建设提供基础。首先，党外代表人士能力素质模型的应用能够促进党外代表人士队伍能力素质提升。可以将党外代表人士能力素质模型建构作为切入点，进一步加大分层分类细化研究，进一步加强和改进新形势下的党外代表人士队伍建设。其次,为开展其他类似研究奠定基础。目前有关党外代表人士队伍能力建设的研究还较为薄弱,缺少相应的理论研究、实践经验积累和数据库支撑,本研究成果和经验可以为之提供良好的借鉴。

第三节 各领域党外代表人士能力素质现状及短板

调查问卷分为两部分:第一部分为个人信息部分,第二部分为问卷内容。问卷内容从党外代表人士能力的发挥程度、能力与岗位匹配程度、激励机制、培养机制、能力评估机制以及发展机制等各个方面来调查党外代表人士能力素质情况。此次问卷调查涵盖了长沙(含株洲、湘潭)、岳阳、衡阳、郴州,共发放问卷800份。在验证模型后,重新合并探索性因子分析和验证性因子分析的两个过程中获得的样本数据,共获得有效问卷780份,其中民主党派代表人士和无党派人士390份(皆为党外干部),新的社会阶层人士190份,党外知识分子200份。样本数据通过频率/频数分析和描述统计分析的方法,采用SPSS统计软件进行数据处理。

一、基本情况分析

从整体来看,被试的党外代表人士性别比例有点失衡,男性比例占到70.4%;年龄结构呈现年轻化,35岁以下的占到三分之一;85.6%来自汉族;学历结构比较合理,大学本科及以上学历的占到68.8%;工作年限在10年以内的将近60%。具体样本的构成情况见表1-2。

表1-2 样本构成情况

样本名称	样本类别	样本数量(人)	样本百分比(%)
性别	男	549	70.4
	女	231	29.6

续表

样本名称	样本类别	样本数量（人）	样本百分比（%）
年龄	30 岁以下	65	8.3
	30~35 岁	221	28.3
	35~45 岁	281	36.0
	45~55 岁	175	22.5
	55 岁以上	38	4.9
民族	汉族	668	85.6
	少数民族	112	14.4
最高学历	大学本科以下	243	31.2
	大学本科	366	46.9
	研究生及以上	171	21.9
工作年限	5 年以内	237	30.4
	6~10 年	221	28.3
	11~20 年	172	22.1
	21~30 年	115	14.7
	30 年以上	35	4.5

专业结构在各领域均有分布，结构较为合理，主要分布在管理、理工、经济、法学、政治、教育、艺术、语言等学科。

其中，被试的390名党外干部中，高层岗位的55.4%处于35~45岁，35岁以下占17.3%，可以看出党外干部领导班子整体上处于年轻化结构；中层岗位中32.2%处于35岁以下，40.6%处于35~45岁，27.2%处于45岁以上，党外干部年龄呈年轻化趋势（见图1-3、图1-4）。

高层被试

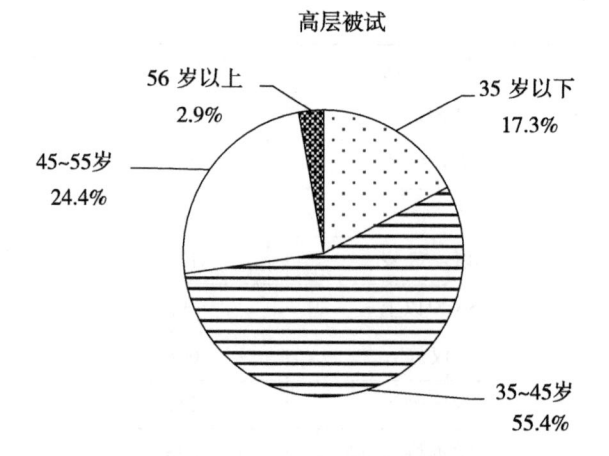

图 1-3　党外干部按年龄分析工作类别图（高层）

中层被试

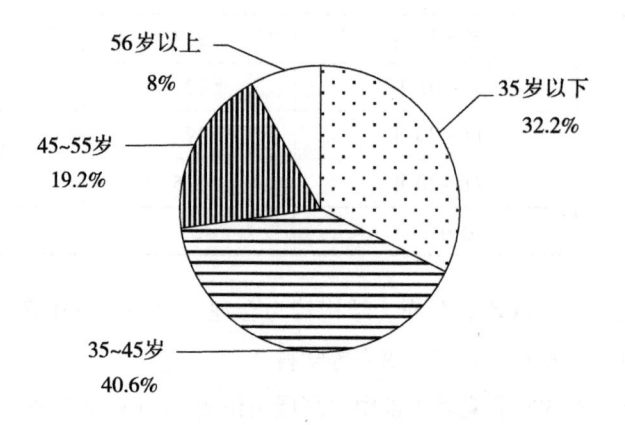

图 1-4　党外干部按年龄分析工作类别图（中层）

二、党外代表人士能力素质建设的战略重要性

（一）参政议政能力是党外代表人士能力素质的重中之重

根据调查，被试认为党外代表人士能力素质最重要的内容按重要程度依次为：参政议政能力、政治把握能力、组织领导能力、解决自身问题能力、合作共事能力。在党外代表人士看来，参政议政能力建设是党外代表人士能力素质建设中的重中之重（见表 1-3）。但是就调查来看，党外知识分子认为党外代

表人士能力素质最重要的内容按重要程度依次为：解决自身问题能力、参政议政能力、组织领导能力、政治把握能力、合作共事能力。可见党外知识分子更看重解决自身问题能力和参政议政能力，其政治把握能力还有待进一步提高（见表1-4）。

表1-3　党外代表人士五种能力重要程度统计

选项	党外干部 频率(人次)	党外干部 百分比(%)	新的社会阶层人士 频率(人次)	新的社会阶层人士 百分比(%)	党外知识分子 频率(人次)	党外知识分子 百分比(%)	总提及 频率(人次)	总提及 百分比(%)
政治把握能力	148	37.9	30	15.8	33	16.5	211	27.0
参政议政能力	106	27.2	65	34.2	44	22.0	215	27.6
组织领导能力	51	13.1	28	14.7	49	24.5	128	16.4
合作共事能力	47	12.1	37	19.5	25	12.5	109	14.0
解决自身问题能力	38	9.7	30	15.8	49	24.5	117	15.0
合计	390	100.0	190	100.0	200	100.0	780	100.0

注：按第一选择统计计算。

表1-4　党外知识分子五种能力重要程度统计

选项	第一选择 频率(人次)	第一选择 百分比(%)	第二选择 频率(人次)	第二选择 百分比(%)	第三选择 频率(人次)	第三选择 百分比(%)	总提及 频率(人次)	总提及 百分比(%)
政治把握能力	33	16.5	30	15.0	30	15.0	93	15.5
参政议政能力	44	22.0	60	30.0	40	20.0	144	24.0
组织领导能力	49	24.5	28	14.0	49	24.5	126	21.0
合作共事能力	25	12.5	32	16.0	35	17.5	92	15.3
解决自身问题能力	49	24.5	50	25.0	46	23.0	145	24.2
合计	200	100.0	200	100.0	200	100.0	600	100.0

（二）党外代表人士能力素质对组织任务的完成影响很大

34.1%的被试认为自己能力素质的高低对组织任务的完成影响很大，

21.8%的被试认为有影响但不是很大，31%的被试认为有一点影响。值得注意的是有13.1%的被试认为自己的能力素质高低对组织任务的完成基本没有影响（见图1-5）。通过进一步分析，我们发现被试中42.1%的高层、39.9%的中层、19.8%的基层党外干部认为自己素质能力的大小对组织任务完成有很大影响（见图1-6、图1-7、图1-8）。

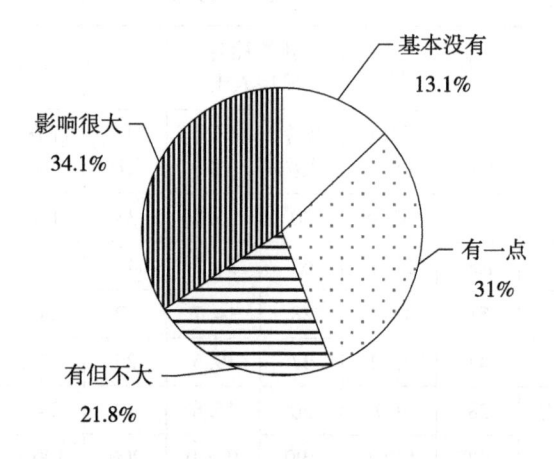

图1-5 党外干部能力素质对组织任务完成的影响

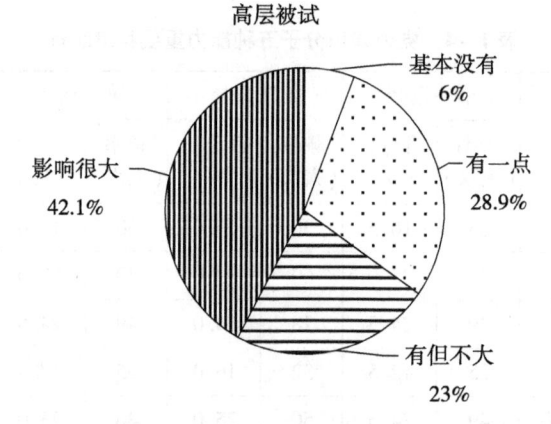

图1-6 党外干部能力素质对任务完成分类别统计图（高层）

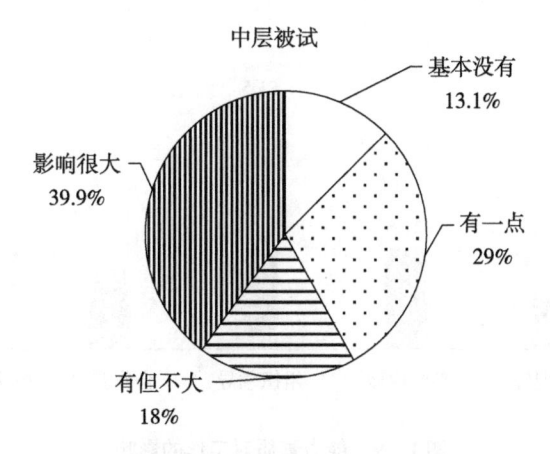

图 1-7 党外干部能力素质对任务完成分类别统计图（中层）

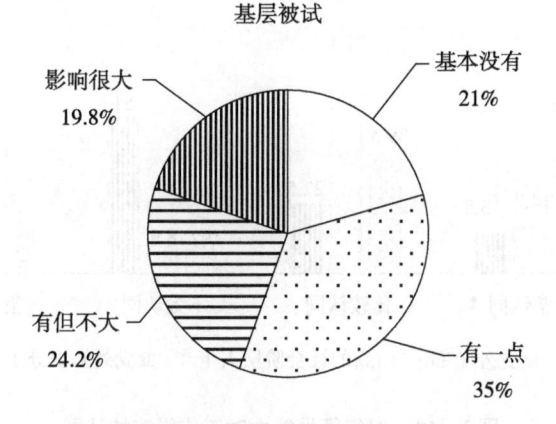

图 1-8 党外干部能力素质对任务完成分类别统计图（基层）

（三）党外代表人士能力素质建设凸显业务能力的重要性

绝大部分被试者对与自身业绩相关的能力更为关注。超半数的被试认为党外代表人士能力素质建设中组织领导能力对工作最重要，远高于其他四种能力（见图 1-9）。总体来看，党外代表人士对组织领导能力的认同度也有不同。其中，党外干部非常认同的超半数，新的社会阶层人士中比较认同的超半数，党外知识分子不太认同的超半数（见图 1-10）。

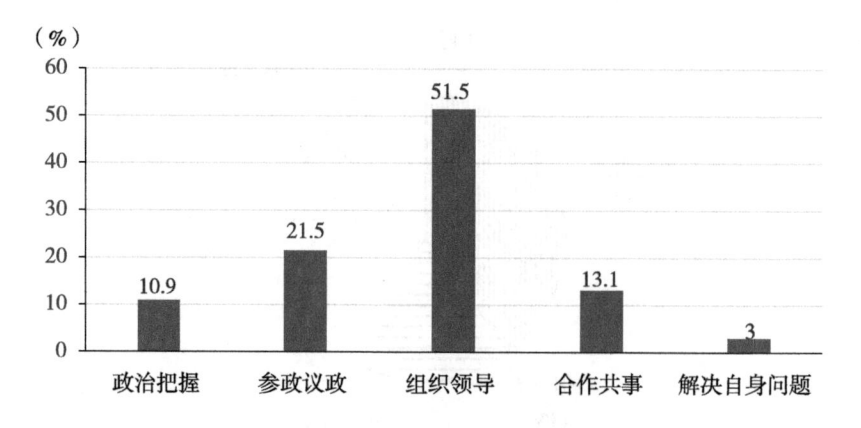

图 1-9 能力素质对工作的影响

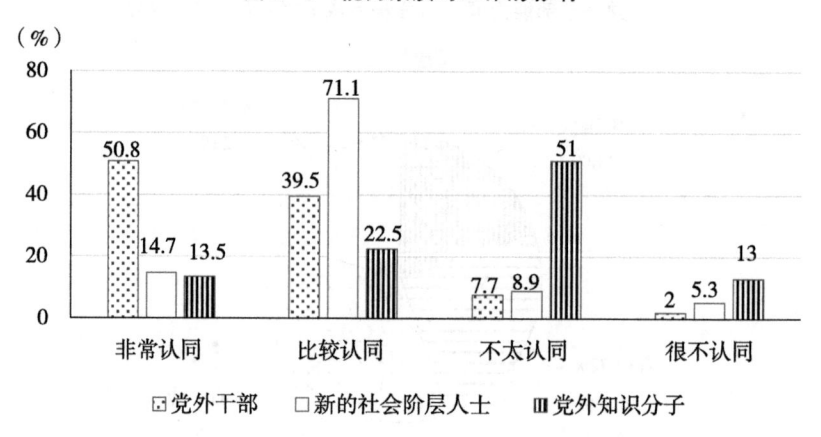

图 1-10 组织领导能力对工作影响的认同

三、党外代表人士能力素质建设情况及能力发挥程度

（一）党外干部更加重视能力素质建设

超过60%的党外代表干部认为"单位或行业比较重视能力素质建设"，50%的新的社会阶层人士认为比较重视，40%的党外知识分子认为比较重视。

（二）对有能力的人或干部认可度较高

10%的党外代表人士表示非常认可有能力的人或干部，42.1%的党外代表人士表示比较认可，40%的党外代表人士表示认可（见图1-11）。

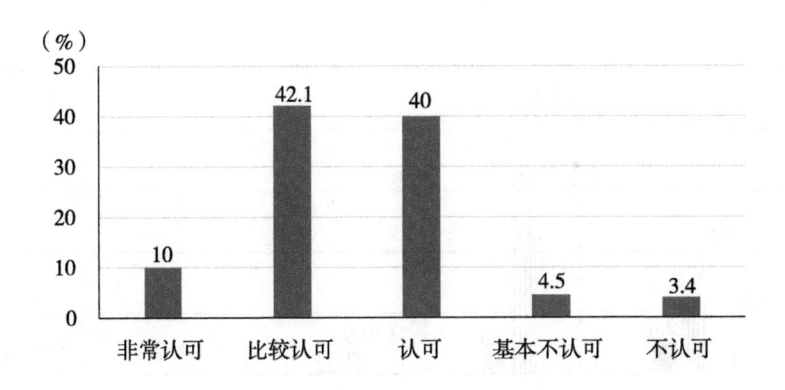

图 1-11 对有能力的人或干部的认可

（三）能力发挥空间很大，有待进一步提升

52.3%的被试认为"自己的能力在目前的岗位上"发挥了大部分（50%~80%），23.1%的被试认为自己完全发挥了（80%以上），18.7%的被试认为自己基本发挥了（50%）（见图1-12）。图1-12显示，绝大部分党外干部认为自己的能力发挥了50%以上，只有极少部分的被试认为自己能力发挥得不多。从年龄分布来看，35岁以下的党外干部的能力完全发挥或发挥大部分的比例远小于35~45岁的党外干部，可见其能力还未得到充分发挥（见图1-13）。

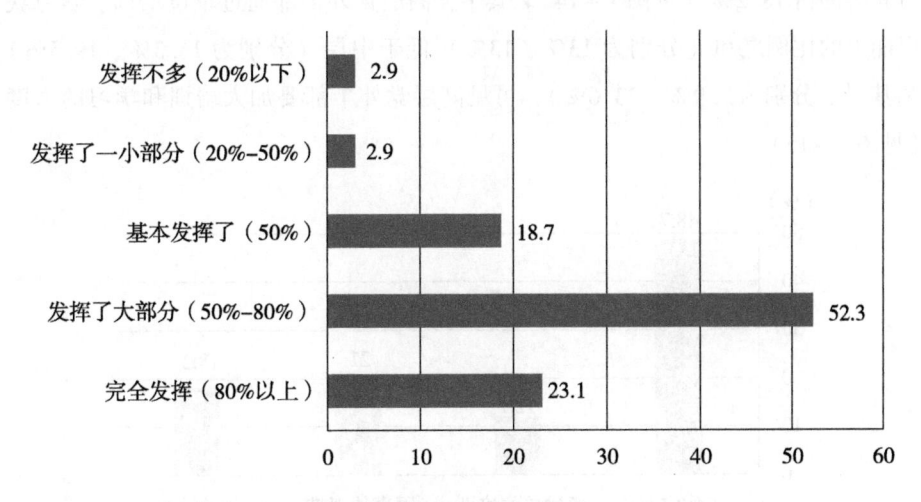

图 1-12 党外干部能力发挥图（单位:%）

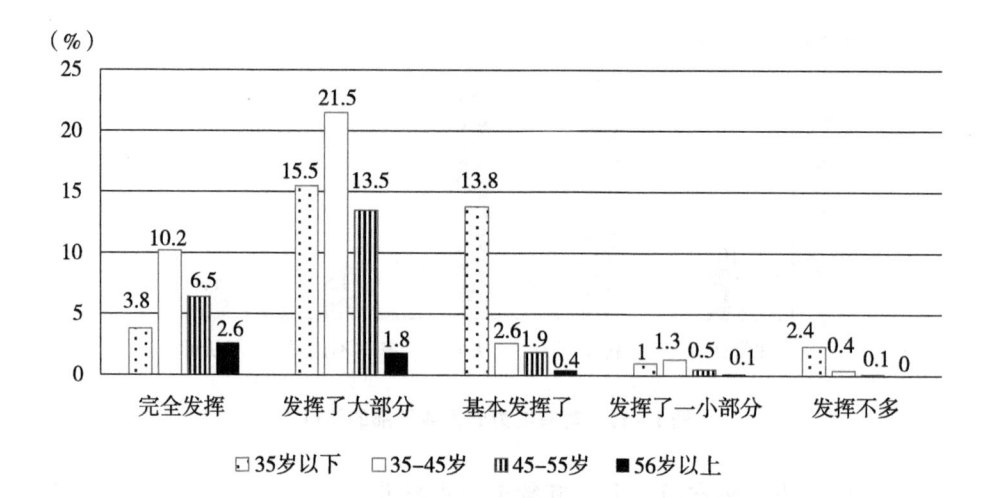

图 1-13 党外干部能力发挥情况按年龄统计图

(四) 能力素质提升主要来源于工作实践和同事传帮带, 其他形式缺位

从调查结果来看, 48.7%的党外干部认为自己的能力来自工作实践, 21%的党外干部认为来自同事传帮带, 认为通过单位培训的占 12.1%, 认为通过学习获得的占 18.2%（见图 1-14）。其中, 高层党外干部通过单位培训、学习获得能力的比例之和（分别为 13%、13%）低于中层（分别为 16.5%、19.5%）和基层（分别为 7.9%、23.6%）, 可见高层党外干部要加大培训和学习的力度（见图 1-15）。

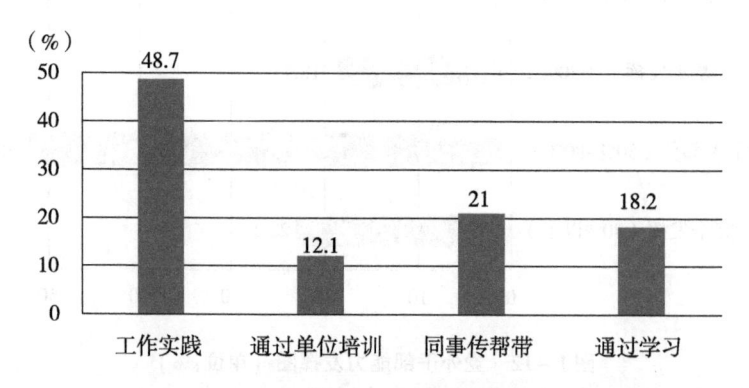

图 1-14 党外干部能力来源统计图

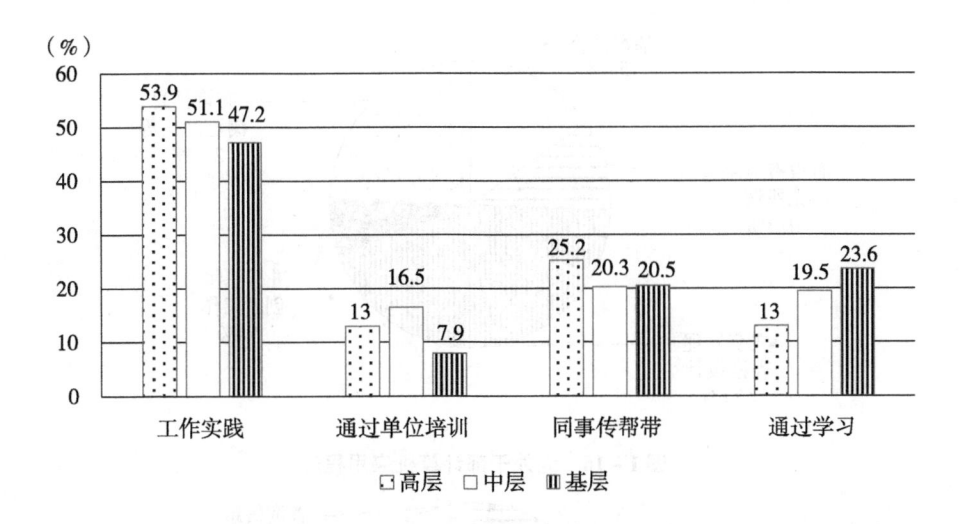

图 1-15　党外干部能力来源统计图

（五）信息化能力有待进一步提升

10.3%的党外干部认为在工作中有没有电脑都无所谓，59%的党外干部会用计算机进行基本办公和文字处理，只有6.4%的会用计算机做一些创新工作（见图1-16）。与此相对应，由于新的社会阶层人士中有大部分来自私营企业、外资企业和新媒体行业，因此用计算机进行创新工作的达到30%（见图1-17）。根据进一步分析，党外干部中有51.40%的人认为自己基本能满足信息化带来的挑战，无所谓参加培训来进一步提升；34.00%的人认为不太能或不能满足信息化带来的挑战，自己需要培训；14.60%的人认为自己能满足信息化带来的挑战，无所谓培训或不培训（见图1-18）。其中共有37.8%的基层党外干部、35.8%的中层党外干部、28.4%的高层党外干部认为自己需要培训，可见基层党外干部对自己的信息搜寻和处理能力水平评价不高，在应对信息化挑战时显得信心不足（见图1-19）。从整体来看，党外代表人士的信息化能力有待进一步提升。

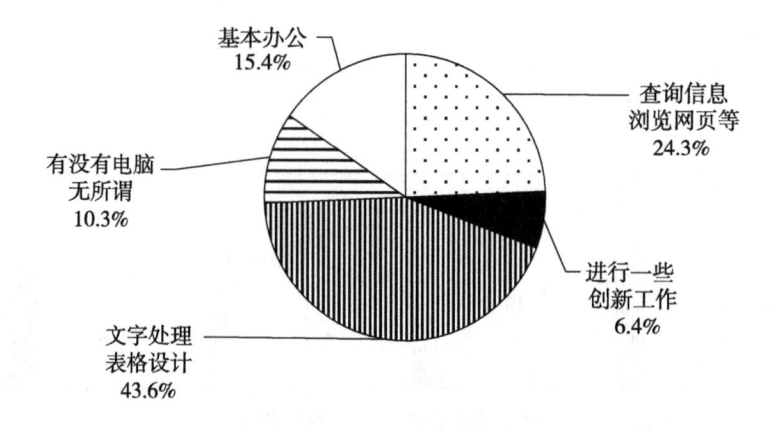

图 1-16　党外干部计算机应用程度

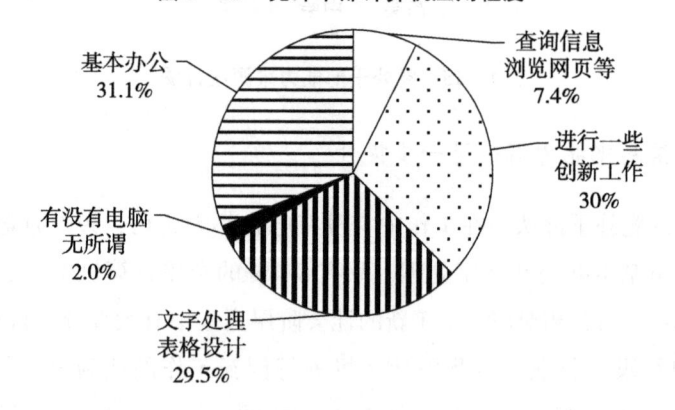

图 1-17　新的社会阶层人士计算机应用程度

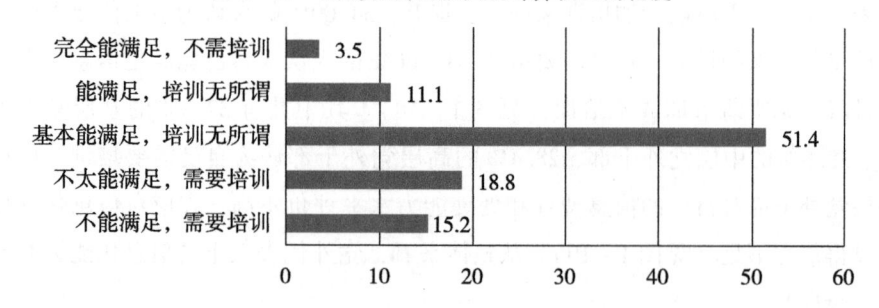

图 1-18　党外干部能否满足能力需求分类别统计图（单位:%）

图中数据：

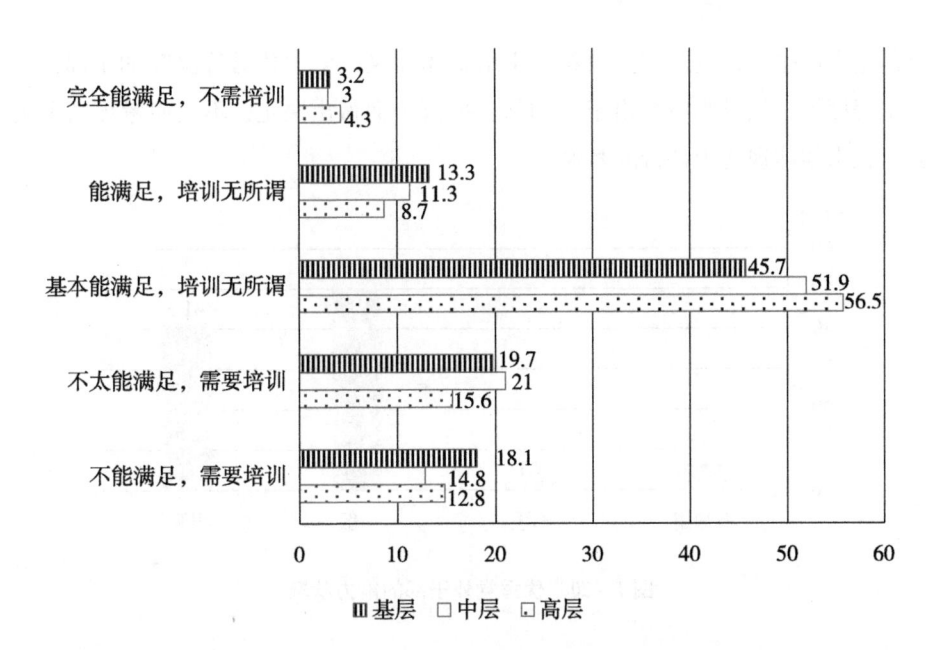

- 完全能满足，不需培训：3.2 / 3 / 4.3
- 能满足，培训无所谓：13.3 / 11.3 / 8.7
- 基本能满足，培训无所谓：45.7 / 51.9 / 56.5
- 不太能满足，需要培训：19.7 / 21 / 15.6
- 不能满足，需要培训：18.1 / 14.8 / 12.8

图例：基层 □中层 □高层

图1-19 基层、中层、高层党外干部能否满足能力需求分类别统计图（单位：%）

四、党外代表人士能力素质建设评价与沟通机制

（一）对完成岗位工作能力的要求不明确

在调查中，绝大部分党外干部认为单位对自己完成岗位工作"有明确的能力方面的要求"，超半数的新的社会阶层人士认为"有要求但不明确"，大部分党外知识分子也认为"有要求但不明确"。很显然，党外代表人士队伍由于多方面的原因，整体上对完成岗位工作能力缺乏较为明确的要求，在一定程度上影响了其培养、提升能力素质的主观能动性。

（二）能力考核未能体现能力评价的客观性

对优秀党外干部的评价，41.3%的被试认为优秀的党外干部能力很强，50.3%的被试认为能力一般，2.1%的被试认为能力不强，还有6.4%的被试表示不知道（见图1-20）。可见有将近60%的党外代表人士并不认同"优秀党外干部"的能力。为了进一步验证，课题组在访谈中得知，许多地方的干部考评机制是在民主测评的基础上由领导小组集体评议产生"优秀等次"的干部，在一定程度上，领导小组会出于"均衡、平衡"而做出决定，不仅使考评结果失真，也未能体现能力评价的客观性。

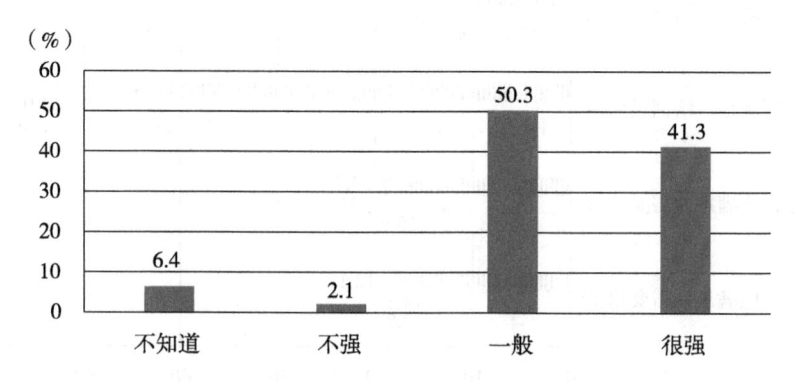

```
(%)
60
50           50.3
40                    41.3
30
20
10   6.4
 0         2.1
    不知道  不强   一般   很强
```

图 1-20　优秀党外干部的能力状况

（三）选贤任能的力度有待进一步加大

从调查情况看，13.8%和49.5%的党外代表人士认为通过竞争上岗完全能或基本能实现选贤任能，总占比63.3%；但也有28.3%的党外代表人士认为竞争上岗不太能实现选贤任能，8.4%的党外代表人士认为不能实现选贤任能（见图1-21）。究其原因，有62.8%的被试认为形式多、实质少，11.0%的被试认为过程缺乏公平公正，17.9%的被试认为实施过程不透明，8.3%的被试认为过程缺乏有效监督（见图1-22）。这说明，选贤任能的力度有待进一步加大，竞争上岗要摆脱形式主义，其程序和过程应当进一步规范，优秀的党外代表人士应当充分发挥主观能动性，积极推动竞争上岗以实现选贤任能。

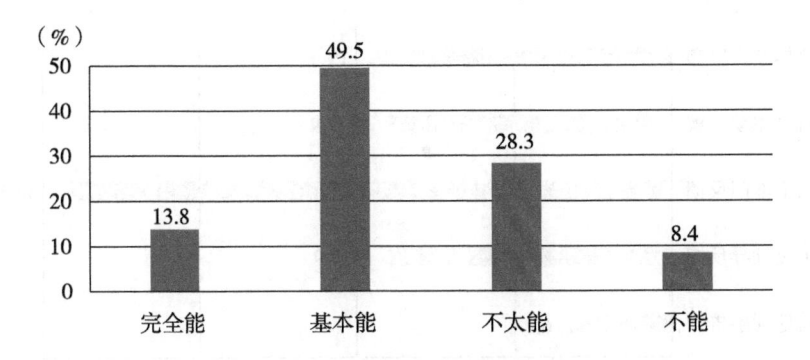

图 1-21 竞争上岗选贤任能的程度

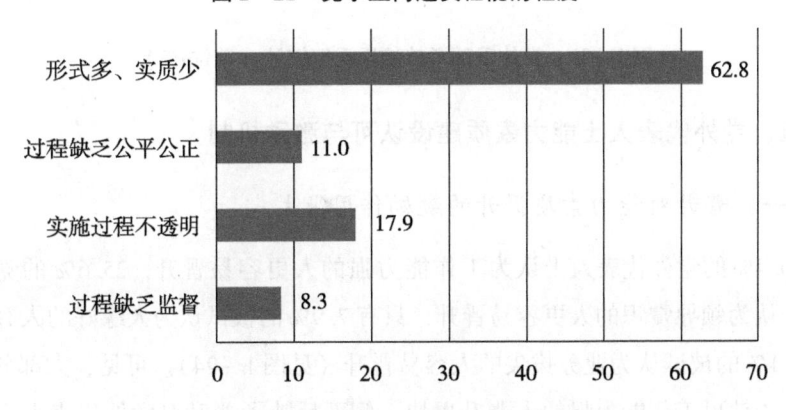

图 1-22 竞争上岗不能实现选贤任能的原因（单位：%）

（四）能力考评的沟通与反馈机制未建立

能力考评分为考核和评价两部分，党外干部每年的年度能力考核的结果大部分是由人事部门反馈或全体会议宣布（见图 1-23）；新的社会阶层人士和党外知识分子因涉及自由职业人员不好统计。许多党外干部表示，除非在年底表彰大会上被公布为"优秀"等次，否则在考核表上默认填写"称职"，部分党外干部抱怨说自己根本不知道考核结果。而对于能力的评价，据调查显示，绝大部分党外代表人士每年年终的考评都是自己对自己进行评价，不涉及上下级评价或同行评价；只有少数被试表示在更换工作或调动时，需要上下级评价或同行评价。可见，能力考评的沟通与反馈方面可参照执行的制度尚未建立。

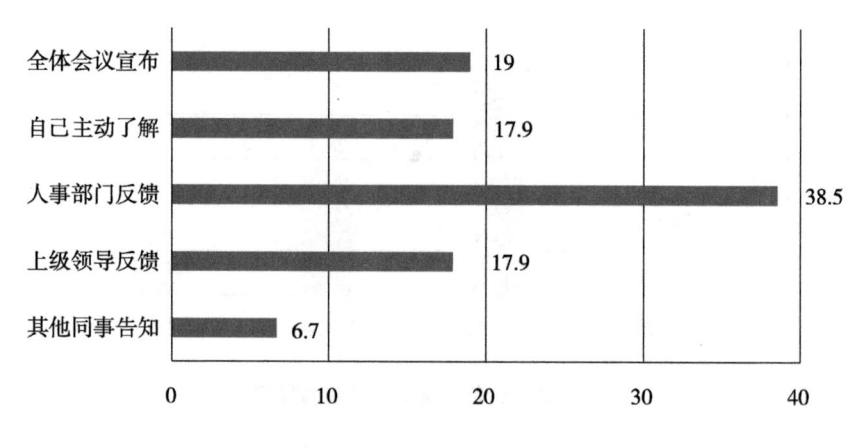

反馈方式	百分比
全体会议宣布	19
自己主动了解	17.9
人事部门反馈	38.5
上级领导反馈	17.9
其他同事告知	6.7

图 1-23　党外干部考核结果反馈统计（单位：%）

五、党外代表人士能力素质建设认可与激励机制

（一）晋升对能力素质提升的激励作用很大

60.4%的党外代表人士认为工作能力强的人更容易晋升，25.6%的党外代表人士认为领导赏识的人更容易晋升，只有7.9%的被试认为人缘好的人容易晋升，6.1%的被试认为业务拔尖的人容易晋升（见图1-24）。可见，大部分党外代表人士认可工作能力强的人晋升更快，侧面反映了晋升对党外代表人士普遍具有激励作用。根据进一步分析，76.9%的高层党外干部认可工作能力强的人得到晋升的可能性更大，高于中层和基层持同样看法的党外干部（见图1-25），侧面反映出工作级别越高，对"工作能力强"可以获得晋升的认同度越高。值得注意的是，虽然有15.1%的高层党外干部认为领导赏识对晋升很重要，但占比明显低于持相同观点的中层和基层党外干部。

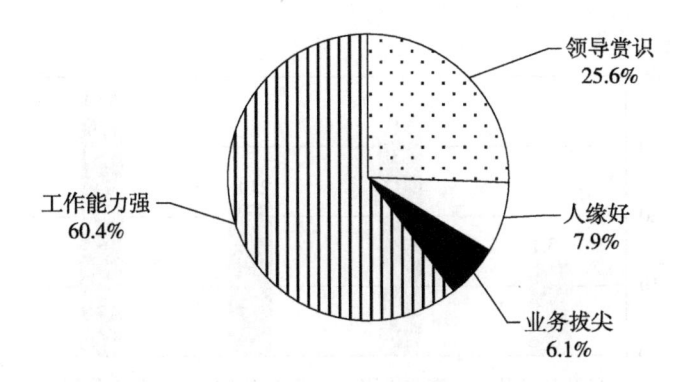

图1-24 党外代表人士晋升统计

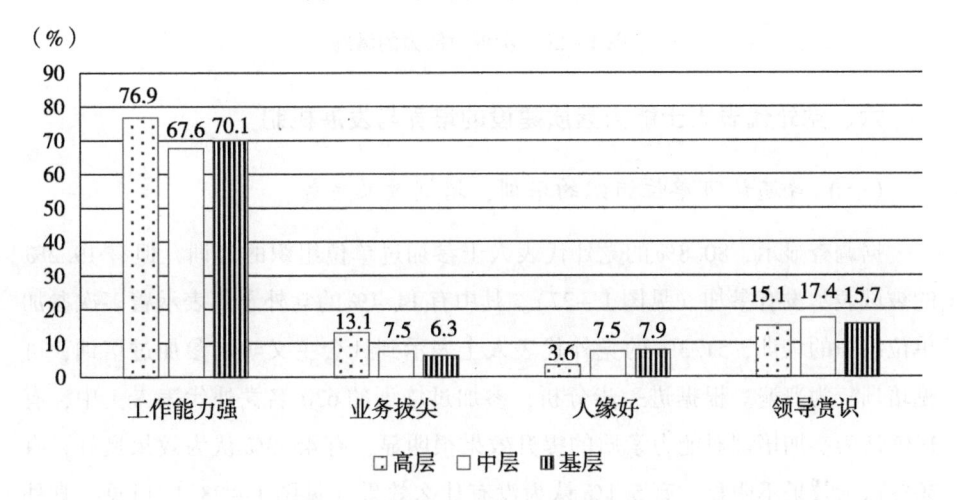

图1-25 党外干部晋升分类统计

(二) 考评对党外代表人士能力素质提升的激励作用不大

如图1-26所示,13.1%的党外代表人士认为考评对能力素质的培养、提升有很大作用,31%的党外代表人士认为有些作用,21.8%的党外代表人士认为有一点作用,但有34.1%的认为没有作用,可见整体上党外代表人士对考评的激励作用认同度不高。目前党外干部实行的是以"德能勤绩廉"为内容的公务员考核制度;新的社会阶层人士和党外知识分子缺乏统一的考核制度,各行各业的标准各不相同;从现有考核制度来看,大多是定性描述,缺乏定量的考核指标,只能作为一种评价方式。

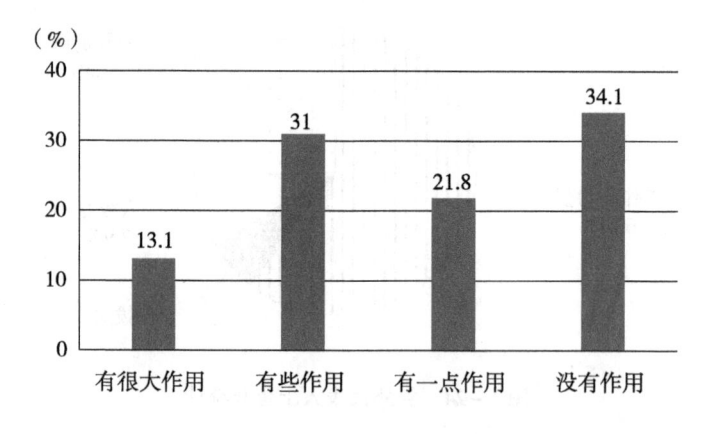

图 1-26　考评对能力的激励

六、党外代表人士能力素质建设的培养与发展机制

(一) 普遍认可单位组织的培训，培训效果显著

据调查显示，80.8%的党外代表人士参加过单位组织的培训，但有19.2%的被试表示没有参加（见图1-27）。其中有14.4%的党外干部表示曾多次参加单位组织的培训，51.3%的党外代表人士表示到社会主义学院参加过培训，可见培训较为普遍。根据进一步分析，参加过培训的630名党外代表人士中，有19%认为参加培训对能力素质的提升效果很明显，有45.9%认为效果良好，有30%认为效果不明显，有5.1%认为没有什么效果（见图1-28）。可见，党外代表人士对参加培训提升能力素质的认可度比较高，达到64.9%。

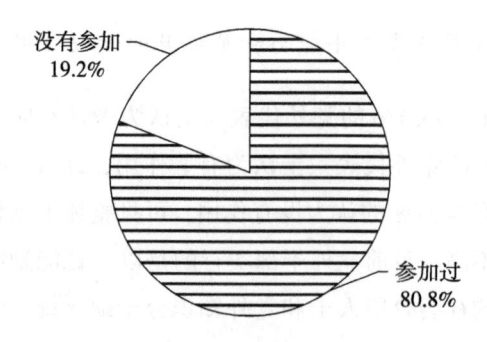

图 1-27　是否参加过单位组织的培训

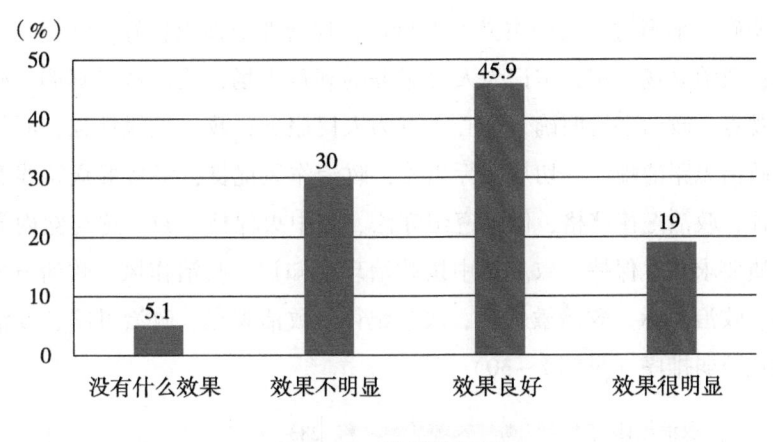

图 1-28　培训效果图

(二) 普遍缺乏培养和提升能力素质的计划

约 11.9% 的被试表示自己没有计划，认为有计划并且基本能够按计划提升能力的只占 27.2%，认为有计划但实现不了的占到 35.9%（见图 1-29），可见党外代表人士普遍缺乏培养和提升能力素质的主动性。

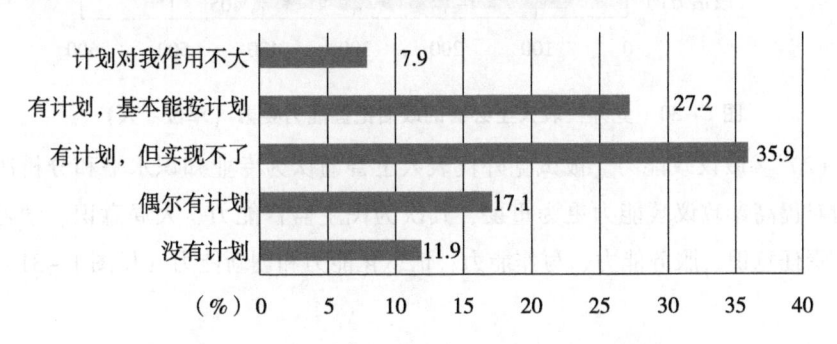

图 1-29　培养和提升能力素质的计划实现图

(三) 必备的能力

根据问卷调查，得出党外代表人士五种能力的十个必备要素。

（1）政治把握能力。根据调查结果显示，被试党外代表人士认为政治把握能力应集中在以下十个方面：政治方向正确，坚持中国特色社会主义道路；政治目标明确，牢固树立共产主义远大目标；政治理论知识较好，掌握马列主义方法论；政治立场坚定，牢记为人民服务的利益立场；政治观点鲜明，坚持马列主义观点；政治宗旨明确，全心全意为人民服务；政治敏锐性强，明辨方向是非；政治思路清晰，一切从实际出发；政治作风优良，坚持群众路线和善于自我批评；政治纪律严格，做到遵纪守法、与中央保持一致。这与党内干部的政治素质要求基本保持一致。其中按政治理论知识、政治作风、政治方向、政治立场、政治目标、政治敏锐性、政治纪律、政治观点、政治思路、政治宗旨进行由强至弱排序（见图1-30）。

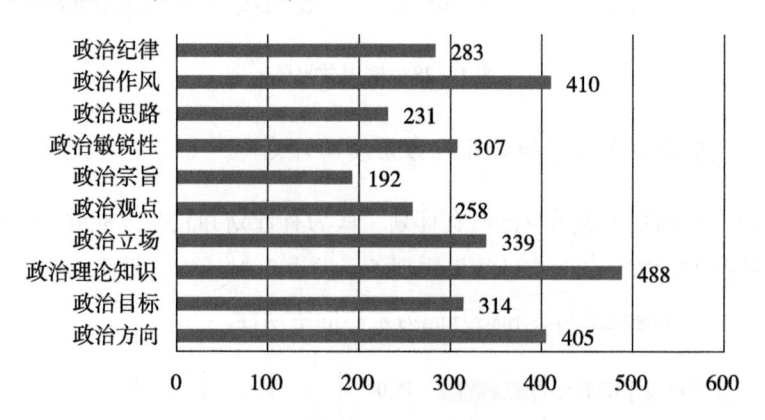

要素	人数
政治纪律	283
政治作风	410
政治思路	231
政治敏锐性	307
政治宗旨	192
政治观点	258
政治立场	339
政治理论知识	488
政治目标	314
政治方向	405

图1-30 党外代表人士必备的政治把握能力要素（单位：人）

（2）参政议政能力。被试党外代表人士普遍认为专业知识水平和分析决策能力对提高参政议政能力更为重要，其次为民主监督能力、大局意识、学习能力、责任意识、服务能力、写作能力、信息化能力和创新能力（见图1-31）。

第一章　党外代表人士能力素质模型建构研究 | 031

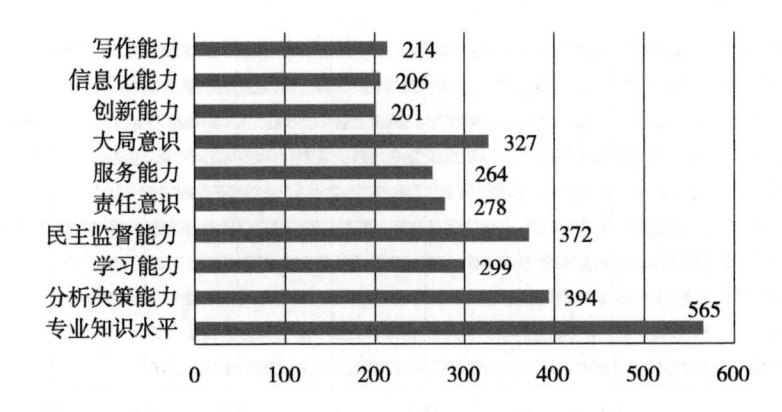

能力要素	人数
写作能力	214
信息化能力	206
创新能力	201
大局意识	327
服务能力	264
责任意识	278
民主监督能力	372
学习能力	299
分析决策能力	394
专业知识水平	565

图 1-31　党外代表人士必备的参政议政能力要素（单位：人）

（3）组织领导能力。被试党外代表人士认为组织领导能力中必须具备的十种能力要素，从统计结果来看，由强至弱分别是管理能力、化解矛盾冲突能力、应对突发事件能力、计划组织能力、知人善任能力、培养下属能力、总揽全局能力、政策宣传与执行能力、公文处理能力和解决工作问题能力（见图1-32）。

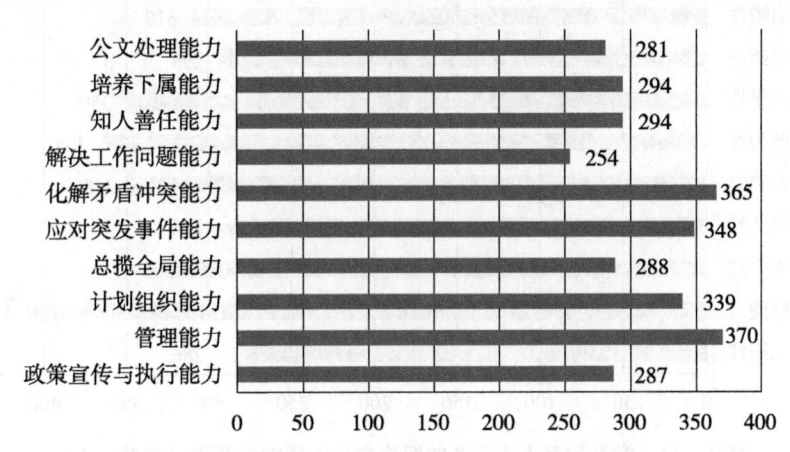

能力要素	人数
公文处理能力	281
培养下属能力	294
知人善任能力	294
解决工作问题能力	254
化解矛盾冲突能力	365
应对突发事件能力	348
总揽全局能力	288
计划组织能力	339
管理能力	370
政策宣传与执行能力	287

图 1-32　党外代表人士必备的组织领导能力要素（单位：人）

（4）合作共事能力。被试党外代表人士认为合作共事能力必须具备的十种能力要素，从统计结果来看，由强至弱分别是团结协作能力、影响力、心理调适能力、适应能力、奉献精神、协调能力、自律意识、激励能力、沟通能力和人际交往能力（见图1-33）。

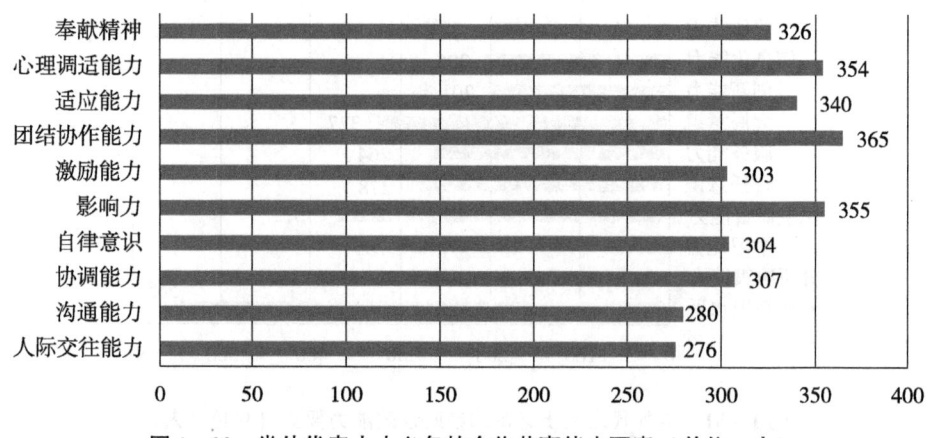

图1-33 党外代表人士必备的合作共事能力要素（单位：人）

能力要素	人数
奉献精神	326
心理调适能力	354
适应能力	340
团结协作能力	365
激励能力	303
影响力	355
自律意识	304
协调能力	307
沟通能力	280
人际交往能力	276

（5）解决自身问题能力。被试党外代表人士认为必须具备的十种能力要素，从统计结果来看，由强至弱分别是开拓进取能力、敢为性、公平性、亲和力、表率性、前瞻性、坚韧性、果断性、灵活性和原则性（见图1-34）。

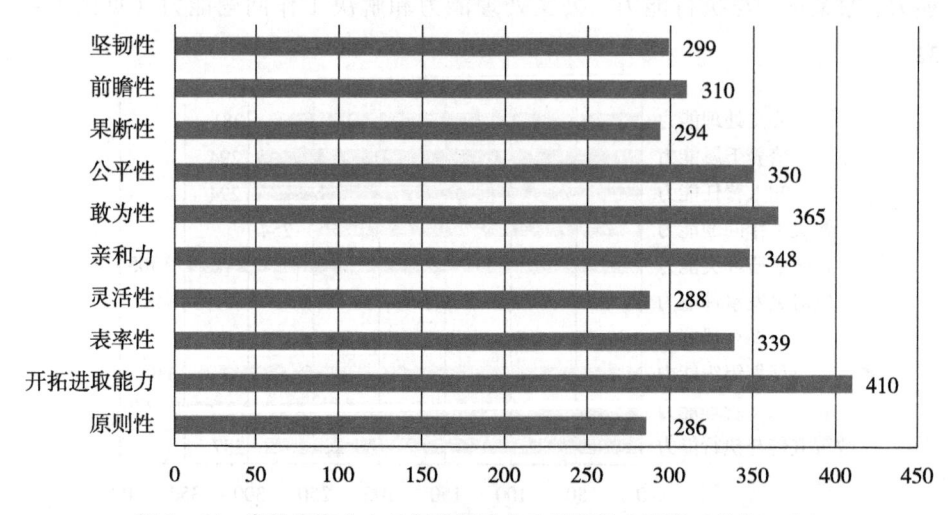

能力要素	人数
坚韧性	299
前瞻性	310
果断性	294
公平性	350
敢为性	365
亲和力	348
灵活性	288
表率性	339
开拓进取能力	410
原则性	286

图1-34 党外代表人士必备的解决自身问题能力要素（单位：人）

（四）需要培训、提升的能力集中在参政议政和组织领导能力方面

（1）被试党外代表人士认为自己欠缺的能力主要包括学习能力、创新能力、公文处理能力、管理能力、专业知识水平、服务能力、信息搜寻和处理能力以

及分析决策能力（见图1-35）。根据进一步分析，这八个能力要素主要集中在参政议政能力和组织领导能力方面。

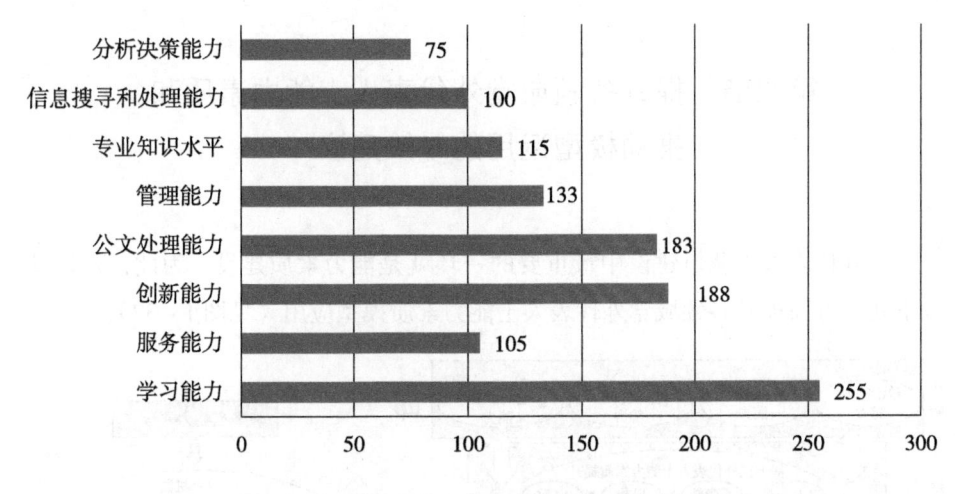

图1-35 党外代表人士欠缺的能力（单位：人）

能力	人数
分析决策能力	75
信息搜寻和处理能力	100
专业知识水平	115
管理能力	133
公文处理能力	183
创新能力	188
服务能力	105
学习能力	255

（2）被试党外代表人士最需要培训和提升的能力主要包括创新能力、学习能力、调查研究能力、管理能力、专业知识水平、服务能力、信息搜寻和处理能力、分析决策能力（见图1-36），与欠缺的能力基本相同。根据进一步分析，这八个能力要素也主要集中在参政议政能力和组织领导能力方面。

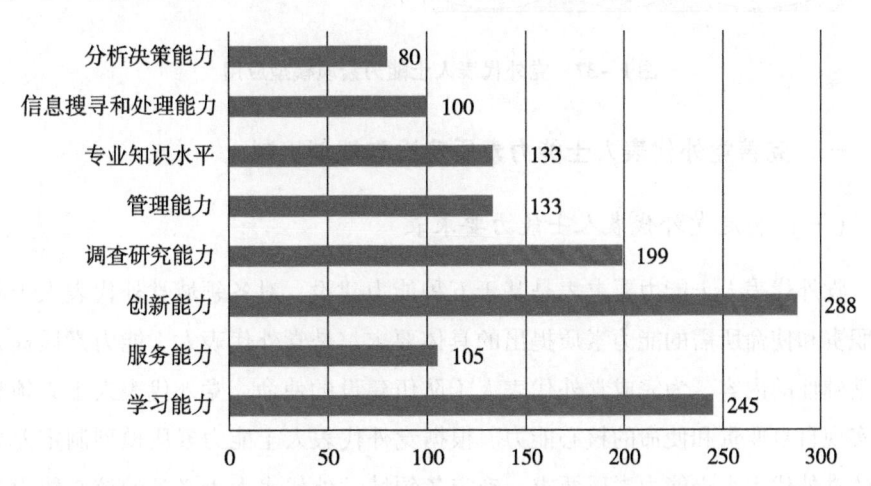

能力	人数
分析决策能力	80
信息搜寻和处理能力	100
专业知识水平	133
管理能力	133
调查研究能力	199
创新能力	288
服务能力	105
学习能力	245

图1-36 党外代表人士需要培训、提升的能力（单位：人）

从以上分析可以看出，党外代表人士能力素质建设存在诸多问题，集中表现在缺乏体系健全、切实可行的能力素质提升机制。

第四节　提升各领域党外代表人士能力素质和推动模型运用的对策建议

党外代表人士队伍建设中最重要的一环就是能力素质建设。为此，建议从以下几个方面提升各领域党外代表人士能力素质模型应用（见图1-37）。

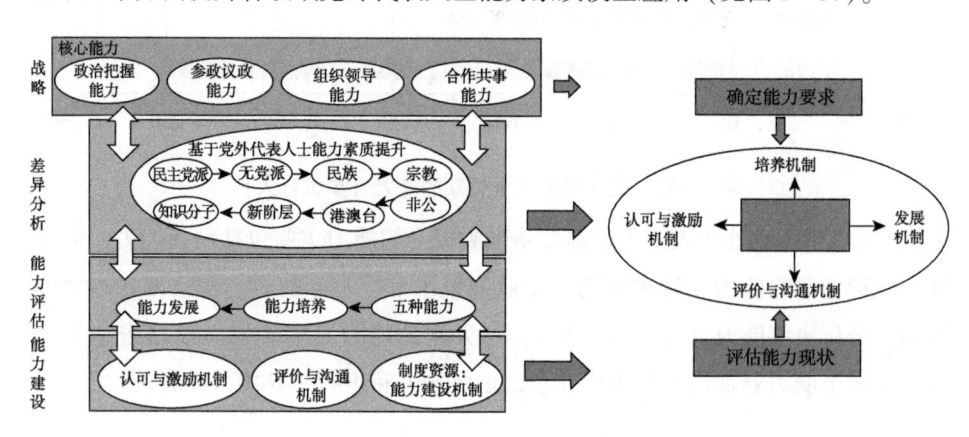

图1-37　党外代表人士能力素质模型应用

一、完善党外代表人士能力素质建设与规划机制

（一）制定党外代表人士能力要求表

党外代表人士能力要求表是基于五种能力建设，对各领域党外代表人士履行职责和使命所需的能力素质提出的具体要求，是党外代表人士能力素质提升最基础性的内容。为完成党外代表人士队伍建设的使命，党外代表人士必须具备实现自身职责和使命的核心能力。根据党外代表人士能力素质模型制定差异化的党外代表人士能力素质要求，确定各领域党外代表人士必备的核心能力素质，构建党外代表人士核心能力素质表（见表1-5）。

表1-5 各领域党外代表人士核心能力素质表

类别		党外代表人士							
		民主党派代表人士	无党派代表人士	少数民族代表人士	宗教界代表人士	非公有制经济代表人士	港澳台及海外代表人士	新的社会阶层代表人士	党外知识分子
能力素质	政治把握能力 核心能力	政治方向、政治理论知识、政治立场、政治敏锐性、政治观点、政治思路、国际视野、政治宗旨、政治目标、政治纪律	政治方向、政治理论知识、政治立场、政治鉴别能力、政策法律知识、政治信仰、政治观点、政治思路、政治宗旨	政治方向、政治理论知识、政治立场、政治鉴别能力、政策法律知识、政治纪律、政治信仰	政治方向、政治理论知识、政治立场、政治鉴别能力、政策法律知识、政治观点	政治方向、政治理论知识、政治立场、政治敏锐性、政策法律知识、政治观点、政治鉴别能力、国际视野	政治理论知识、政治立场、政治鉴别能力、政治敏锐性、政策法律知识、政治思路、政治观点、国际视野	政治理论知识、政治立场、政治鉴别能力、政治敏锐性、政策法律知识、政治观点、国际视野	政治方向、政治理论知识、政治鉴别能力、政策法律知识、政治观点、政治目标、政治宗旨
	参政议政能力 核心能力	专业知识水平、分析决策能力、民主监督能力、大局意识、学习能力、责任意识、服务能力、信息化能力、创新能力、参政党意识	专业知识水平、分析决策能力、民主监督能力、学习能力、责任意识、服务能力、写作能力、信息化能力、创新能力、调查研究能力	专业知识水平、民主监督能力、学习能力、责任意识、服务能力、创新能力、口头表达能力、发展当地经济能力	专业知识水平、学习能力、责任意识、服务能力、大局意识	专业知识水平、分析决策能力、战略思维能力、学习能力、服务能力、创新能力、发展当地经济能力、大局意识、变革能力、信息化能力	专业知识水平、学习能力、服务能力、创新能力、发展当地经济能力、大局意识、变革能力、信息化能力	专业知识水平、学习能力、服务能力、创新能力、大局意识、变革能力、信息化能力、民主监督能力、写作能力	专业知识水平、学习能力、民主监督能力、责任意识、写作能力、信息化能力、创新能力、调查研究能力、分析决策能力
	组织领导能力 核心能力	管理能力、化解矛盾冲突能力、应对突发事件能力、公文处理能力、知人善任能力、培养下属能力、总揽全局能力、政策宣传与执行能力	管理能力、化解矛盾冲突能力、应对突发事件能力、计划组织能力、知人善任能力、政策宣传与执行能力	政策宣传与执行能力、计划组织能力、应对突发事件能力、解决工作问题能力、化解矛盾冲突能力、管理能力、群众性	政策宣传与执行能力、计划组织能力、应对突发事件能力、化解矛盾冲突能力、管理能力	管理能力、计划组织能力、培养下属能力、团队领导能力、解决工作问题能力	政策宣传与执行能力、总揽全局能力、化解矛盾冲突能力、应对突发事件能力	政策宣传与执行能力、管理能力、计划组织能力、解决工作问题能力、团队领导能力	政策宣传与执行能力、化解矛盾冲突能力、计划组织能力、应对突发事件能力

续表

类别		党外代表人士							
		民主党派代表人士	无党派代表人士	少数民族代表人士	宗教界代表人士	非公有制经济代表人士	港澳台及海外代表人士	新的社会阶层代表人士	党外知识分子
能力素质	合作共事能力 核心能力	团结协作能力、适应能力、沟通能力、协调能力、人际交往能力、奉献精神、影响力、自律意识、激励能力	团队协作能力、影响力、心理调适能力、奉献精神、沟通能力、人际交往能力	人际交往能力、沟通能力、协调能力、适应能力、影响力	自律意识、沟通能力、奉献精神、心理调适能力、适应能力、沟通能力	人际交往能力、竞争意识、影响力、奉献精神、诚信度、团结协作能力	人际交往能力、沟通能力、影响力、奉献精神、适应能力	人际交往能力、沟通能力、协调能力、竞争意识、影响力、心理调适能力	人际交往能力、影响力、沟通能力、心理调适能力、奉献精神
	解决自身问题的能力 核心能力	开拓进取能力、敢为性、公亲和力、率性、前瞻性、坚韧性、果断性、灵活性和原则性	开拓进取能力、敢为性、公亲和力、率性、前瞻性、坚韧性、果断性、灵活性和原则性	主动性、开拓进取能力、务实性、灵活性、敢为性和耐心	主动性、独立性、表率性、包容性、同情心、服从性	开拓进取能力、主动性、务实性、表率性、果断性、敢为性、平性、就感	原则性、主动性、独立性、表率性、果断性、敢为性、就感、公平性	原则性、条理性、开拓进取能力、前瞻性、独立性、表率性、敢为性、就感、公平性	原则性、条理性、开拓进取能力、前瞻性、独立性、敏锐性、表率性、灵活性、包容性、公平性、成就感

（二）评估党外代表人士能力现状

评估党外代表人士的能力现状，能为党外代表人士能力素质建设各项工作提供十分重要的参考价值，是能力素质提升切实可行的有力保障。通过问卷调查来评估各领域党外代表人士能力限制，构建评估党外代表人士核心能力素质现状表（见表1-6）。

表1-6 评估党外代表人士核心能力素质现状表

类别		党外代表人士							
		民主党派代表人士	无党派人士代表	少数民族代表人士	宗教界代表人士	非公有制经济代表人士	港澳台及海外代表人士	新的社会阶层代表人士	党外知识分子
评估能力现状	欠缺的能力 政治把握能力	政治理论知识、国际视野	政治理论知识	政策法律知识	政策法律知识	政策法律知识、政治理论知识、国际视野	政策法律知识、政治理论知识	政策法律知识、政治理论知识	政治理论知识
	参政议政能力	学习能力、调查研究能力、信息化能力	信息化能力、分析决策能力、专业知识水平	专业知识水平	信息化能力、民主监督能力、专业知识水平	学习能力、信息化能力、战略思维能力、创新能力	战略思维能力、信息化能力	学习能力、创新能力	服务能力、信息化能力
	组织领导能力	管理能力、公文处理能力、群众性	管理能力、计划组织能力、公文处理能力	公文处理能力	政策宣传与执行能力、化解矛盾冲突能力	管理能力、知人善任能力	政策宣传与执行能力	管理能力、团队领导能力	管理能力
	合作共事能力	团结协作能力、影响力	影响力	影响力	奉献精神、适应能力	影响力、奉献精神、激励能力	奉献精神	竞争意识	奉献精神
	解决自身问题能力	前瞻性、事业心	前瞻性、严密性	主动性、灵活性	主动性、表率性	开拓进取能力、事业心、敢为性、成就感	表率性、主动性	灵活性、成就感	服从性、灵活性、敏锐性
	提升的能力 政治把握能力	政治理论知识	政治理论知识	政策法律知识	政策法律知识	政策法律知识、政治理论知识	政策法律知识、政治理论知识	政策法律知识、政治理论知识	政治理论知识
	参政议政能力	专业知识水平、分析决策能力、战略思维能力	专业知识水平、调查研究能力、信息化能力	专业知识水平、信息化能力、写作能力	专业知识水平、学习能力	战略思维能力、发展当地经济能力、变革能力	战略思维能力、信息化能力	学习能力、专业知识水平	信息化能力、专业知识水平

续表

类别		党外代表人士							
		民主党派代表人士	无党派人士代表	少数民族代表人士	宗教界代表人士	非公有制经济代表人士	港澳台及海外代表人士	新的社会阶层代表人士	党外知识分子
评估能力现状	提升能力								
	组织领导能力	管理能力、公文处理能力	管理能力、公文处理能力	公文处理能力	政策宣传与执行能力、化解矛盾冲突能力	管理能力、团队领导能力	政策宣传与执行能力	管理能力、团队领导能力	管理能力
	合作共事能力	团结协作能力、影响力	影响力	奉献精神、适应能力、群众性	影响力	影响力、奉献精神、激励能力	奉献精神、影响力、群众性	竞争意识、影响力	奉献精神、影响力、群众性
	解决自身问题能力	前瞻性、事业心	前瞻性、严密性	主动性、灵活性	主动性、表率性	开拓进取能力、敢为性	表率性、主动性	灵活性、成就感	灵活性、敏锐性

（三）根据"能力差距"，创建党外代表人士能力素质建设机制

根据能力素质要求和能力评估表，可以找出二者的差距，以此创建党外代表人士能力素质建设机制，来促进党外代表人士五种能力的提升。

二、建立科学的党外代表人士能力素质评价与沟通机制

（一）按照分层分类管理要求进行党外代表人士能力分析

能力分析是对各领域党外代表人士完成各自职责和使命时所需的技能、责任和知识进行确定的系统过程。在党外干部能力素质建设过程中，能力分析是基于党外代表人士所必备的差异性知识和能力进行的，也是能力考核、教育培训等工作的基础依据。要根据各领域党外代表人士能力素质特点，实施分类管理，建立各领域党外代表人士能力需求表和后备人才库，对他们能力素质的提升提出建议。

（二）制定科学规范的优秀党外代表人士选拔机制

首先，把握基本标准，增强政策指导。以《关于加强新形势下党外代表人

士队伍建设的意见》明确的"政治坚定、业绩突出、群众认同"的党外代表人士基本标准为参照,在设置"政治把握能力、参政议政能力、组织领导能力、合作共事能力、解决自身问题能力"的基础上,构建科学规范的优秀党外代表人士的选拔说明。其次,把握评价标准,结合评价体系运用。结合党外代表人士综合评价工作的开展,根据五种能力的具体评估情况进行综合考量。最后,优化动态管理,储备后备党外干部。结合考评结果,形成后备党外干部动态储备管理和考察工作机制及实施政治标准、工作经历、参政议政贡献与代表性相结合的党外代表人士后备干部储备机制,以避免选人用人的随意性和突击性。

(三) 建立客观评价党外代表人士能绩的考评体系

首先,确立能绩考评的标准。(1) 明确考评维度:坚持凡进必评,凡用必评,建立务实管用、简便易行的各领域各类型党外代表人士能力素质考评机制,对党外代表人士的政治把握、参政议政、组织领导、合作共事、解决自身问题的能力进行综合评价;(2) 明确考评内容:以党外代表人士核心能力素质为主要考核内容;(3) 设置考评权重:将党外代表人士能力考评结果纳入党外代表人士队伍建设体系,并设置参照比例;(4) 实行个人考核与群众考评以及所在单位、行业、统战部门综合考核相结合。

其次,实施能绩考评。借鉴党政领导班子和领导干部考核评价的经验做法,结合公务员"德能勤绩廉"考核制度,并充分考虑党外代表人士考核工作的特殊性,在党外代表人士平时考评中,注重专业知识和能力的测试;在季度考评、年度考评、换届(任期)考察、任职考察考评中,对其进行科学合理的考评,将测试成绩和其他考评成绩综合形成能级考评总分,作为"优秀"党外代表人士能级评定的依据。各省级统战部每年收集党外厅级领导干部履职报告,组织召开履职报告会和履职考核;各省级统战部与人大常委会党组或政协党组每年定期对省人大常委、省政协常委履职情况进行考核评估;各省级统战部、政协港澳台侨和外事委员会组织对港澳政协委员履职情况进行届中综合考评。

再次,记录能级考评结果。将能力考评结果记录在册,对五种能力确实表现突出的党外代表人士要按照贡献和能力大小给予相应的奖励,并把能力考评结合与党外干部的选拔任用、奖惩表彰等直接挂钩,实现党外代表人士考评结果和能力管理对应。

最后,跟踪考评结果。为了杜绝"一评就灵""一评定终身"的评价模式,对能绩考评的结果要进行及时跟踪和修正,以鼓励通过学习从而不断提升自身能力的党外代表人士。

(四)建立畅通的反馈与沟通体系

对考评结果进行反馈和沟通实际上是对党外代表人士绩效进行衡量、评判和辅导的综合过程,也是一种激励过程。首先,将考评结果及时反馈给党外代表人士。把握各类党外代表人士五种能力特别是薄弱能力,推动各级党委常委不定期个别约谈、集体座谈和走访谈心相结合,党委统战部部长根据工作需要约谈与统战部门定期组织谈话相结合,党委统战部门组织谈与委托党外代表人士所在单位党组织及主要负责人谈相结合,开展有针对性的谈心谈话,激励其有针对性地不断加强和改进五种能力,改善自己的工作绩效,发挥自身的影响力。其次,对考评结果有异议的党外代表人士可以在这一过程中及时向组织部门提出申诉,促进党外代表人士管理队伍更加健康有序发展。

三、建立健全的党外代表人士能力素质认可与激励机制

(一)设置能绩档案

充分利用现代信息技术,依托政务信息网络或统战工作内网,在湖南省的"六个共同"机制——党组部门和统战部门共同制订规划、物色选拔、培养教育、考察人选、讨论研究、督促检查来使用党外干部和党外代表人士综合评价"六步法"的基础上,采用九格工具来设置党外代表人士能绩档案,并做好加密设置,实现党外代表人士信息全面、准确、实时、动态管理和信息资源在各级统战部门共享。[①] 能绩档案共有两个维度:一是有待开发的能力素质(潜能),二是以往工作中体现的能力素质(见图1-38)。党外代表人士能绩档案要根据

[①] 叶娜,《党外代表人士差异化管理初探——基于湖南实证调研》,载《山西社会主义学院学报》2017年第2期,第24-28页。

党外代表人士能力素质状况将其分配到九个格子中，对不同方格区域的党外代表人士采取不同的培训、管理策略。例如方格 1 中是以往五种能力最为突出的党外代表人士，是重点培养的骨干力量，在选拔任用、表彰奖励方面予以最优先考虑；方格 5 中是能力可靠的党外代表人士，可明确其在选拔任用、表彰奖励方面具备相应资格；方格 7 中是能力提升很快的党外代表人士，方格 9 中是能力素质较差，需要进一步培训和提升才能达到基本要求的党外代表人士，可明确其不列入选拔任用、表彰奖励范围，并建议有关部门对其进行诫勉谈话、加强教育培训，提高其各方面能力素质。

以往工作中体现的能力素质 高→低	1.价值最高党外代表人士	2	3.目前能力非凡，下一年会如何？
	4	5.能力可靠的党外代表人士	6
	7.进步很快的党外代表人士	8	9.有待考察的党外代表人士

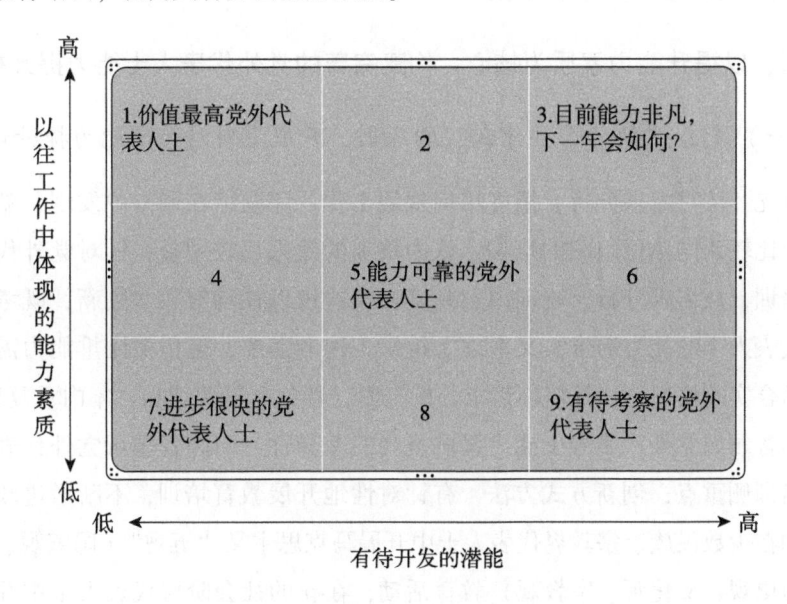

低 ← 有待开发的潜能 → 高

图 1-38　党外代表人士能绩档案

(二) 建立多层次、全方位的激励机制

首先，完善竞争机制，强化选贤任能的晋升激励作用。一是对党外代表人士进行能力测试，推行按能选拔任用制度；二是完善竞争上岗制度，在选人用人方面做到程序规范、过程透明。其次，设计个性化福利，增加能力素质提升和培训的项目。对非公有制经济人士和新的社会阶层人士，可以与行业组织联合设置个性化福利，在福利中增加提升能力的项目，以此来激励党外代表人士不断提高自己的能力。最后，重视评优工作，发挥精神奖励为主的激励作用。设置党外代表人士能力素质提升专用经费，用来奖励和表彰能力素质优秀的党外代表人士，进而鼓励其不断学习、不断提高自身能力。如在党外后备干部中开展"比工作实绩、比建言献策、比社会形象"评比活动，在党外知识分子中开展"比成就、比奉献"评比活动，在宗教界开展"爱国爱教、持戒守法、助民为乐"评比活动，在新的社会阶层代表人士中开展"比效益、比贡献、比影响力"评比活动等，评选完成后在各领域组织举办交流、表彰等活动，在后备队伍中树榜样、立典型、做示范。

四、以提升能力素质为核心，构建完善的党外代表人士能力提升机制

（一）本着"缺什么补什么"的原则，开展有针对性的能力提升培训

首先，注重需求分析，搞好培训规划工作。课题组在调查中发现，党外代表人士比较认同单位组织的培训，认为培训的效果比较明显；针对党外代表人士的培训，从需求分析、培训内容到培训模式较以往均有较大创新，既考虑了党外代表人士的能力需求，又考虑了组织工作的需要，但仍要注重能力需求分析，结合实际情况，做好培训需求分析工作，避免重复调训和一年内重复培训。要根据各领域党外代表人士能力素质呈现的差异性，明确各领域党外代表人士教育培训侧重点，创新方式方法，有针对性地开展教育培训，不断增进政治共识。如在少数民族、宗教界代表人士中开展马克思主义"五观"（国家观、民族观、历史观、文化观、宗教观）教育活动，在新的社会阶层代表人士中开展社会主义核心价值观教育活动，在港澳台及海外代表人士中开展"一爱两拥护"（爱国爱港爱澳、拥护中国共产党的领导、拥护中国特色社会主义）教育活动，着力提升政治把握能力。

其次，丰富培训内容，制订差异化培训方案。以各级社会主义学院为主阵地搞好培训规划工作，构建更加系统科学和有针对性的培训课程体系、更加丰富的培训内容和更加灵活的培训模式。根据党外代表人士能力素质培训需求分析结果，对五种能力优秀、良好、合格、不合格者分别制订不同的培训方案，实施差别培训。在教育培训载体上要更加注重利用网络、微博、微信等新媒体，

不断拓展教育培训覆盖面。适应各领域党外代表人士特点，积极创建具有各领域特色的平台载体，探索差异化能力素质提升模式，全方位造就党外人才。

最后，实施培训效果评估和质量控制。为了保证差异化能力培训的效果和培训目标的实现，在培训过程中要实施培训控制和监督。主要控制流程为：（1）梳理党外代表人士能力培训资料；（2）开展360度培训效果评估；（3）对比培训目标与实际工作差距；（4）梳理检讨存在的问题；（5）改进培训方案，确保能力培训的针对性和有效性。

（二）引导拓展职业生涯空间，健全党外代表人士发展机制

首先，积极引导党外代表人士拓展职业生涯。由于受行政编制等因素影响，不可能给每一位"优秀"的党外代表人士以"职位"，尤其在基层"能"多"位"少的状况更为突出，因此，要加强引导党外代表人士合理规划自身的职业生涯，从专业领域和行政岗位两条路上使"能"者有其"位"。

其次，加强差异化能力发展的培养。整体上把握党外代表人士成长规律，根据不同阶段、不同领域党外代表人士的特点，制定有针对性的能力发展制度措施，有计划、有步骤、有重点地推进。对五种能力最为突出的党外代表人士，可综合采取各种教育培养措施，将其快速培养成年轻骨干力量，并可以逐步放到重要、关键岗位上历练，培养"举旗人"；针对五种能力较好的党外代表人士，可着眼中长期储备慢慢培养。

第二章
民主党派参政议政提质增效研究

《中国共产党统一战线工作条例》规定民主党派的基本职能是参政议政、民主监督、参加中国共产党领导的政治协商。① 民主党派"参政议政"既包括多党合作关系中的"参政",也包括政治协商关系中的"议政"。参政议政提质增效是新时代民主党派工作的首要任务。中共二十大报告明确指出:"要坚持和完善中国共产党领导的多党合作和政治协商制度。""坚持长期共存、互相监督、肝胆相照、荣辱与共,支持民主党派按照中国特色社会主义参政党要求更好履行职能。"② 民主党派能否搞好参政议政,直接关系到是否能够更好地坚持和完善中国共产党领导的多党合作和政治协商制度。从另一个角度来讲,参政议政是民主党派的生命线和自身价值所在,参政议政水平在很大程度上反映了民主党派的整体能力。

习近平总书记曾多次强调民主党派要"加强自身建设,不断提高参政议政能力和水平,参政参到要点上,议政议到关键处,为政党协商深入开展打下坚实基础。"③ 2018年初,习近平总书记先后提出"四新""三好"的要求:"多党合作要有新气象,思想共识要有新提高,履职尽责要有新作为,参政党要有新面貌"④,并希望各民主党派和无党派人士要做中国共产党的好参谋、好帮手、

---

① 《中国共产党统一战线工作条例》,人民出版社2021年版,第13页。
② 《党的十九大报告辅导读本》,人民出版社2017年版,第39页。
③ 《习近平同党外人士共迎新春》,载中央政府门户网站http://www.gov.cn/xinwen/2015-02/12/content_2818548.htm,最后访问日期:2015年2月12日。
④ 习近平:《多党合作要有新气象 思想共识要有新提高》,载新华网http://www.xinhuanet.com/politics/2018-02/06/c_1122377880.htm,最后访问日期:2018年2月6日。

好同事，增强责任和担当，共同把中国的事情办好。他在 2017 年 3 月 4 日下午参加全国政协十二届五次会议联组会时强调："今年是实施'十三五'规划的重要一年，是供给侧结构性改革的深化之年，有不少问题需要深入研究、妥善应对、合力攻坚。大家要紧扣'十三五'规划实施和全年经济社会发展目标，就保持经济平稳健康发展和社会和谐稳定深度调查研究，提出务实管用的对策建议。"① 这既对民主党派提出了新的更高要求，也为民主党派参政议政提质增效指明了方向。作为参政党，各民主党派需要适应新时代的变化，不断提高参政议政能力。

第一节　参政议政提质增效的定位及基本原则

参政议政提质增效就是要不断体现情为民所系、利为民所谋，不断提高民主党派积极为执政党决策建言献策、积极反映社情民意、认真履行参政党的职能。

一、参政议政提质增效的定位

参政议政提质增效是民主党派自身参政议政能力提升的内在动力，是不断夯实和完善多党合作制的现实要求，是实现国家治理体系和治理能力现代化的必然选择。提质增效分为静态和动态两个方面：其中静态方面指提质增效作为参政议政目标的一部分，包含在制度框架与机制里，以对于理性效率的遵循为基础的构成原理，在制度的存续、深化过程中趋向于特定的功能指向；而作为动态方面的提质增效，是指有主观能动性的各民主党派主体，通过发挥自己的能动性，不断提高调查研究能力、分析表达能力、沟通协调能力，在积极的参政议政中实现自身的目标，比如有效地操作运行现有的参政议政机制或改良机制中缺失的部分等。

---

① 习近平：《我国广大知识分子要主动担当积极作为　为国家富强民族振兴人民幸福多作贡献》，载《人民日报》2017 年 3 月 5 日，第 1 版。

参政议政提质增效就是要提高选题质量、调研质量、成果质量和人才队伍质量。一是要围绕大局、围绕民生、围绕特色提高选题质量。围绕大局，要聚焦靶心。党委政府的中心工作在哪里，参政议政的舞台就在哪里。习近平总书记强调要找准"切入点、结合点、着力点"，参政议政才能更有准头。如全面推进乡村振兴、贯彻新发展理念，激发市场主体活力和优化营商环境、推动创新发展壮大新动能等方面，都是可以咨政建言、有的放矢的"点"位。要围绕这些点，大处着眼、小处着手，从小切入口提出具体的问题和建议。围绕民生，要打响品牌。近年来，致公党浙江省委会在遴选调研课题注重顶层设计与民生需求紧密贴近，在民生关键小事上持续跟踪，形成了绿色发展、农业农村、健康卫生等成果品牌，推动了垃圾分类、0~3岁托育服务、乡村农贸市场等具体政策的落地。应注重提炼品牌，长期研究，培养一批有专业优势的带头人，打造好参政议政持续性的精品品牌。围绕特色，要彰显优势。各个民主党派，都有一定的代表性。如致公党区别于其他党派的鲜明特色就是侨海，全国政协副主席、致公党中央主席万钢强调："要继续发挥侨海特色，加强与广大归侨、侨眷、海外侨胞和留学人员的联系，努力搭建为侨服务的新平台，不断拓展对外联络的新领域，与全世界的炎黄子孙同圆共享中国梦。"[①] 围绕对外开放、祖国统一、侨情侨意，致公党应发挥优势，积极建言，遴选一批侨海特色突出、切入口具体的课题开展调查研究，尤其重视反映归侨、海归的呼声。二是要提高调研质量。"不调研不发言"，调查研究是参政议政的基本工作方法，没有去了解过真实情况，仅仅是案头调研、主观推测、资料拼凑的调研材料，很难经得住实践的考验，很难得到政府部门的重视和采纳。调研的高质量，体现在求真务实上，不仅"身入"，更要"心入"，注重建议产生过程和研究方法的科学性。调研前应带着问题去，才能听懂弄通想明白基层、一线、群众的诉求，找出制约发展的政策体制问题；调研中要动脑思考、动心感受，避免走马观花、蜻蜓点水的形式主义、官僚主义调研，不要只是看看材料、听听汇报、查查资料，既要克服轻调查、空泛议论的倾向，又要克服重调查、轻研究的倾向；调

---

① 《致公党中央主席万钢发表2019年新春贺词》，载中国政协网 http://cppcc.china.com.cn/2019-02/11/content_74452692.htm，最后访问日期：2019年2月11日。

研后期要多请教、多讨论、多论证，确保所提的建议贴近客观事实，避免主观臆断。三是要提高成果质量。民主党派与政府部门的协商不带有强制性，靠的是以理服人，靠的是真知灼见，因此参政议政成果必须有干货、说得对、说到点子上。高质量的成果一般具备现状清晰数据翔实、问题客观正中要害、对策建议切实管用这三个基本要素。四是要提高人才队伍质量。民主党派成员大多是有家国情怀的，每一位党员入党时基本都怀着为社会贡献力量的追求和抱负，参政议政就是党员实现理想抱负的重要渠道。党派组织要在保护党员的情怀、引导党员的参政议政积极性上下功夫，通过具体参政履职实践实现政治理想和抱负。基层活动，要将参政议政纳入日常性、经常性议程，创造机会让更多党员参与各个层面的调研活动，让党员能直观感受到参政议政的地位、作用、渠道，进而自觉投身到参政议政工作中来。探索建立稳定运行、动态管理的人才智库，并通过联动调研、专家评审等活动实现人才交流、资源共建。

参政议政提质增效就是要多做聚焦文章，以质量导向增效；多做整合文章，以联动机制增效；多做"后半篇文章"，以转化应用增效。一是从各级两会提案数量大幅精简的趋势来看，参政议政的发展趋势已经从数质并举转向更高质量的发展。诚然，遴选出高质量的成果需要一定的数量做基础，但在资源有限、精力有限的情况下，应该摆脱"提（案）海战术"的路径依赖，不追求数量，集中力量把好的选题做精做实，提升工作的效率，将有限的资源集中于"精品"工程的打造，要"立一项、成一项"，争取每件立项成果都能成为"精品"。二是体现在部门融合、组织联合、资源整合三个维度的高效协作上。首先是部门融合，要进一步加强参政议政与组织宣传、社会服务相融合，将参政议政意识融入党派工作方方面面；其次是组织联合，要进一步加强各级组织的纵横联合，增强优势互补、信息沟通、成果共享的聚合效应，做到目标上互促共进、工作上互通互融，串起联动"工作链"；最后是资源整合，要用好平台，围绕人民政协、统战部提供的参政平台加强调研选题和协商议政选题的协同性，探索整合外部资源，加强与对口部门、高校智库的联系合作。三是调研成果能否反映到党委、政府决策之中，管不管用、推不推得动是评判参政议政是否具有实效的最终标准。这个实效有两个方面的内涵：一方面是成果能不能被党委、政府、政协采纳，采用率如何，转化为服务科学决策的效率高不高的问题；另一方面是采纳、吸收了以后，有没有进一步追踪、进一步跟进、进一步落实，有没有真正提升群众获得感的问题。

二、参政议政提质增效的基本原则

第一，坚持党的全面领导的原则。各民主党派参政议政工作是一种规范有序的政治行为，必须坚持中国共产党的全面领导，以宪法为根本准则，更好地适应新时代中国特色社会主义民主政治环境，才能依法、依规履行各项职能，当好中国共产党的同路人，从而得到执政党和各级政府的大力支持。

第二，坚持参政为民、议政为公的原则。习近平总书记关于新型政党制度的重要论述表明，各民主党派只有履行好参政议政职能，充分代表和反映其所代表界别的利益和呼声，才能在历史的发展浪潮中不断壮大、不断发展。

第三，坚持科学、民主、依法参政的原则。只有科学参政，才能顺应事物发展规律，才能有效、精准地对撰写的社情民意信息和建议提案进行科学的评估和论证，从而保证参政议政提质增效；只有民主参政，才能代表各民主党派界别人员的心声，才能真正代表最广大人民群众的切身利益，实现参政议政提质增效的直接目的；只有依法参政，不违背宪法和法律的相关规定，才能符合依法治国的大背景大形势，才能实现参政议政提质增效的最终理念。

第二节　民主党派组织参政议政现状

为了更准确地把握民主党派参政议政的现状，通过数据统计和随机取样的方式对湖南省各民主党派参政议政情况进行了调查。调查分为两部分：第一部分为基本数据统计，第二部分为调查问卷。问卷内容从党政干部对民主党派作用的认识、民主党派自身建设、参政议政能力建设、参政议政体制机制四个方面来调查。其中党政干部120人（皆为省、市一级干部）；民主党派代表人士500人（见图2-1）。样本数据通过频率/频数分析和描述统计分析的方法，采用 SPSS 统计软件进行数据处理。

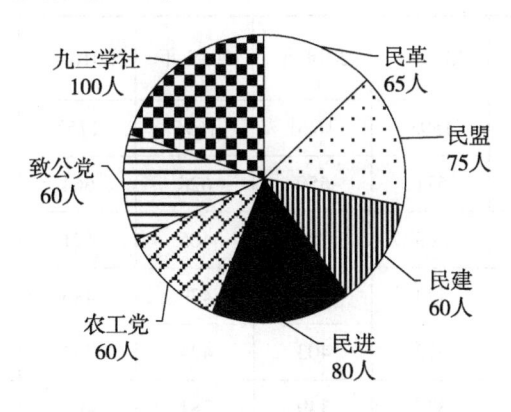

图 2-1 被调查的湖南民主党派人数分布

一、湖南省民主党派组织基本情况

湖南省现有民革、民盟、民建、民进、农工党、致公党、九三学社 7 个民主党派省级委员会，76 个民主党派市级委员会，17 个县市区级委员会，51 个基层委员会，77 个总支委员会，1662 个支部。截至 2017 年底，全省共有民主党派成员 44987 人。目前全省民主党派成员总体数量稳定增长；新发展成员多数为中高级职称且呈年轻化趋势，少部分党派组织内部仍然存在"年老的多、年轻的少"的现象；在界别来源结构上，各民主党派发展成员界别特色基本一致，呈趋同化趋势，反映在参政能力建设中往往表现为同一界别人才过剩而其他界别人才不足，对参政能力建设的广度和深度具有一定影响。

（一）成员总体数量稳定增长

以九三学社为例，截至 2017 年底，湖南省九三学社共有 6617 人，2012 年至 2017 年，成员总数平均增长率为 4.70%，发展比例符合 5% 的规定（见表 2-1）。

表 2-1　湖南省九三学社 2012—2017 年人数增长表（单位：人）

年 地域	2012 年	2013 年	2014 年	2015 年	2016 年	2017 年	平均
省直	1547	1593	1620	1695	1763	1879	1682
长沙	540	571	559	625	664	696	609
岳阳	351	369	389	405	421	447	397
湘潭	474	473	471	479	486	495	479
衡阳	348	372	403	424	444	462	408
株洲	305	327	349	381	407	440	368
邵阳	296	302	315	332	347	359	325
益阳	315	338	355	370	406	425	368
郴州	271	284	296	316	333	352	307
娄底	388	404	420	435	457	474	430
怀化	117	143	155	165	172	185	156
常德	231	242	255	270	284	298	263
张家界	84	88	89	96	101	105	94
合计	5267	5506	5716	5993	6285	6617	5897
新增数	246	239	210	277	292	332	266
新增率	4.89%	4.53%	3.81%	4.84%	4.87%	5.28%	4.70%

（二）新发展成员多数为中高级职称且呈年轻化趋势

全省民主党派的整体年龄结构有一定的年轻化趋向，但总体底数过大（见表 2-2）。截至 2017 年底，湖南省九三学社成员的平均年龄为 49.81 岁，民革成员的平均年龄为 53 岁，农工成员的平均年龄为 48.2 岁，仍然偏大。

表2-2　湖南省部分民主党派成员平均年龄表（单位：岁）

项目	2010年	2011年	2012年	2013年	2014年	2015年	2016年	2017年
九三学社	51.05	51.03	50.81	51.01	51.37	50.12	49.92	49.81
民革	52	52.2	52.2	52.3	53.4	52.7	52.7	53
农工	51.6	51.2	50.7	50.5	49.8	49.2	48.5	48.2
致公党	47.3	46.2	47	47.9	49	44	43	43

（三）各民主党派发展成员界别特色基本保持，呈趋同化趋势

各民主党派是由一定阶层、行业或利益群体以共同信仰为目标而成立的，有相同的背景、经历或特长优势。从历史上看，各民主党派在成立时已有鲜明的界别特色。新中国成立后，中国共产党与各民主党派协商，基本形成了按照"三为主"（以大中城市为主，以中上层人士为主，以协商确定的重点分工为主）的组织发展原则，逐渐形成了各民主党派成员优势相对集中、界别特色突出的特点。民革是以同原国民党、台湾和本党有历史渊源和联系的人士为主；民盟是以从事文化教育及科学技术工作的高、中级知识分子为主；民建是以经济界人士为主；民进是以从事教育文化出版工作的高、中级知识分子为主；农工党是以医药卫生、人口资源和生态环境领域高、中级知识分子为主；致公党是以归侨、侨眷的中上层人士和有海外关系的代表人士为主；九三学社是以科学技术界高、中级知识分子为主；台盟由台湾省人士组成。70年来，随着社会的发展和情势的变化，中国共产党与各民主党派协商，对各民主党派发展对象领域进行了协商调整，但随着时代的发展，各民主党派界别的差异逐渐减小。党派发展成员历史传承的相关特色有所保持，呈现趋同化趋势，代表人物缺乏旗帜性。但就参政议政工作来看，成员界别上的交叉，更便于从宏观上、多层面上履行参政议政职能。如湖南省九三学社近年来成员涉及各行业，其中高等院校、工程技术、医药卫生、科学研究仍占主体地位，其他行业也有覆盖，逐渐呈现出界别优势为主，覆盖多行业的党派成员新局面（见表2-3）。

表2-3 湖南省九三学社2010—2016年界别分布表(单位:人)

项目(年)	社员数	女社员	高等院校	科学研究	医药卫生	工程技术	农林	财政经济	文化艺术	新闻出版	普通教育	法律	政府机关	党派机关	其他	高级	中级	其他
2010	4788	1697	1298	706	641	1006	78	195	87	23	171	69	342	68	104	2483	2080	225
2011	5021	1824	1340	721	684	989	96	258	96	28	191	71	362	71	112	2551	2186	284
2012	5267	1907	1390	736	729	1036	91	272	115	29	194	78	391	72	134	2634	2294	339
2013	5506	2030	1441	761	774	1082	96	301	123	29	206	85	424	72	112	2700	2407	399
2014	5716	2208	1398	778	871	1113	136	253	126	38	218	71	462	72	125	2765	2472	479
2015	5993	2335	1459	797	926	1152	131	261	143	39	226	76	505	75	151	2811	2609	573
2016	6285	2481	1504	806	979	1171	145	339	154	42	237	50	547	78	233	2886	2759	640

二、各民主党派湖南省委参政议政工作开展综述

(一)民主协商工作

近五年来,各民主党派共参加各类政党协商座谈会52次,就湖南省第十一次党代会工作报告、省"十三五"发展规划、省全面深化改革实施意见、两会省政府工作报告、全省上半年经济形势专题协商等重大决策和重要文件、重要事项提出意见建议。

(二)两会工作

截至2018年,湖南省民主党派中共有全国人大代表40人,省人大代表276人,市级人大代表2167人,全国政协委员20人,省政协委员454人,市级政协委员3167人。2013年至2017年五年间,各民主党派湖南省委共向湖南省政协提交提案426篇(见表2-4),大会发言材料88篇,口头发言35篇,其中《全面落实创新引领战略,加快创新型湖南建设》《关于防范和化解地方债务风险的建议》等提案被省政府相关领导批示。

表 2-4 2013—2018 年湖南省各党派集体提案数量（单位：件）

项目	民革	民盟	民建	民进	农工	致公	九三
2013 年	8	12	7	15	10	7	13
2014 年	5	13	7	10	12	10	6
2015 年	7	15	12	12	8	12	8
2016 年	6	15	9	12	9	8	10
2017 年	7	11	13	18	9	10	7
2018 年	8	15	12	17	7	9	5
合计	41	81	60	84	55	56	49

（三）专题调研

不断完善"党委出题、党派调研、政府采纳、部门落实"的参政议政模式，探索建立理论"纵向实现民主党派中央、省、市三级组织联动，横向与其他省市、有关高校、科研院所多方互动"的调研新方式。目前专题调研形式主要有五种：各民主党派中央组织的调研课题，湖南省委组织的相关调研课题，湖南省委统战部组织的相关调研课题，湖南省政协组织的调研活动，各民主党派根据各自界别特点和社会热点安排的调研课题。近30年来持续开展"对口联系和特约人员"工作，如长沙目前已有30个市直部门分别与7个民主党派、工商联开展了对口联系工作，17个市直部门、单位从民主党派、工商联中聘请各类特约人员119人。同时，各民主党派省委也积极争取党派中央支持，先后邀请严隽琪等20余名国家领导人带领国务院有关部委和专家院士来湘开展重大课题攻关，一批调研成果得到习近平、李克强等党和国家领导人的重要批示，促成了湘江流域污染治理、湖南武陵山区扶贫开发、环洞庭湖生态经济圈建设、长株潭地区自主创新等一批事关湖南长远发展的重大项目纳入国家重要战略规划。

（四）反映社情民意信息

目前社情民意信息有四个渠道报送：一是报送至各民主党派中央委员会，经中央委员会挑选加工，报送全国政协、各部委等；二是报送至省政协，经省政协筛选加工，报送相关省委领导、省级部门督办；三是报送省委统战部，由省委统战部把关，报送至中央统战部或直通车；四是各民主党派湖南省委创新社情民意信息报送方式，即"省情直通车"，信息直接报送至省委常委等。从统计数据来看，近五年社情民意信息报送情况整体起伏不大，采用情况大体变化不大，可见还有提升的空间（见表2-5）。

表2-5 2013—2018年湖南省社情民意信息报送和采用情况表（单位：件）

项目	报送总数	民主党派中央采用	全国政协采用	省政协采用	省部级领导批示
2013年	193	21	0	1	1
2014年	195	25	2	1	1
2015年	190	19	1	1	0
2016年	187	22	2	2	0
2017年	185	18	1	4	0
2018年	168	14	0	3	0

（五）实职安排情况

各民主党派中的优秀人士担任各级人大代表、政协委员的非常多，但更为关键的是帮助党派干部担任政府机关实职，一旦如此，对参政议政工作调动政治资源大有裨益。省市两级民主党派组织负责人（主委、副主委）共353人，常委163人，委员1310人。从表2-6可以直观看出，民主党派主要政治安排是在政协领域，人大代表偏少，在政府实职安排更少。

表2-6 2015—2017年度湖南省党外领导干部安排情况表（单位：人）

项目	人大领导班子党外副职		政府领导班子党外副职		政协领导班子党外副职		人民法院党外副职		人民检察院党外副职		政府工作部门			
^	^	^	^	^	^	^	^	^	^	^	党外正职		党外副职	
^	总数	民主党派	总数	民主党派	总数	民主党派	总数	民主党派	总数	民主党派	总数	民主党派	总数	民主党派
2015年	24	9	20	10	73	50	14	4	13	3	30	14	233	117
2016年	14	8	14	10	62	41	14	4	14	3	33	18	200	118
2017年	14	8	13	10	64	43	13	3	14	4	35	22	182	106

三、新形势下湖南省民主党派履行参政议政职能存在的问题分析

(一) 主观认识缺位

一是部分民主党派成员对我国新型政党制度缺乏深刻的理解，对参政议政的目的和意义、原则和内容、途径和方式等认识模糊，从而影响了参政议政作用的发挥。加之民主党派基层组织在新的历史时期成员构成发生了新的历史性变化，基层组织成员的思想呈现出特殊性、包容性、多样性、复杂性、开放性和差异性的新特点。例如由于民主党派的基层组织，在组织上、纪律上的宽松性，对成员管理、约束的双重性，新老成员世界观、人生观、价值观的差异性等，因此，存在着思想上、理论上、实践上的认识不足，尤其对社会主义民主政治建设进程认识不足。具体表现在：对参政党如何在中国共产党领导的多党合作和政治协商制度中发挥作用等，缺乏应有的理论认识；对如何履行参政议政、民主监督职能，缺乏应有的知识准备和操作训练。

二是由于历史的原因，部分领导干部不了解民主党派产生与发展的历史，也无法充分认识到民主党派在社会主义现代化建设中所起到的作用，对民主党派参政议政工作没有给予足够的重视和支持，严重影响了民主党派成员参政议政的热情（见表2-7），政治热情减退在一些成员身上也有所表现。改革开放以来，作为中上层知识分子的大部分民主党派成员，其中有些长期从事专业工作，对民主党派与中国共产党长期亲密合作的历史、优良传统不怎么熟悉，对民主党派的性质、地位、作用理解得不深刻，对我国统一战线的基本理论缺乏了解，对自己所在基层单位的个别中共领导统战意识较淡漠存有看法，产生了"民主党派只是'摆设'，加入民主党派'低人一等'"的错误观念，对组织缺乏关心和支持，甚至不参加组织活动，极个别成员还产生了退出民主党派组织的念头。

表 2-7 湖南省党政干部对民主党派作用的认识（总人数：120 人）

项目	很认同	比较认同	一般	不认同
是否认同民主党派在国家、地方社会政治生活中的积极作用？	18.4%	25.8%	43.3%	12.5%
是否认同民主党派参政议政工作的重要性？	12.5%	41.7%	33.3%	12.5%
是否相信民主党派在未来会发挥更大的积极作用？	19.2%	55.8%	20.0%	5.0%

三是民主党派基层组织成员由于各种因素，本身参政议政的水平参差不齐。基层单位的民主党派成员，本职业务工作繁忙，又受到地域、社会环境、活动范围等条件的制约，对全局问题的认识难免带有滞后性、片面性和局限性，极大地影响了其参政议政能力的发挥（见图 2-2）。如体制内的党派成员，在同一岗位或职级上工作时间较长，进取意识有所下降；体制外的党派成员，需要处理好专职和兼职的平衡问题，有时因为本职工作的制约，影响了党派履职。

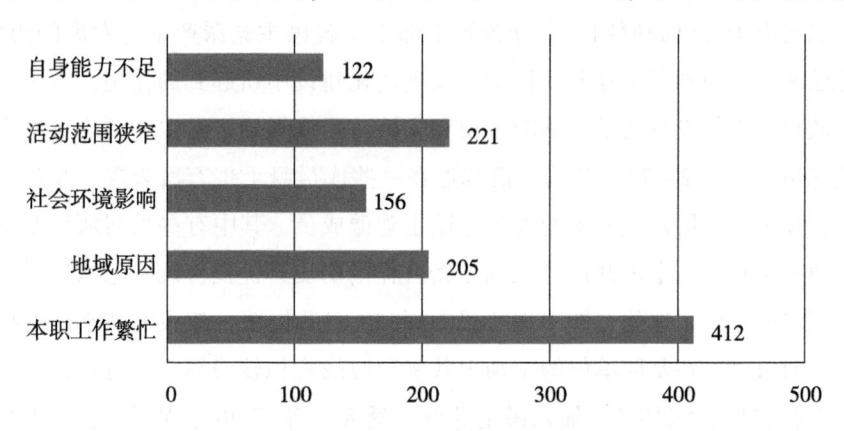

- 自身能力不足　122
- 活动范围狭窄　221
- 社会环境影响　156
- 地域原因　205
- 本职工作繁忙　412

图 2-2 湖南省民主党派基层组织成员参政议政影响因素（单位：人）

四是由于民主党派掌握的媒体资源很少，再加上对民主党派的宣传力度有限，群众对民主党派参政议政工作不太了解，社会认同度比较低。

（二）自身建设不强

首先，民主党派组织在协调机制上的不顺，一定程度上阻碍了其开展形式丰富的参政议政实践活动。民主党派职能发挥的效力大小取决于其是否具备完善的制度体系、领导班子是否重视参政议政工作以及参政议政工作机制是否有效。省级各民主党派由于受自身人力、物力的限制，参政议政部门只有4人左右的机关人员配备，部分党派参政议政处力量薄弱，只有2人，统筹全省的参政议政活动能力有限，很难再深入开展社会实践活动；市级党派组织力量更加薄弱，14个市州人均1人不到（见表2-8）。

表2-8 湖南省各民主党派参政议政处人数（单位：人）

项目	民革	民盟	民建	民进	农工党	致公党	九三学社
省级委员会	4	7	4	4	4	2	2
市级委员会	9	0	12（含筹委1人）	12（有的身兼数职）	12	8（含筹委1人）	1（除长沙外没有专干）

参政党参政议政能力建设的成效是建立在调查研究基础之上的，调查研究是提高参政议政能力建设成效的前提，没有深入细致的调查研究，参政议政能力建设成效就无从谈起。只有广泛地了解政情、民意，才能参好政，提出切合实际的议案、建议。

通过对湖南省部分民主党派市级委员会（4个）、县市区级委员会（2个）、基层委员会（4个）、总支委员会（5个）和支部（50个）的抽样调查结果显示，目前组织生活经常化、制度化的仅占三分之一，约9%的被试组织生活基本停滞（见图2-3）。没有更多的调研活动，加上民主党派参政议政活动的具体制度多是宏观性指导意见，缺乏可操作的约束机制，造成了很多不切合实际的协商活动和形式上的民主监督。

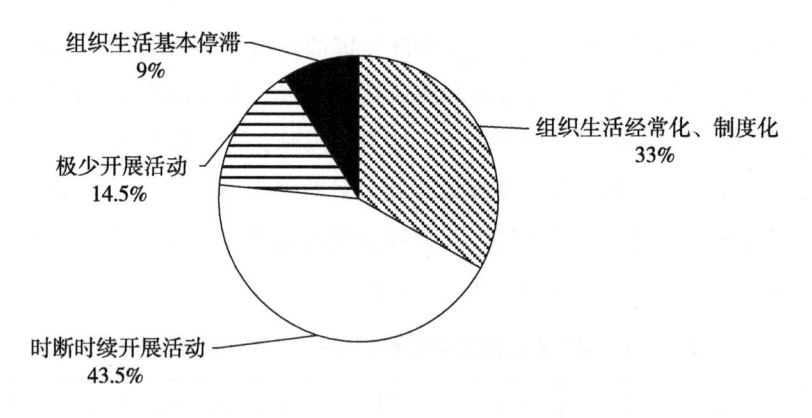

图 2-3　湖南省部分民主党派组织活动图

（饼图数据：组织生活经常化、制度化 33%；时断时续开展活动 43.5%；极少开展活动 14.5%；组织生活基本停滞 9%）

其次，各党派虽然非常重视代表人士的社会调研活动，但基层缺少参政议政活动渠道。大部分党派组织依靠个体独立调研情况多，整合党派整体力量联合调研情况少。提出的意见建议自然针对具体问题建议多，而针对宏观性、全局性问题研究少，直接阻碍参政议政职能的有效发挥。

此外，党派组织在发展成员时，往往只关注成员基本素质的高低，而对其参政议政能力的强弱有所忽视，这当然有考量标准难以界定的客观现实。但事实上，每个成员参政议政能力的强弱、素质的高低决定着整体的参政议政职能的发挥。

（三）参政议政体系不完善

首先，制度保障不健全。从目前情况来看，民主党派履行参政议政职能的效力情况一方面与参政党的参政议政能力有关，另一方面则取决于执政党和政府的支持力度。完备的制度保障是民主党派参政议政的有力措施，执政党必须营造良好的参政议政氛围，健全新形势下的参政议政制度体系，才能推动民主党派组织的参政议政热情，形成党委支持的良性互动体系。

其次，知情不足的制约。民主党派机关是民主党派成员之家，是连接成员的纽带，更是发挥参政议政作用的中枢。一方面，民主党派机关对党委、政府的有关工作知情不足、了解不深，相关文件见得少，掌握的信息少，不能及时、准确地了解政府的工作情况，单凭每年的几次情况通报会，不能满足民主党派对政府工作全面了解的需求，不能从根本上达到知情献策的要求，这种情况越往下就越明显。因此也就不可能准确、合理地提出相关建议，制约了参政议政作用的发挥。另一方面，各民主党派有的没有对口联系单位，有的对口联系单位对民主党派参政议政认识不到位，积极主动性不高，不能给民主党派提供翔实、具体的调研材料，不能很好地为参政议政、建言献策提供良好的氛围，没有与民主党派形成合力。有些对口联系单位甚至不想让你了解本单位内情或者说不想让你知道得太多。因此，缺乏对口单位以及一些对口联系流于形式、走过场，制约了参政议政作用的发挥。

再次，资源保障不充分，缺乏有效的激励机制。民主党派自身经费有限，成员的调研活动主要靠自身作为参政党成员的参政使命感以及组织的不断推动。党派成员大都利用兼职时间参加组织活动和参政议政活动，受各种条件的限制，日常参与的积极性不高，大部分被访者对目前的激励机制不太认可（见图2-4），但有超过80%的被访者表示，如果有健全的激励机制，自己很愿意参与组织活动和参政议政活动（见图2-5）。政府应给予必要的财力、物力支持，以及协调党派成员所在单位给予时间保证，才能确保参政议政调研活动的顺利开展。

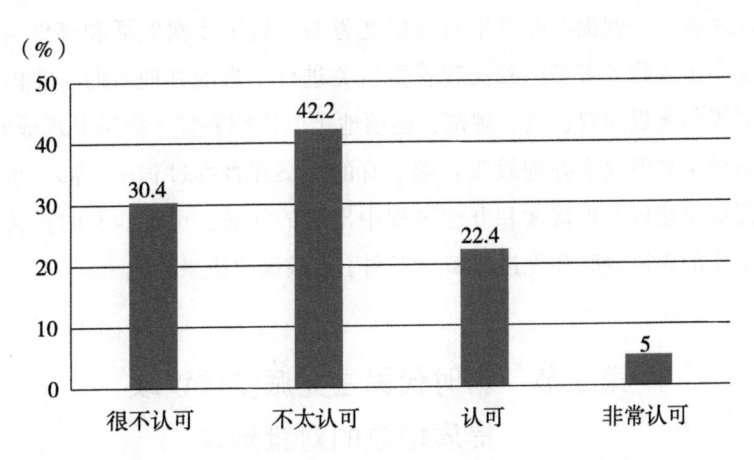

图2-4 民主党派对目前激励机制的认可程度

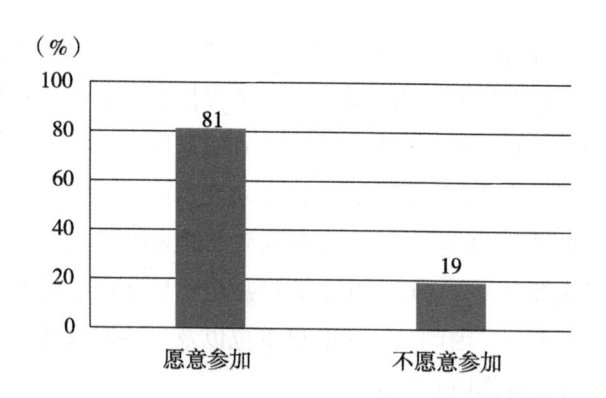

图 2-5　民主党派成员对党派组织、参政议政活动的意愿

最后，参政议政成果转化机制不完善。通过对五年间各民主党派湖南省委向湖南省政协提交的 426 篇提案的研究分析，目前成果转化存在以下两种情况：一是提案质量高、提案办理成效显著。如在湖南省政协十二届一次会议上，民建湖南省委会递交的集体提案《实施乡村振兴战略，建设富饶美丽幸福新农村》被列为 0005 号提案，得到省委副书记乌兰同志的批示。省农委高度重视该提案的办复工作，明确牵头领导、责任领导和具体承办处室，开展了深入调研，并与省发展改革委、省财政厅等会办单位衔接沟通，共同研究具体落实措施进行提案办理。省农委就提案办复事宜与民建省委进行了多次电话和邮件沟通，并由省农委副主任陈冬贵带队到民建省委机关进行了当面办理协商，在提案答复材料中对提案所提建议认真、规范、逐项地予以详细答复，提案办理成效显著。二是提案质量高但提案办理效果较差。有的提案在督办过程中，部分承办单位不能掌握提案建议办理进度和办理过程中出现的问题，也不能及时宣传总结推广办理工作的先进经验和先进典型，不利于参政议政成果转化。

第三节　新时代民主党派参政议政提质增效的对策建议

参政议政提质增效即参政议政本领与能力的提升。民主党派参政议政要想提质增效，就必须凝聚起各党派专门人才，不断提高参政议政能力，根据自身的性质、地位、作用,进一步明确参政议政的职能、原则、特点、优势,努力探索本党派工作的运作规律,不断完善参政议政工作机制,进一步具体规定和细化参政议政外在运行机制和参政党自身建设的内部工作机制,以适应不断变化的新形势、新要求。

一、紧扣大局,找准新时代参政议政的政治定位

(一)紧扣大局,处理好大格局与高站位的关系

讲政治顾大局,是民主党派参政议政的立身之本。民主党派是中国特色社会主义政治制度下的参政党,不同于西方的在野党和反对党。民主党派要与共产党相互监督,做共产党的诤友,但前提是要接受和坚持中国共产党的领导,要为中国特色社会主义这一共同事业和实现中华民族伟大复兴这一共同目标而奋斗。[①] 因此,民主党派参政议政、说话办事,应有利于维护共产党的领导、有利于增强"四个自信"、有利于凝聚人心和维护社会稳定。[②] 正确认识大局、把握大局,深入学习领会习近平总书记关于新型政党制度的重要论述和关于新时代多党合作的"四新"要求,及时传达中央大政方针、决策部署,做好形势分析、宣讲解读、政策辅导等工作,把学习贯彻习近平新时代中国特色社会主义思想真正作为新时代开展多党合作履职尽责的根本遵循和行动指南。

(二)要找准参政议政的新时代政治定位

接受中国共产党的领导,是民主党派自愿和自主的选择。进入中国特色社会主义新时代,民主党派作为中国特色社会主义参政党,在中国共产党领导的多党合作和政治协商制度的框架内,为实现中华民族伟大复兴的中国梦的共同理想,民主党派必须坚定正确的政治方向和政治定位。中共十九大报告强调"全党要更加自觉地坚持党的领导和我国社会主义制度,坚决反对一切削弱、歪

---

① 韩启德:《民主党派参政议政"四要"》,载人民论坛网http://www.rmlt.com.cn/2017/0804/488026.shtml,最后访问日期:2017年8月4日。

② 韩启德:《民主党派参政议政"四要"》,载人民论坛网http://www.rmlt.com.cn/2017/0804/488026.shtml,最后访问日期:2017年8月4日。

曲、否定党的领导和我国社会主义制度的言行","全党要更加自觉地增强道路自信、理论自信、制度自信、文化自信,既不走封闭僵化的老路,也不走改旗易帜的邪路"①。这也是对民主党派的政治要求。站在新时代的高度,民主党派应更加清醒地认识到,"明确中国特色社会主义最本质的特征是中国共产党领导,中国特色社会主义制度的最大优势是中国共产党领导,党是最高政治领导力量"②。

在中国特色社会主义新时代,我国社会主要矛盾已经转化为人民日益增长的美好生活需要和不平衡不充分的发展之间的矛盾。中国共产党领导全国人民决胜全面建成小康社会,夺取新时代中国特色社会主义伟大胜利,还面临着治国理政的新老问题,成为摆在我们面前的现实困难与挑战。诚如中共十九大报告所指出,"发展不平衡不充分的一些突出问题尚未解决,发展质量和效益还不高,创新能力不够强,实体经济水平有待提高,生态环境保护任重道远;民生领域还有不少短板,脱贫攻坚任务艰巨,城乡区域发展和收入分配差距依然较大,群众在就业、教育、医疗、居住、养老等方面面临不少难题;社会文明水平尚需提高;社会矛盾和问题交织叠加,全面依法治国任务依然繁重,国家治理体系和治理能力有待加强;意识形态领域斗争依然复杂,国家安全面临新情况;一些改革部署和重大政策措施需要进一步落实;党的建设方面还存在不少薄弱环节"③。中国共产党面临的治国理政的现实问题,也是民主党派面临的参政议政的现实问题。各民主党派要认清自身作为中国共产党同路人、同盟军的政治定位,结合自身优势,找准参政议政的切入点、结合点和着力点,一要处理好大调研与深思辨的关系,既要详尽占有资料,更要在深层次理论思辨和综合分析研究上下功夫,形成高质量参政议政成果;二要处理好大文章与精见解的关系,在形成大文章时,要精心打磨研究成果,让更多精彩、简明的意见建议为党委政府决策提供参考。

---

① 《党的十九大报告辅导读本》,人民出版社2017年版,第17页。
② 《习近平主持中共中央政治局第六次集体学习并讲话》,载中央政府门户网站 http://www.gov.cn/xinwen/2018-06/30/content_ 5302445.htm,最后访问日期:2018年6月30日。
③ 《党的十九大报告辅导读本》,人民出版社2017年版,第9页。

二、健全民主党派人才智库，建立人才凝聚和发展机制

（一）各民主党派要不断完善人才信息库，强化人才储备

一是贯彻落实"有意识地把一部分优秀人才留在党外"的政策，持续涵养水源，使一部分优秀人才能留在党外。中共中央在1980年作出《关于在民主党派负责人、无党派上层爱国人士中发展共产党员问题的规定》，提出要注意鼓励一部分人留在党外进行工作。1992年中共中央组织部、中央统战部联合下发《关于加强和改善各级人民政府及司法机关中党同党外人士合作共事的意见》，强调要正确处理好吸收优秀知识分子入党与有意识地让他们留在党外的关系。劝说一些符合党员标准积极要求入党的党外代表人物暂时不要入党，留在党外发挥作用。1996年中共中央转发中央统战部、中央组织部《关于做好向民主党派推荐部分党外优秀知识分子作为发展对象工作的意见》，提出要有意识地把一部分优秀知识分子保留在党外，帮助民主党派物色和培养一批新的代表人物和领导骨干，要将此作为一项长期的、经常性的工作，有领导、有计划地抓下去。把一部分优秀人才留在党外，是巩固多党合作政治格局、提高合作共事整体水平的必然要求；是合理配置政治资源、巩固党的执政基础和群众基础的必然要求；是夯实共同思想政治基础、推进中国特色社会主义事业的必然要求。贯彻落实好把一部分优秀人才留在党外的政策，关键是抓好源头合理分流。对一些申请加入中国共产党的党外代表人士，要耐心细致做好解释工作，让他们明白留在党外同样是党和国家事业发展的需要，同样可以发挥作用、干得出彩。

二是各级民主党派机关应对本党派的优秀成员了然于胸，建立差异化的各级人大代表、政协委员、提案专家库、特约信息员队伍、行业翘楚等各领域参政议政人才智库，及时掌握参政议政骨干队伍状况，保持民主党派"人才荟萃、智力密集"的传统优势，从源头上为参政议政工作提供保障。

（二）要建立人才发展和退出机制，多渠道发现优秀人才

各民主党派要按照党派规章规范吸纳人才，通过专委会以及工作委员会实现跨组织系统的人才发现，要善于从新的社会阶层、港澳台及海外、无党派人

士等群体中发现优秀人才；严把入口关，对新吸纳的成员的综合素质要进行综合考察，如学历学位、职称、是不是某行业精英力量、德行如何等，积极发展年轻有为的成员。试行竞选制、公示制，增强透明性，杜绝哑巴委员、无为代表产生，对于长期不履行义务、不参加组织活动或无法取得联系的成员应及时淘汰。

（三）完善人才养成机制，发挥党外知识分子蓄水池作用

一是各民主党派应根据党派特色制订纲领性人才养成计划，如出台五年、十年人才养成规划，新入成员的培训计划，换届后初任领导干部培训计划等。各民主党派应加强与同级社会主义学院的联系，加强对优秀成员的培训，争取培训养成工作的全覆盖。

二是科学统筹民主党派与无党派人才资源，发挥党外知识分子的人才蓄水池作用，支持民主党派从党外知识分子中协调有序做好人才吸纳工作。要将参政议政和组织发展工作结合起来。各级组织要树立引才、储才、爱才意识，通过"新党员座谈会""入党献一策"等手段，持续激发和保护新党员的积极性；同时，将参政履职业绩作为干部安排、推荐、培养的重要依据，让"能做""愿做""会做"的参政人才有平台、有作为、有发展。特别要善于在党外知识分子中组建建言献策小组，各民主党派可以根据本届别的特色，按照"三农"和生态建设、经济和社会建设、教育和科技事业、文化和卫生事业等方面组建单独的建言献策小组，统一归各民主党派参政议政处负责，其成员可包括来自本党派不同领域的专家学者、"两新"组织代表人士和创业创新的高端人才。

（四）完善人才推荐机制，多种方式结合推荐优秀人才

一是通过党内推荐与党外推荐相结合、个人自荐与组织推荐相结合、定期推荐与日常推荐相结合、民主推荐与集体决议推荐相结合的方式，掌握一批民主党派中的骨干分子。二是各民主党派在发展新成员或推荐各级人大代表、政协委员、议政骨干等时，应将参政议政意识和能力纳入考察范围，将参政议政意识和能力强弱视作人才推荐的重要条件之一。

三、注重调查研究总体规划，完善参政议政共享平台

毛泽东曾经说过："没有调查研究就没有发言权，不做正确的调查同样没有发言权。"① 各民主党派成员都是联系和代表一定领域、行业的人士，为所代表的群体代言和发声。要发挥界别优势做好参政议政，就必须广开调查之路，大兴调查之风，通过深入基层、社区、农村、行业，广泛听取社情民意，了解最真实的一线情况，汇集广大人民群众的意见建议，表达社会大众的共同利益诉求，从而使民主党派的界别优势得到最大化发挥，提高参政议政的界别代表性、领域深度性和行业专业性。

政府部门的调研往往能够动用较多的行政资源，可以协调调查研究的诸多方面。而各民主党派调查研究既是民主党派履行参政议政职能的基础，也是履行民主监督职能的手段，但由于先天政治资源上的缺陷难度大，为了更好地组织调查研究，就要制定调查研究的总体规划，务求科学性、系统性，利用有限资源，针对特定领域，注重调研调查的效率，如每年党派中央的联合调研、各省级组织的政协委员视察等。而且从目前各民主党派工作机制的架构可以看出，基本是党派中央到省级组织、再到市级组织、再到基层支社的脉络，每年通过各层级履行参政议政职能而提交的社情民意信息、提案等卷帙浩繁，提交的参政议政成果多有重复，浪费了本就不宽泛的党派资源。因而，更需要建立民主党派参政议政共享平台（见图 2-6），对社会政治、经济、文化等领域的重点、热点、焦点、难点以及涉及全局、群众关心的问题进行收集、整理、分析、论证和总结，将成员的议案提案、社情民意信息、人大政协会议发言、调研报告等加以整合，从而做好资源整合工作，同时也在跨领域、跨界别、党派联合调研工作中起到关键作用。

---

① 参见毛泽东 1930 年 5 月撰写的《反对本本主义》一文和 1931 年 4 月起草的调查通知。

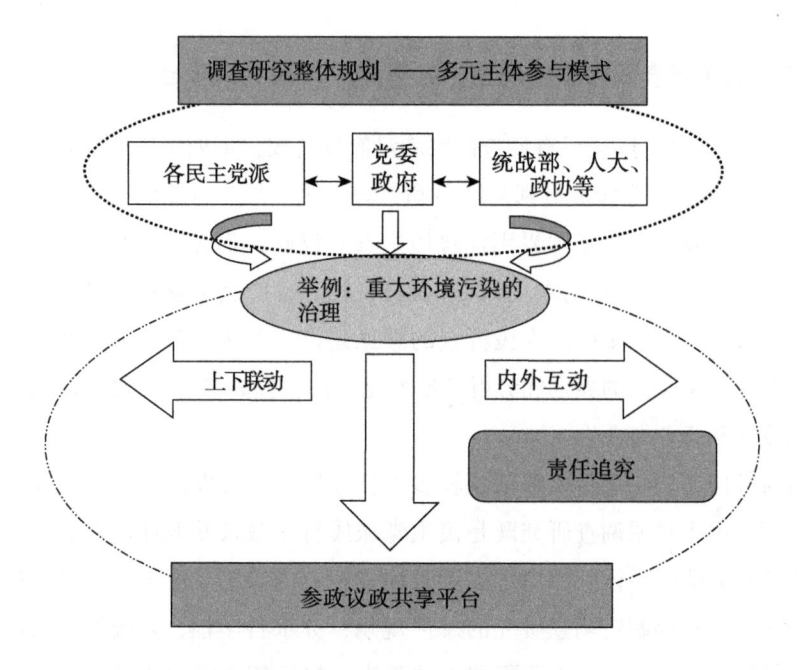

图 2-6 参政议政共享平台

（一）加强上下联动，建立课题调研工作量化细则

一是各民主党派应打破条块分割。着力整合资源，利用自己所代表界别的自身优势，实行上下联动，体现出民主党派参政议政的特色性、专一性、权威性。领导班子成员要带头开展调查研究，深入基层一线。二是完善考察调研制度。实施重点课题招投标制，围绕重点课题集中力量打好歼灭战。对调查研究要做总体部署，规范选题论证，完善课题审定、主次安排、调研组织、联系合作、形式渠道、作用发挥、成果会商、成果报送、评比奖励等，对一些战略性问题进行系统的问卷调查、联合调查、跟踪调研、蹲点调查等，可分阶段提交议案。三是对调研工作应纳入工作量计算。如各民主党派的重点及重大课题，应折换成相应的工作量或加分项目计入，年终统一纳入个人考核项目。

（二）加强内外互动，及时促进课题成果的转化利用

各民主党派要加强与政府部门、政协专委会、兄弟党派、高校科研院所以及社会组织包括各类智库的合作与联动，吸纳外部力量，建立联合调研机制。各级党委、有关部门也应为参政议政创造民主、和谐、融洽、宽松、团结的环境和风气，牢固树立为参政议政服务的工作意识，积极配合、协助民主党派开展重大联合调研活动，并及时促进课题成果的转化利用，提高参政能力建设的实效性和针对性。只有加强内外互动，加强各参政党部门与部门之间沟通并通力合作，才能为顺利开展参政议政工作机制运行创造良好条件。如根据《中共湖南省委关于贯彻〈中国共产党统一战线工作条例〉的实施意见》要求，省委省政府的有关调研活动要请有关人员参加，这也为加强内外互动提供了制度保障。

（三）健全征询机制，提高参政议政的实效性

建立与人大、政协的协调沟通机制，改善同党委、政府的沟通渠道。参政议政能力提高的基础是"有事可考、有情可参"，除了一些重大国家机密、安全信息等涉及保密的信息，党政机关应进一步加强信息公开和健全征询制度，使各民主党派能更加便捷、及时掌握相关信息和数据，提高参政议政的实效性。

四、健全参政议政职能部门，完善参政议政工作保障机制

制度是一个组织内大家共同遵守的行为规范，是保证组织有效运转，达成组织目标的可靠保证，也是实现公平、公正、公开的必要条件。各民主党派作为人民政协的界别组成单位，联系和管理着其党派的政协委员，政协委员通过各民主党派界别在人民政协履行政治协商、民主监督、参政议政职能。只有不断加强制度建设，进一步完善引导、协调、保障、激励机制，才能增强民主党派成员履职的积极性和主动性，通过制度化建设实现规范化管理，为发挥界别优势提供有力保障。参政议政工作领域广、任务急、层次深，当前民主党派工作面临的经济社会环境也发生了较大变化，为适应新环境新变化，应深入学习贯彻落实习近平总书记关于新型政党制度的重要论述，进一步加强民主党派基层组织制度化、规范化、标准化建设（见图2-7）。

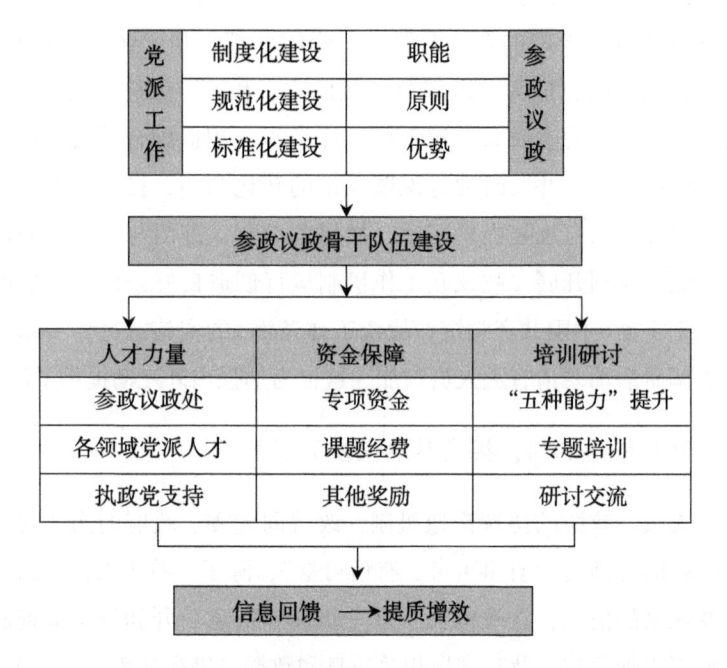

图2-7 参政议政制度化、规范化、标准化建设

（一）要加强各参政议政处人员力量配备

强化党派机关工作，保障参政议政履职。各民主党派机关是各党派履行相关职能的服务机构，要坚持把发展的理念作为参政议政工作的第一要务，用科学发展观作为指导，强调各民主党派参政议政处工作的全面性、协调性和可持续性。

（二）完善参政议政工作专项资金保障

在某种程度上，应进一步加强具体制度保障以及物质、经费和信息等方面的支持，完善参政议政工作专项资金保障，使之尽量满足参政议政提质增效的需要。特别是中共地方党组织机构应该对参政党建设给予支持，为参政党活动提供方便，对参政议政提质增效给予足够的重视和帮助，改变多党合作的意识"上热、中温、下凉"的不良态势。

（三）建立参政议政工作培训研讨机制

上级部门应支持各党派团体履行基本职能，加强对党派参政议政工作的指导，一要引导各党派团体聚焦社会热点，如在乡村振兴、环境保护、防范风险、化解政府债务等方面开展深入细致的专题调研；二要建立常规化的参政议政工作培训制度，如部分党派成员的提案优化仍然存在很大的发展空间，可以有针对性地加强提案调查培训，以思路清晰、分析透彻、建议翔实、政治严肃性等为提升目的，进一步挖掘和提高提案的广度和深度；三要贯彻落实《中共中央关于加强中国特色社会主义参政党建设的意见》精神，正确认识各参政党在国家民主政治建设中的地位和作用。党委要把支持参政党加强自身建设作为一项重要政治责任，要支持各党派团体不断加强自身建设、提高"五种能力"，特别是参政议政能力建设。各民主党派要始终秉持"高起点、实招数"的优良传统，善于从全局性、政策导向性和群众关注的热点等方面提出前瞻性的建议，发挥自身优势和作用，少说空话，多办实事。

（四）形成健全信息回馈机制

在健全参政议政工作机制建设中，要开拓组织内部的信息渠道，及时准确地反馈广大党派成员及其所联系的群众关于国家大政方针的看法、建议以及自身的愿望和要求，对国际国内形势和重大问题的看法与态度，并及时对这些反馈信息进行认真研究、详细分析和科学论证，进而形成科学合理的提案，以此帮助中共执政党进行"科学决策"，并提高决策效率。同时，应将信息反馈纳入参政议政考核，对于不进行信息反馈的单位应进行问责，具体问责应追究到相关负责人。

五、构建建议提案网上办理系统，发挥网络参政议政作用

随着国家治理体系现代化及电子政务的发展，网络参政议政应成为民主党派参政议政提质增效的重要法宝之一。建议提案网上办理系统应成为各民主党派参政议政的重要渠道。

一是结合人大代表建议、政协提案网上办理系统建设，以网络参政议政为突破口，建设相关门户网站政民互动交流平台。如湖南省的政协云，就充分利用了网络的互动功能，围绕政府履行职能的需要，从满足公众日益增长的服务

需求出发,以创新的形式不断开拓与各民主党派、工商联、无党派人士等的沟通渠道,也推动了政府网站建设的新发展;又如九三学社中央参政议政工作和社会服务工作信息平台软件的推广使用,一方面进一步加强了党派成员的联系,另一方面成员可直接通过平台获悉调研课题、上交研究报告、反映社情民意等。

二是要进一步加强对网络参政议政"一站式"办理软件平台的开发。目前各民主党派每年递交的提案、建议等多则上千,且内容繁多,少则2页,多则10页,涉及承办的部门有100多家,程序复杂。应通过网络参政议政"一站式"办理软件平台建设进一步简化参政议政流程。该系统包括网上申报登记、审核、交办、承办、答复、反馈、查询、统计等完整办理流程,将提案、建议等的录入、分类、审核、编号、汇总、分办、交办、退办、催办、重办、答复反馈、统计等各项工作纳入统一的平台管理。该系统以智能触控终端为基础,实现政策法规、热点新闻、在线问政、参政议政知识学习、互动交流、网络调查、提案提交、数据分析、信息交互、系统管理等多功能模块系统应用;通过智能手机终端(iOS与Android系统)实现政策法规、热点新闻、参政议政知识学习、网络调查、提案提交五大功能模块。网上办理系统建成后,一方面可以使各民主党派进一步提高参政议政的效能,及时掌握提案、建议等的办理进程;另一方面将实现人大代表建议、政协提案办理工作的电子化、网络化,使人大、政协、政府等各级部门能及时获取提案、建议并反馈意见,进一步提高政府工作效率,也使办理过程更加公开透明。

三是出台网络参政议政工作实施细则,推进网络参政议政系统的应用。为了使建议提案网上办理系统有序运行,须建立相应的配套制度,明确人大、政府、民主党派等各职能部门在建议、提案网上办理、社情民意等方面的职责分工、服务规范、办理标准。各部门要严格执行用户管理制度,明确管理部门——政府办公室、人大选人委、政协提案委等,承办单位——各民主党派、人大代表、政协委员,并编制相应的用户使用手册,进行相应内容的培训。

六、完善参政党参政议政质量效能的考核,完善参政议政工作激励机制

要增强参政党的能力,考核制度的完善极为重要,应建立完善、客观的效

能考核体系，完善参政议政绩效考核制度、表彰奖励制度，将参政议政业绩纳入对组织和党派成员的考核体系当中，使之成为表彰奖励的重要依据和后备干部选拔、培训深造、内部使用以及推荐政治安排、任职安排的依据，形成民主党派内"有为更有位"的良性竞争局面，使人才资源向参政议政方面聚集配置。

（一）参政议政质量效能考核的主体

考核制度的主体为各民主党派，可以专门设置第三方专门机构作为考核机构，避免考核的客观性以及真实性受到影响。在考核的过程中，各考核的民主党派成员应积极配合考核制度的运行，考核结果直接与其绩效挂钩，考核机构对民主党派领导负责，并且党委保留问询考核结果的权利。

（二）参政议政质量效能考核的内容

参政议政质量效能考核的内容应为各民主党派参政议政活动及完成状况，其评价标准应有利于发挥政治整合、利益协调、团结凝聚、促进发展的功能。考核内容要细化至各主体的职责，紧密切合民主党派的各项能力范围，对应各项职能，做到与参政议政的各项权责切合。考核指标不能过于抽象，具体考核的方式应征求专家学者与民主党派的意见，为了保证考核过程与结果的科学性，最好采取定性与定量考核相结合的方式。针对其协商治理工作的特殊性，做到具体情况具体分析，尽可能做科学而全面的评判。

表2-9 参政议政考核指标（示例）

项目	内容	权重	加分	得分	总分
思想建设	是否积极参加各类学习，完成学习任务并提交心得体会				
	是否了解重大方针政策内容				
提案	提交提案的数量				
	如有提交，被采纳的数量				
	参与调研的情况				
	办复提案件数				
	批示情况				

续表

项目	内容	权重	加分	得分	总分
协商	参加政治协商会议的次数				
社情民意	反映社情民意和信息的数量、质量				
	反映社情民意和信息工作的机制及网络建设情况				
专业技能	是否有创新理论成果				
	是否参加业务培训				
	本党派成员履行本职工作情况				

以科学的考核体系作为指导，参政党的参政议政效能就有了具体的衡量标准。这能极大地督促各参政党认真履行职责，使参政议政不断提质增效，促进参政党能力建设。

（三）参政议政质量效能考核的评估

一是对参政议政质量效能年度考核不达标的应责成进行追究。确定问责情形、问责方式、问责程序，对年度考核不达标的党派组织参政议政处实行累进逐级追究制，如遇效能问责情况，应当作为所在组织或单位年度绩效评估的扣分依据。

二是对参政议政质量效能年度考核优秀的应予以表彰奖励。及时对参政议政业绩突出的给予通报表扬、表彰和奖励，并在政治安排和"特约人员"的安排上优先考虑，或提供外出学习、考察接触社会实际的机会等。比如在每年召开的各参政党委员会上，对开展专题调研工作成绩突出的支部和个人进行表彰。

三是对提案督办单位进行考核。明确各承办单位的责任，提出具体的办理程序要求，并将办理建议情况列入年度工作考核体系。从完善交办程序、筛选重点建议、确定督办主体、加大督办力度、加强公开公示、明确工作责任等方面进一步加以规范，形成完整的工作流程体系。

第三章
新时代加强非公有制经济组织党建工作研究

伴随社会主义市场经济的发展，新经济组织、新社会组织等新兴业态也随之快速发展。非公有制经济人士成为中国特色社会主义事业的建设者，是我国改革开放和社会主义现代化建设的一支重要力量。非公有制经济组织是党建工作的一个重要领域。中共十六大第一次把非公有制经济组织中党组织的职责任务写进《中国共产党章程》，中共十七大进一步强调"全面推进农村、企业……新社会组织等的基层党组织建设"，中共十八大提出"全面推进各领域基层党建工作"新要求。习近平总书记多次强调，"麻绳最容易从细处断。越是情况复杂、基础薄弱的地方，越要健全党的组织、做好党的工作，确保全覆盖，固本强基，防止'木桶效应'"[①]。习近平总书记在2012年全国非公有制企业党的建设工作会议上强调："非公有制企业的数量和作用决定了非公有制企业党建工作在整个党建工作中越来越重要，必须以更大的工作力度扎扎实实抓好。"[②] 2017年中共十九大提出要用习近平新时代中国特色社会主义思想武装全党，"要以提升组织力为重点，突出政治功能，把企业……街道社区、社会组织等基层党组织建设成为宣传党的主张、贯彻党的决定、领导基层治理、团结动员群众、推动改革发展的坚强战斗堡垒"[③]。2022年中共二十大报告进一步明确，要"推进国有企业、金融企业在完善公司治理中加强党的领导，加强混合所有制企业、

---

① 《新时代 新气象 新作为·人民眼·提升组织力》，载《人民日报》2017年12月8日，第16版。

② 《习近平会见全国非公有制企业党建工作会议代表》，载中央政府门户网站 https://www.gov.cn/ldhd/2012-03/21/content_2096653.htm，最后访问日期：2012年3月21日。

③ 《党的十九大报告辅导读本》，人民出版社2017年版，第64页。

非公有制企业党建工作"①。从农村到城市，从边疆民族地区到贫困地区，从国有企业、机关、高校到非公有制企业、社会组织、中小学校，习近平总书记对各领域基层党建提出要求，进一步明确了新形势下非公有制经济组织党建工作的总体要求、主要任务、责任体系和保障机制。加强和创新非公有制经济组织党建，进一步强化党组织在非公有制经济组织中的政治引领核心作用已成为当代中国共产党推动政党转型的重要契机和突破口。非公有制经济组织党建工作是党的政治建设的重要部分，不仅是重大的经济问题，也是重大的政治问题。

2014年，习近平总书记在中共中央政治局会议上提出构建"相互嵌入的社会结构与治理方式"，这体现了嵌入性治理已经在中国国家治理中得以提倡并有所应用。中共十九大报告指出要"打造共建共治共享的社会治理格局"，嵌入性治理理论能够为其提供参考。如何有效地借助嵌入性理论、治理理论来创新当前非公有制经济组织党建工作，促进非公有制经济健康发展是理论界、实业界都非常关注的问题，也是本研究的目的所在。如何把坚持党对非公有制企业的领导与建立现代企业制度统一起来，使党组织的政治核心作用融入中国特色现代企业制度，嵌入性治理理论为创新当前非公有制经济组织党建工作提供了启发。

第一节 非公有制经济组织党组织作用的基本内涵

党的建设是我们党的"三大法宝"之一，习近平总书记在党的群众路线教育实践活动总结大会上强调"党建是最重要的政绩"，中国共产党之所以能领导全国各族人民取得举世瞩目的成就并在社会主义现代化建设事业中发挥领导核心作用，是因为中国共产党始终把党建工作放在首位。党的十八大以来，党的建设总体布局完善成"六位一体"，即思想建设、组织建设、作风建设、制度建设、反腐倡廉建设和纯洁性建设。非公有制经济组织党的建设是党的建设工作

---

① 习近平：《高举中国特色社会主义伟大旗帜 为全面建设社会主义现代化国家而团结奋斗——在中国共产党第二十次全国代表大会上的报告》，人民出版社2022年版，第68页。

的新领域,中共中央办公厅印发的《关于加强和改进非公有制企业党的建设工作的意见(试行)》中对非公有制经济组织党的建设内容进行了概括,主要包括坚持党的组织生活,推进思想建设,健全工作制度,完善组织建设,发挥纪检组织在反腐倡廉和作风建设中的职能作用,提高非公党务工作者素质,进一步增强非公有制经济中党组织的创造力、凝聚力、战斗力,等等。

一、非公有制经济组织党建工作的社会背景与现实困惑

(一)社会转型与党的社会治理功能

中国共产党是无产阶级的代表,是建设新时代中国特色社会主义事业的领导核心,是实现中华民族伟大复兴中国梦的坚强支柱。当今世界正经历百年未有之大变局,国际国内两个市场的竞争非常激烈,非公有制经济组织要求得生存与发展,就必须与执政党保持紧密的联系,增强自身的政治优势,使政治的服务与领导功能更好地发挥。截至 2017 年 9 月底,全国实有企业总量共2907.23 万户,实有私营企业 2607.29 万户,其中注册资本(金)在 1000 万元以下的中小企业成为增长主力,对企业总体数量增长贡献率达到 85.0%。[①] 因此,非公有制企业就业主渠道作用日趋明显,人口向非公有制企业集聚已经成为新常态,非公有制企业也成为基层治理的重要方面。非公有制企业党组织是基层社会治理的重要力量,只有在非公有制经济组织中建立比较完善的党组织,才能确保我国非公有制经济的发展是真正为广大人民群众创造美好未来。这也是中国共产党党性的内在要求和党的路线、方针、政策的内在要求。党组织建设是党自身发展的必然选择,它是党在非公有制经济组织中实现思想建设、组织建设、作风建设、制度建设等的保证与基础。

(二)非公有制经济组织党建工作面临许多复杂问题

随着改革的深化和经济结构、社会结构的巨大变革,中共十九大报告指出:"毫不动摇鼓励、支持、引导非公有制经济发展,使市场在资源配置中起决定性

---

① 《党的十八大以来全国企业发展分析》,载中国政府网 https://www.gov.cn/zhuanti/2017-10/27/content_ 5234848.htm,最后访问日期:2017 年 10 月 27 日。

作用,更好发挥政府作用,推动新型工业化、信息化、城镇化、农业现代化同步发展,主动参与和推动经济全球化进程,发展更高层次的开放型经济。"① 新时代非公有制经济组织党建工作呈现许多问题,非公有制经济组织自身的相对独立性、较高淘汰率、追逐利益性和复杂性都给传统党建模式带来挑战。基层党建工作需要不断应对越来越复杂的局面,一是非公有制经济组织党建的整体水平有待提高,党的工作覆盖面小,部分非公有制经济组织中形式主义严重,满足量化指标而忽视质量提高;二是在党组织自身建设方面,相关制度缺乏衔接与配套措施,党员教育和管理出现新难题,党员发展相对缓慢,党务工作者队伍整体素质不高;三是组织功能难以定位,在取得业主支持和企业员工拥护方面缺乏有效的手段,业主和员工对党组织的认同感不高;四是开展非公有制企业党建缺乏资源上的有效支撑,缺乏必要的物质保障,导致组织活动边缘化;五是在工作载体和方法上,内容缺乏创新,方法传统且陈旧,缺乏针对性和吸引力,部分党组织存在"有组织无活动"和"有活动无组织"的空转问题。可以说,目前非公有制经济组织党建工作任务重、难题多、阻力大。

二、非公有制经济组织党建的特征和作用

(一) 非公有制经济组织党建与其他基层党建相比的共性特征

非公有制经济党的建设是中国共产党开展自身建设的需要,是增强党的阶级基础、扩大党的群众基础、夯实党的执政基础的需要。非公有制经济党建本身就是中国共产党基层党建的一部分,所以非公有制经济党建与其他基层党建相比具有很强的共性特征。首先,非公有制经济党建与其他基层党建一样,都要围绕党的政治路线和中心任务来开展工作,党的建设的目的都是要让党组织在社会基层组织中起到战斗堡垒作用,发挥领导核心作用。其次,非公有制经济党建与其他基层党建的工作内容和职责任务基本一致,都是要以思想建设、组织建设、作风建设、制度建设、反腐倡廉建设和纯洁性建设的"六位一体"总布局为主线,团结和带领广大人民群众,贯彻和执行党的路线方针和政策,

---

① 《党的十九大报告辅导读本》,人民出版社2017年版,第21页。

激发党员活力，凝聚群众动力，发挥党的建设法宝作用，不断巩固和发展中国特色社会主义事业。

（二）非公有制经济组织党建与其他基层党建相比的个性特征

非公有制经济组织中的党组织由于所处的环境和组织设置、运行机制等与党的其他基层组织相比有其特殊性和不同之处，所以非公有制经济组织的党的建设也呈现出明显的个性特征。首先，由于非公有制经济组织人员流动性比较大，党组织构成也更加多元，党组织的稳定性差，非公有制经济组织党建以非公有制经济组织为载体，所以非公有制党建工作面临的形势更加复杂和严峻。其次，非公有制经济组织不同于其他基层组织，非公有制经济组织是市场竞争的主体，其市场性表现得尤为突出，这一特性让提升非公有制经济组织的生产效率和经济效益成为非公有制经济组织党建的重要内容，相对于其他基层组织党建，非公有制经济组织党建所表现出的经济性十分突出。最后，正因为非公有制经济组织是我国经济发展的新领域，组成结构复杂，单位和地域之间的差异明显，组织覆盖面广且活跃程度高，非公有制经济组织党建的方式就更加灵活多样，相对于其他基层党建工作，非公有制经济组织党建工作运用新形式、新方法的能力比较强，党建工作的创新性很强。

（三）非公有制企业党组织的作用及其影响因素

一般来讲，非公有制企业党组织的实质作用由三个要素构成：一是党组织及党员自身，二是非公有制企业、企业主、企业员工和政府有关职能部门，三是发挥作用的机制、方式。根据《中国共产党章程》和相关文件规定，非公有制企业党组织主要发挥引导监督、利益协调、团结凝聚和服务发展的作用。首先，引导监督作用。非公有制经济组织党组织要对非公有制企业贯彻执行党的路线方针政策、遵守国家的法律法规、企业内部经营管理机制建设情况进行引导监督，引导监督业主拥护党的领导，遵纪守法、诚信规范经营。其次，利益协调作用。非公有制经济组织党组织要搞好外部协调和内部协调，为非公有制企业的发展营造良好的外部环境和内部环境，营造非公有制企业业主、职工互惠互利、共同促进、和谐发展的良好氛围。再次，团结凝聚作用。非公有制经济组织党组织要通过发挥自身政治优势和组织优势，以企业发展为中心，以和谐企业建设为目的，加强对党员职工的团结、教育、引导、服务，激发职工主人翁意识，帮助培育企业文化，为企业发展培育凝聚力。最后，服务发展作用。非公有制经济组织党组织必须围绕促进非公有制企业发展开展工作，体现基层党组织的战斗堡垒作用，为企业生产经营活动服务，为企业培养人才服务，为优化企业发展环境服务，为党员群众服务。

非公有制企业党组织实质作用的表现方式主要有：政治引领型，党组织通过组织学习、传达党中央有关方针政策，结合上级党委政府和企业需求，跟非公有制企业决策层、管理层和执行层进行协商沟通，确定正确的政治发展方向；先锋带动型，党组织通过组织党员、职工围绕企业生产经营开展岗位创先、技术攻关、劳动竞赛等活动，发挥党员的模范带头作用，提升企业执行力和战斗力；内外协调型，党组织通过党内关怀、矛盾化解、情绪疏导等思想政治优势和组织优势，对内协调处理好企业主、企业职工的关系和谐，对外协调处理好政府、街道、社区之间的关系和谐；社会服务型，党组织督促引导非公有制企业履行社会责任，强化约束职工行为，推动企业开展各类公益活动，不断提升企业影响力；民主推动型，党组织以促进党员的知情权、表达权、参与权、监督权的实现，不断改革创新党内选举制度、议事制度、决策制度、监督制度，创设企业民主氛围，推动基层民主的实现。

非公有制企业党组织实质作用的发挥也受人为因素、制度因素、权力因素、利益因素等多重因素影响。从实质作用发挥的主体来看，非公有制企业党组织书记、党员是党组织实质作用发挥的首要影响因素。调查显示，党组织书记胜任与否、党员示范带动好坏与否、党组织书记能力水平高低、党务工作者数量多少等直接影响党组织实质作用的发挥。党组织书记水平越高、越胜任，党务工作者数量越多，党员示范带动越好，党组织作用发挥也就越好，呈正相关。从实质作用发挥的客体来看，非公有制企业、企业主、企业员工的态度和政府有关职能部门的辅助作用对企业党组织作用的发挥有显著影响。一是企业主对党建工作的支持。企业主越支持党组织，党组织在企业的地位越高，党建各项保障制度机制也就越完善，党建与现代公司治理融合情况越好，党建工作的投入和阵地建设也就更多更好，党组织发挥的作用也就越大。二是企业员工对党建工作的支持。企业员工越支持党组织活动，认可党组织，党组织发挥的作用也就越大。三是政府有关职能部门的辅助力量。党委政府支持力度、乡镇（街道）或上级党组织管理水平、组织部门指导水平、周边企业党建工作水平、社会舆论导论等因素也对企业党组织作用发挥有一定影响。如社区（街道）抓两新组织党建的主体责任履行情况、贯彻上级要求的能力水平及对党组织的管理水平，对党组织实质作用发挥影响较大。从实质作用发挥的途径来看，也就是基层党建的机制、方式等，基层党组织和工作覆盖程度、党务力量配备、党组织可用资源、党建工作运行保障机制等，对党组织的组织化程度影响很大，与实质作用的发挥紧密关联。

三、新时代加强非公有制经济组织党组织作用发挥的重要性和必要性

（一）新时代加强非公有制经济组织党组织作用发挥的重要性

第一，是新时代党建学科发展和创新的需要。对新时代非公有制经济组织党建工作研究，不仅有助于丰富和扩展思想政治教育研究理论内容，进一步丰富和发展党建理论、非公有制经济组织发展的相关理论；还有助于非公有制经济党建研究的进一步深化和集中反映，能够进一步加强非公有制经济组织党组织的职能定位，有助于提高非公有制经济组织党建工作的科学化水平，在学理上有助于促进党建学科的发展和创新。通过对非公有制企业党建问题的研究和界定，特别是对全面从严治党环境下非公有制经济组织的党建现状、存在问题进行深入剖析，不仅有利于进一步丰富和发展党建的理论，也有利于进一步丰富和完善围绕非公有制企业发展的管理理论。

第二，是促进非公有制经济健康发展、非公有制企业健康发展的需要。通过非公有制经济组织党建工作研究，使思想建设、组织建设、作风建设、制度建设和反腐倡廉建设等同步展开、协调并进，对区域协同发展、"两型社会"建设、产业转型升级等均具有重大意义，有利于促进非公有制企业健康发展，体现出中央顶层设计和地方自主创新相结合释放新的改革红利的政治逻辑。

第三,是提升基层治理能力的现实需要。习近平总书记强调,"国家治理体系和治理能力是一个国家的制度和制度执行能力的集中体现,两者相辅相成。我们的国家治理体系和治理能力总体上是好的,是有独特优势的,是适应我国国情和发展要求的。同时,我们在国家治理体系和治理能力方面还有许多亟待改进的地方,在提高国家治理能力上需要下更大气力"①。只有以提高党的执政能力为重点,尽快把我们各级干部、各方面管理者的思想政治素质、科学文化素质、工作本领都提高起来,尽快把党和国家机关、企事业单位、人民团体、社会组织等的工作能力都提高起来,国家治理体系才能更加有效运转。针对"一些非公有制经济组织和社会组织党建工作还比较薄弱"的问题,党中央开展推进"两个覆盖"专项行动。2016年底非公有制企业和社会组织党组织覆盖率分别达到67.9%和58.9%,比2012年提高13.6个和23.9个百分点。要通过加强非公有制经济组织党建工作研究,积极发挥党组织在非公有制经济组织中的作用,进一步发挥非公有制经济组织党建的团结凝聚功能和文化建设功能,进一步提升非公有制经济组织基层党委在各个领域的调控能力。

第四,是进一步做好非公有制经济领域统战工作的需要。加强思想教育引导是非公有制经济领域统战工作的根本任务。通过加强非公有制经济组织党建工作研究,"坚持团结、服务、引导、教育的方针,一手抓鼓励支持,一手抓教育引导",有助于进一步做好非公有制经济领域统战工作,使其树立爱国、敬业、创新、守法、诚信、贡献意识,做合格的中国特色社会主义事业建设者。

第五,是落实全面从严治党的需要。通过非公有制经济组织党建工作研究,有利于坚定不移地推进全面从严治党,进一步发挥非公有制经济组织党员干部"关键少数"的模范带头作用,使反腐倡廉与企业治理有机结合,进一步加强基层党组织建设构筑坚强战斗堡垒。反腐倡廉是最直接而又深刻体现习近平总书记关于"问题是工作的牵引,问题是时代的召唤"这一方法论思想的实际举措②。通过加强非公有制经济组织党建工作研究有助于非公有企业做好反腐倡廉

---

① 习近平:《推进国家治理体系和治理能力现代化》,载《实践:党的教育版》2014年第3期,第4页。

② 公方彬:《习近平反腐的根本目的和路径》,载人民网http://theory.people.com.cn/GB/n1/2017/0824/c40531-29492533.html,最后访问日期:2017年8月24日。

工作，使纪检工作根植于企业内部控制和风险管理制度，融入企业经营管理体系之中，教育引导企业依法经营、诚信经营、廉洁经营，创造守法诚信、公平正义、健康有序的经济社会环境，促进惩治与预防腐败体系的建设，在推动经济持续平稳健康发展，大力促进社会和谐稳定，努力实现自我更新、自我提升等方面作出更大贡献。

(二) 非公有制经济组织党建工作研究现状

非公有制经济组织是我国社会主义市场经济的重要组成部分。非公有制经济的发展壮大，不仅给党的工作开辟了新的领域，而且向党的建设提出了新的课题[1]。目前国内外关于非公有制经济组织的研究比较火热，研究成果也比较多，但涉及非公有制经济组织党建的研究则主要集中在国内研究方面，具体可包括以下几个方面：

第一，关于"两新组织"中党建工作的必要性、重要性进行的基础性研究。根据国家统计局的数据显示，2017年底全国共有187.7万户非公有制企业建立党组织。截至2023年1月，我国市场主体达1.7亿户，其中全国登记在册个体工商户达1.14亿户。现阶段，非公有制经济领域的党建工作严重滞后于非公有制经济的发展，加强非公有制经济领域的党建工作成为党的建设的一项重要而紧迫的任务。结合"两新组织"的结构特点和工作方式，"两新组织"党组织必须处理好三大关系：与"两新组织"行政决策层、促进"两新组织"发展职能、与职工群众的关系。

第二，围绕对非公有制经济组织党组织定位进行研究。只有对非公有制经济组织进行科学定位，才能研究和解决非公有制经济组织党建工作的其他问题，这也是回答执政党在现代市场中究竟应当扮演什么角色，处于何种地位的问题。非公有制经济组织中党建存在的诸多问题，都与定位问题没有取得实质性的突破和进展有着直接或间接的关系[2]。目前大多数学者对其定位是在企业发挥政治

---

[1] 王永凤：《非公有制企业如何开展党建工作》，载《人民论坛》2011年第5期，第246－247页。

[2] 王金中：《新的历史条件下房地产公司中的党建工作》，载《世纪桥》2012年第13期，第16－17页。

核心作用，认为"党组织应处于非公有制企业的政治核心地位"①，但这种定位与国企党组织的定位有"实质不同"。这种地位问题实际上是"党组织同企业、企业主以及群众的关系的问题"。

第三，关于非公有制经济组织党建的现实困境与面临挑战问题。一是从宏观层面看，非公有制经济组织党建工作内在规律仍存在认识上的困惑和偏差；非公有制经济领域党建工作力量较为薄弱的现状仍未得到根本改变，呈现"小、流、变、散"的特点②；非公有制经济组织党建工作的组织架构与多样化的非公有制企业组织形式适应性不足；非公有制经济组织党建绩效考核机制处于缺位状态。二是从微观层面看，非公有制经济组织党建工作存在现实制约因素，主要集中在企业主、党员员工和党务工作者三类群体身上③，非公有制企业党建工作认同度不高，企业主的态度不积极；非公有制企业党建的管理体制不畅，党员员工的教育管理难度比较大；非公有制企业党组织活动难以开展，在成立党组织的非公有制企业中，党务工作者面临着"无理""无奈""无力"的问题。④

第四，关于非公有制经济组织党建的途径与机制建设。现有对策主要集中在三个方面：一是制度建设。学界主要从制度的完善和落实两个方面展开研究，立足于制度创新的高度或从制度具体运行层面出发，认为强制性变迁与诱致性变迁有机结合和互动发展是私营企业党建制度创新的路径选择。⑤ 二是体制建设。如在领导体制上，提出建立"一主两辅"领导体制模式；在组织体制上，探索了单独组建、条块组建、党建工作联席会议促建等多种方式，如建立领导干部非公有制企业联系点制度，党委主要领导干部与辖区内的非公有制企业建立联系点，通过这种办法加大对非公有制企业党建工作的指导和领导力度，是

---

① 向葵葵：《关于非公有制经济组织党建工作机制创新的思考》，载《云南社会主义学院学报》2002年第4期，第28-30页。
② 祝全永：《"两新"组织党组织作用发挥存在难题及对策探析》，载《中国延安干部学院学报》2009年第2期，第39-44页。
③ 闫东伟：《创新非公企业党建工作发展对策研究》，载《黑龙江省社会主义学院学报》2016年第2期，第30-32页。
④ 叶麒麟：《非公企业党建的困境及其破解对策——来自福建省泉州市的经验启示》，载《理论与改革》2014年第1期，第64-67页。
⑤ 杨久华、陈朝：《关于私营企业党建制度创新的理论思考与实证分析》，载《理论与改革》2006年第3期，第49-52页。

实践中的普遍做法①；在管理体制上，提出要有效防止和矫治私营企业党组织"家族化"倾向，保证党组织活动的正常开展。三是机制创新。市场竞争的加剧对企业产品和服务提出了更高要求，促使非公有制经济组织在追逐业绩的同时更加重视机制创新。如何推动非公有制经济组织从体制创新到机制创新的顺利过渡，学界围绕非公有制经济组织党建的运行机制、流动党员的动态管理机制、绩效考评机制等问题展开了系统研究。如将业主的政治荣誉与非公有制企业党建活动的开展状况挂钩，以此激励非公有制企业主组建党组织、开展党建活动的积极性、主动性②；还有学者以江苏省为例，建立促进科学发展的规模以上非公企业党建绩效考核评价体系，评价指标由 5 个一级指标、20 个二级指标、8 个三级指标组成。③

第五，关于非公有制经济组织反腐倡廉建设的研究。国内外相关研究从不同视角、不同层面、不同领域对非公有制企业廉政建设进行富有创意的理论探索与实践研究，论题主要围绕非公有制企业党风廉政的重要性与必要性、面临的主要问题、非公有制企业党组织功能的正确定位、非公有制企业党组织功能的发挥等。非公有制企业有自身的特点，不能照搬国企或党政机关的做法，需要开拓创新，探索非公有制企业反腐倡廉和纪律监督的新路子。通过研究分析，现有研究涉及廉政建设理论、防止利益冲突理论、权力腐败理论、寻租理论与逆向寻租理论、党风廉政建设系统论等。

总体说来，关于非公有制经济领域党建工作的分项研究成果较多，但重复研究、炒冷饭现象较为普遍④；"问题意识"缺乏，关注现实矛盾不够；就党建论党建现象普遍，研究视角单一，从实证方面涉及非公有制企业党建工作新情况新问题的内容非常少。非公有制经济组织党建工作严重滞后于非公有制经

---

① 王世谊、王婷：《近年来非公企业党的建设研究述评》，载《新视野》2011 年第 6 期，第68 - 71 页。

② 刘兆第：《非公企业党建的探索及启示——以广东省阳江市为例》，载《理论探索》2012 年第 1 期，第 62 - 64 页。

③ 王世谊：《非公有制经济组织党建运行机制研究：以江苏省为例》，中国社会科学出版社 2014 年版。

④ 常胜、闫婉荣、杜涛：《近年来非公企业党的建设研究综述》，载《观察与思考》2013 年第 11 期，第 70 - 74 页。

济的发展，也面临诸多现实困境与挑战，需要进一步加强非公有制经济组织党组织作用发挥研究，增强党组织生存力。上述成果为本研究提供了极为重要的文献基础，但也为如何从整体上、多侧面研究非公有制经济组织党建问题留下了创新空间。要进一步加强非公有制经济组织党建研究的着力点，坚持由意识形态转向政策分析，挖掘非公有制经济组织党建问题的深层次理论，尝试从多学科多角度切入，重构非公有制经济组织党建理论的分析框架，针对非公有制经济组织党建中迫切需要解决的现实问题加强理论与实践相结合，厘清非公有制企业党建工作的基本内涵，明确其制约因素，探索新形势下非公有制经济组织党建工作机制，为新时代非公有制经济组织党员思想政治教育发展和改革提供一定的借鉴和指导。

面对由于改革攻坚而带来的非公有制经济人士与其他阶层人士之间深层次的利益冲突及其对国家发展、民族振兴产生的负面影响，习近平总书记在中央统战工作会议上特别强调，"促进非公有制经济健康发展和非公有制经济人士健康成长是重大经济问题，也是重大政治问题"，引导"年轻一代致富思源、富而思进"。特别在"一带一路"倡议的指导下，将极大推动中国企业"走出去"，也将进一步激活国内市场，这对非公有制企业而言无疑是重大的新机遇。面对经济下行压力持续加大的局面，为了进一步发挥非公有制企业的市场经济风向标、改革发展试金石、技术创新先行者的优势，在支撑增长、促进创新、扩大就业、增加税收等方面更有作为，必须调动各方面积极性。围绕发展抓党建、抓好党建促发展，是抓基层党建的基本原则。把党建工作与企业竞争力结合起来，是非公有制企业与公有制企业党建的共同特征。实践已经证明，抓住促进企业发展的重要任务，把服务企业发展、提升企业竞争力作为非公有制企业党建的核心内容，这是党建工作与企业发展的共同价值追求，也是获得非公有制企业对党建工作认同和支持的前提。为此，只有不断加强党组织作用发挥情况研究，才有助于提高企业竞争力，才有利于促进非公有制经济健康发展和非公有制经济人士健康成长。

（三）新时代加强非公有制经济组织党组织作用发挥的必要性

首先，非公有制经济组织党建工作研究须在理论研究上进行突破。通过研究，在非公有制经济组织党建研究中充分服务和体现政治应用价值、理论创新价值、制度设计价值和实践指导价值。厘清构建非公有制经济组织党建运行机制的基本理论、非公有制经济组织党建的现实困境与问题，结合非公有制经济组织党建的未来前瞻性趋势，开展非公有制经济组织党建运行机制的课题研究，针对非公有制经济组织发展迅速、党的建设必须及时跟进的实际情况，各级党委要加强对非公有制经济组织党建工作的领导，结合贯彻落实中央下发的《关于建立健全地方党委、部门党组（党委）抓基层党建工作责任制的意见》，细化地方党委领导班子和书记抓非公有制企业党建工作的责任，将非公有制企业党建工作纳入地方主要责任指标考核体系，作为各级党委领导班子实绩评定的重要内容，并要求地方党委就非公有制企业党建工作情况，每年向上级组织部门定期汇报。同时，还要建立定期督查制度，坚持定期和不定期地对非公有制企业党建工作情况进行专项检查，并将检查情况进行通报。与此同时，对非公有制经济组织党建工作的基本理论、科学内涵进行梳理和阐述，利用社会主义学院培训平台和社会资源，对非公有制经济组织党建状况和党员思想状况进行问卷调查，分析非公有制经济组织党建面临的现实问题。向非公有制经济组织党建标杆地区（比如湖南、浙江）学习，结合自身实际，借鉴宝贵工作经验，努力在制度、体系、机制等方面形成创新性思路，提出建设党建运行机制体系的命题，进一步丰富和发展具有中国特色的非公有制经济组织党建理论。

其次，非公有制经济组织党建工作研究须在机制体系建设上进行突破。机制体系建设上亟待突破的领域是党组织在职工群众中发挥政治核心作用是否有成效，在企业发展中发挥政治引领作用是否有成效，把贯彻党的路线方针政策、维护职工群众合法权益、引领建设先进企业文化、创先争优推动企业发展贯穿党组织活动始终是否有成效。同时要在加强"两支队伍"建设上发力，就是要加强党组织书记和党建工作指导员队伍建设，为开展非公有制企业党建工作提供组织保障。通过创新，形成非公有制企业党建的领导协调机制、组织建设机制、作用发挥机制、工作激励机制、绩效考评机制、人才队伍培养机制、党员动态管理机制、运行保障机制、反腐倡廉建设机制等体系构建，在全面从严治党环境下，进一步构建和优化非公有制经济党建运行机制的完整体系，并对推进构建非公有制经济组织党建运行机制进行战略谋划和论证，更好地服务非公有制经济组织党建工作。

最后，非公有制经济组织党建工作研究须在指导实践上进行突破。习近平总书记强调，加强和改进非公有制企业党建工作，抓好"两个覆盖"、发挥好党组织"两个作用"、加强"两支队伍"建设很重要。① 首先通过研究，进一步推进构建非公有制经济组织党建，巩固党的执政地位，扩大党的群众基础。在中央政治局第三十三次集体学习中，习近平总书记进一步指出："要以上率下，从中央政治局常委会、中央政治局、中央委员会做起，从各地区各部门党委（党组）做起，从高级干部做起，对党绝对忠诚，模范遵守党章，严格按党的制度和规矩办事，夙兴夜寐为党和人民工作，任何时候都不搞特权，都不破坏党的制度和规矩。"② 广大非公有制企业从业人员也是中国特色社会主义事业的建设者，他们正日益对我国的经济、文化、社会发展产生重要影响，党委政府要深刻认识在非公有制企业开展党建工作的重要性和紧迫性，不断加强对非公有制企业这块重要阵地的政治领导，把非公有制企业中符合中共党员条件的优秀分子吸收到党内来，通过他们影响带动其他人员更好地为国家、为社会服务，为全面建成小康社会和实现伟大复兴的中国梦作出重大贡献，从而增强党对非公有制企业的影响力，扩大党的工作覆盖面，巩固和扩大党的执政基础。

第二节　传统治理模式下非公有制经济组织党组织作用发挥的现状

随着非公有制经济组织的发展壮大，中共党员数量的与日俱增，越来越多的非公有制经济组织开始成立党组织，党组织的覆盖面越来越广，影响力越来越大。然而，传统党建由于未根据非公有制经济组织特点及时调整工作模式和

---

① 《全国非公有制企业党建工作会议召开》，载《光明日报》2012年3月22日，第3版。
② 《习近平在中共中央政治局第三十三次集体学习时强调　严肃党内政治生活净化党内政治生态为全面从严治党打下重要政治基础》，载《人民日报》2016年6月30日，第1版。

工作方法，其作用不明显、影响不突出，党建工作开展显得捉襟见肘。

一、非公有制经济组织党建工作的湖南经验：总体评估

通过抽样调查，除了全省统一开展的非公有制经济组织党建活动，各地非公有制企业也积极探索党建的新思路和新路径（见表3-1）。整体而言，湖南非公有制企业党组织作用发挥成效较好：党组织政治核心作用得以发挥，组织覆盖率高位提升，体制机制不断完善，舆论氛围逐渐增强，创新举措持续推出。

表3-1 中共十八大以来湖南非公有制企业党建工作
成效较好的创新举措（总数：1000家）

项目、类别	作用	大型企业	中型企业	小微企业
抓紧建立非公有制经济组织党工委	加强对全省非公有制企业党建工作的领导	83.3%	72.7%	40.2%
建立健全由党委组织部门牵头、相关部门共同参与的非公有制企业党建工作联席会议制度	推动党建工作规范化、精细化	63.3%	52.2%	35.0%
"党建+项目"工作模式，扩大党的组织覆盖和工作覆盖，拓展活动覆盖面	解决党员来源分散、管理复杂的问题	60.0%	54.5%	50.0%
加强流动党员的管理	发展、培养选拔企业领导人员和经营管理人员	44.4%	45.4%	30.9%
开展企业社区党建共建	促进党建和业务的提升	33.3%	40.9%	30.3%
落实非公有制经济组织党建工作责任制	加强责任追究，进一步明确工作职责	50.0%	50.2%	20.0%
加大宣传力度	营造非公有制企业党建工作良好氛围	78.8%	65.0%	25.0%

（一）组织覆盖率高位提升

通过集中组建和查漏补缺，湖南省初步建立了实现"全覆盖"的长效机制，真正实现非公有制企业党建工作从有形覆盖到有效覆盖。据统计，近年来，湖

南省新组建非公有制企业党组织2万余家，仅2012年就新组建党组织10113家。2011年2月，省委成立非公有制经济组织党工委，将办公室设在省工商联，2012年成立省非公有制经济组织纪工委。目前，湖南省14个市州、122个县市区都成立了非公有制经济组织党工委或"两新"组织党工委，1179个乡镇（街道）建立了抓非公有制企业党建工作机构，全省各级党员领导干部共建立非公有制企业党建工作联系点4160个。截至2021年底，湖南省非公有制经济组织发展党组织1.3万个、党员13万名，人员众多、队伍庞杂。湖南省市场监管局对标中央和湖南省委要求，在全系统建立了14个市级、138个县级非公综合党委和697个基层监管所非公支部，建立党建联系点1800个，选派1200名优秀干部担任非公企业的党建指导员，不断增强非公党建工作的凝聚力、战斗力。如2012年，针对芦淞市场群流动党员多的特点，株洲市不断加强和改进党组织设置方式，实现了党组织和党建工作在43个服饰鞋帽专业市场的全覆盖。经过"内外兼修"，芦淞正展现出新的发展活力。按照"党的组织建到哪里，党的纪律监督工作就延伸到哪里"的要求，努力实现具备条件的非公有制企业党组织建立相应的纪检组织。

（二）体制机制不断完善

2012年，中共湖南省委办公厅印发了《关于加强和改进非公有制企业党的建设工作的实施意见（试行）》。2016年，中共湖南省委办公厅印发了《关于加强非公有制经济组织和社会组织党的建设工作的实施意见（试行）》的通知，以加强非公有制经济组织和社会组织党的建设工作，促进非公有制经济组织和社会组织健康发展。根据这两个实施意见，非公有制经济组织党组织要发挥"两个作用"，即在企业职工群众中发挥政治核心作用，在企业发展中发挥政治引领作用；非公有制经济组织党组织的主要职责有六项，即宣传贯彻党的路线方针政策、团结凝聚职工群众、维护各方合法权益、建设先进企业文化、促进企业生产经营、加强党组织自身建设。

县级以上地方党委应建立非公有制经济组织和社会组织党工委，争取实现党组织应建尽建、全面覆盖。2012年10月，中共湖南省非公有制经济组织纪律检查工作委员会（以下简称省非公纪工委）正式成立，是深入推进湖南非公企业反腐倡廉建设的重要举措，是深化惩防体系建设的必然要求。2017年7月，颁发了《关于成立湖南省法治反腐研究会非公企业依法合规经营示范基地的决定》。通过不断完善体制机制，助推非公有制经济组织党建工作取得成效。

（三）舆论氛围逐渐增强

企业党建带来了经济效益的提升。2012年底，湖南省共有私营企业24.89万户、个体工商户168.04万户，非公有制经济实现增加值12791.20亿元，占GDP比重达57.7%。2017年9月底，湖南省私营企业达到60.76万户，个体工商户达到248.69万户，非公有制经济实现增加值20547.76亿元，占全省GDP比重达59.4%。截至2022年7月底，湖南省私营企业达到148.14万户，个体工商户达到468.6万户，非公有制经济实现增加值3.39万亿元，占全省GDP比重69.7%。

党建还强化了企业的社会责任感，广大非公有制企业积极参与社会公益活动。在"万企联村、共同发展"活动中，6200多家非公有制企业与9100多个村开展合作对接，推进构建城乡基层党组织互帮互助机制，3100多家企业党组织与农村党组织结对共建，16000多名企业党员与农村党员结成帮扶对子，合作开发产业项目1.2万多个，为社会公益事业捐赠资金5亿多元。如中共湖南省委统战部开展"万户民企大走访大调研"，协助召开省委非公有制经济工作会议、全省异地商会工作会议，推动制定系列政策文件，助力非公有制经济转型升级、提质增效；不断深化理想信念教育实践活动，促进非公有制经济人士健康成长。

（四）创新举措持续推出

为了让党组织更好地发挥政治引领作用，湖南省把党组织活动与生产经营管理有机融合，推行党组织领导班子与管理层"双向进入、交叉任职"，采用党组织书记参加或列席企业董事会和经营决策重要会议等方式，帮助企业明确发展方向。开展"党员先锋岗""党员责任区"等活动，引导党员创先争优。通过学习宣讲、专题培训、辅导讲座等方式，在非公有制企业开展社会主义核心价值体系学习宣传教育。用学习型党组织建设带动学习型企业建设，组织职工开展技能、学历、安全等各项教育培训，为企业文化建设夯实思想和素质基础。

为加快非公有制企业"党建带群建"工作，湖南省建立党建带工建、团建、妇建联席会议制度，推行企业党组织书记和工会主席"一肩挑"，提倡党支部委员或工会委员兼任团支部书记，加大党群工作互融力度。把加强保障机制建设摆在突出的位置，自2016年以来，湖南省对规模以下非公有制企业党组织开展活动给予补助，倡导国有企事业单位、机关和乡镇（街道）、村（社区）党组织与非公有制企业党组织场所共用、资源设施共享。如湘潭非公有制经济组织建立党群活动服务中心。目前湘潭市的非公有制经济占全市经济总量的60%以上，通过单独建、联合建、挂靠建等方式，建立非公有制企业党组织643个，实现了"应建尽建、应建必建"。2015年共发展园区非公有制企业党员143名，其中75%以上是中层以上管理人员。针对园区非公有制企业党组织"阵地难建、活动难搞"的问题，高新区、经开区已分别建成3000平方米以上党群活动服务中心，创新举措让湘潭的非公有制党建工作取得跨越式发展。再如长沙市雨花区为破解"党务工作没人抓"和"党务工作不会抓"的难题，"选派78名党员担任非公有制企业党组织负责人，在街道、社区选聘151名非公有制企业党建指导员，并将非公有制企业党建工作情况纳入区绩效考核。组织非公有制企业党组织书记参加北京大学、湖南大学专题研修班，通过开展座谈、培训、交流、考察等多种形式的业务学习培训非公有制企业党建人才"[①]。同时还建立非公有制企业党务工作者补贴制度，对优秀非公有制企业党务工作者进行表彰，增强他们的荣誉感和责任感。通过这一系列的举措，雨花区解决了非公有制经济组织基层党组织建设的"瓶颈"问题，呈现出党建与企业发展共促双赢的良好局面。

湖南省加强对非公有制企业出资人的团结服务教育引导，各级党委将出资人的教育培训纳入党校、行政学院培训计划，引导出资人参政议政、参与社会

---

① 《湖南雨花区：打好"三张牌"健全非公党建保障机制》，载人民网－中国共产党新闻网 http://dangjian.people.com.cn/fg/n/2014/0718/c240027-25298014.html，最后访问日期：2014年7月18日。

事务的管理和监督。目前，全省共有 7425 名优秀的出资人当选为县级以上党代表、人大代表和政协委员，1480 名出资人担任监督员或行风评议员。将非公有制企业人才队伍建设纳入全省人才队伍建设规划，在全省实施"百人计划"引进的 81 名海外高层次人才中，非公有制企业有 39 名；组织 3000 多名高校和科研院所专家结对指导 1.2 万家企业，在 113 家非公有制企业建立技术中心或博士后工作站。如三一集团有限公司是湖南省非公有制企业的排头兵，是位列全球前五的工程机械制造商，是世界最大的混凝土机械制造商，也是长沙市打造"世界工程机械之都"的重要力量。

　　三一集团在创造不俗的经济效益的同时，也十分注重党建引领和创新工作，三一集团创新"三三四五"党建工作策略，把基层党组织结构优化、优秀党员推举、标杆支部建设及党的先进性建设与企业发展有机结合起来，同时集团党委将党建组织工作与人力资源管理统一起来，积极引导中层以上管理者带头向党组织靠拢，努力把集团高管、"三一人物"和"岗位标兵"等优秀员工发展成党员。目前，三一集团董事会成员中党员比例达 62%，"三一人物""岗位标兵"中党员比例达 30%。三一集团通过创新组织建设，为企业发展注入了强大的"红色力量"。

二、湖南非公有制经济组织党建工作与党员思想状况分析——以长沙市为例

　　湖南地处我国中部。2013 年，习近平总书记在湖南视察时，首次提出湖南处于"一带一部"①的区位优势。"一带一部"成为湖南的崭新定位，凸显出湖南省在全国经济版图中的优势，推动了湖南的进一步开放崛起。不同于我国中西部其他地区，湖南的非公有制经济组织发展更为活跃，据湖南省促进非公有制经济和中小企业发展工作领导小组办公室会议资料显示，截至 2017 年 6 月底，湖南省非公有制经济组织达 241.5 万户；2017 年上半年，全省非公有制经济实现的增加值占全省生产总值的 61%，非公有制经济实际完成投资总额 8022.64 亿元，同比增长 10.2%。非公有制经济组织的快速成长带动了非公有

---

① 东部沿海地区和中西部地区过渡带、长江开放经济带和沿海开放经济带结合部。

经济组织党建工作的持续发展，湖南省非公有制经济组织党建工作也取得了不俗的成绩，在全国非公有制经济组织党建工作中具有一定的代表性。但在非公有制经济组织党建工作取得阶段性成果的同时，我们仍然要清醒认识到其所面临的严峻形势和迫切需要解决的难点问题，以下就以湖南省为例来分析非公有制经济组织党建工作面临的问题和挑战。本研究通过实地发放调查问卷，采取随机抽样的方式，一共发放 800 份问卷，回收有效问卷 700 份，有效率为 87.5%。

（一）基本情况分析

1. 问卷设计

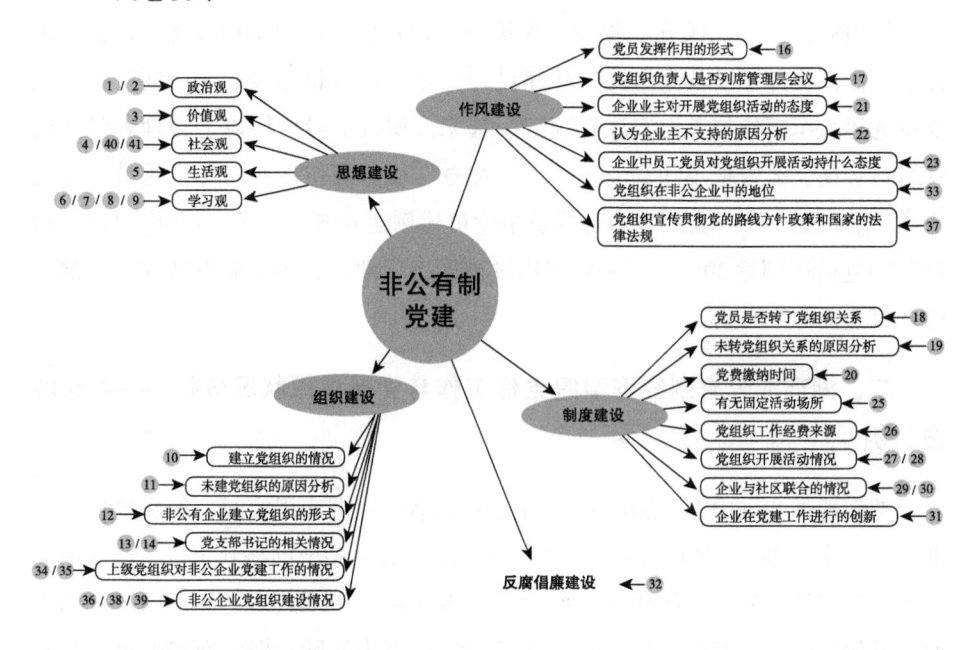

思想建设
- 1/2 政治观
- 3 价值观
- 4/40/41 社会观
- 5 生活观
- 6/7/8/9 学习观

作风建设
- 党员发挥作用的形式 16
- 党组织负责人是否列席管理层会议 17
- 企业业主对开展党组织活动的态度 21
- 认为企业主不支持的原因分析 22
- 企业中员工党员对党组织开展活动持什么态度 23
- 党组织在非公企业中的地位 33
- 党组织宣传贯彻党的路线方针政策和国家的法律法规 37

非公有制党建

组织建设
- 10 建立党组织的情况
- 11 未建党组织的原因分析
- 12 非公有企业建立党组织的形式
- 13/14 党支部书记的相关情况
- 34/35 上级党组织对非公企业党建工作的情况
- 36/38/39 非公企业党组织建设情况

制度建设
- 党员是否转了党组织关系 18
- 未转党组织关系的原因分析 19
- 党费缴纳时间 20
- 有无固定活动场所 25
- 党组织工作经费来源 26
- 党组织开展活动情况 27/28
- 企业与社区联合的情况 29/30
- 企业在党建工作进行的创新 31

反腐倡廉建设 32

2. 研究个体样本属性

此次调研为随机抽样，共获得有效样本 700 个，样本基本情况如表 3-2 所示。

表3-2 研究样本属性特征

问题	选项	频率（人次）	百分比（%）
性别	男	448	64
	女	252	36
学历	高中	12	1.7
	中专	28	4.0
	大专	116	16.6
	本科	452	64.6
	硕士	92	13.1
年龄	19岁及以下	4	0.6
	20~29岁	344	49.1
	30~39岁	238	34
	40~49岁	72	10.3
	50岁以上	42	6
职务	领导班子	86	12.3
	中层	230	32.9
	普通职员	384	54.8
企业所属区域	芙蓉区	130	18.6
	开福区	130	18.6
	天心区	142	20.3
	雨花区	122	17.4
	岳麓区	176	25.1
属性	党员	520	74.3
	非党员	180	25.7
合计		700	100

本次调研抽取样本700个，男女相差较大，样本中男性相对而言较多。

年龄主要集中于20~29岁阶段，调查的人数中企业所属的长沙市岳麓区较多，人数分布较为平均，本次调研样本属性具有较好的可靠性。

同时，此次抽查的样本中，党员520人，占比74.3%，非党员180人，占比25.7%；由于此次抽样调查是调研非公有制企业的党建工作、了解非公有制企业党员的思想动态，比例说明样本具有合理性。样本的学历主要集中于本科水平，其次是大专水平，其中硕士也占有一定比例，具有良好的文化水平。在职务方面，普通职员占比54.9%，领导班子成员和中层占比45.1%，分配较为平均。

3. 研究企业样本属性

表3-3　企业样本属性

问题	选项	频率（人次）	百分比（%）
企业业主政治面貌	党员	38	47.5
	民主党派	6	7.5
	群众	36	45
企业所属区域	芙蓉区	12	15
	天心区	18	22.5
	雨花区	18	22.5
	开福区	14	17.5
	岳麓区	18	22.5
党员所占比例	10%以下	24	30
	10%~20%	28	35
	20%~30%	22	27.5
	30%及以上	6	7.5
企业人数	10人以下	2	2.5
	10~20人	22	27.5
	20~100人	22	27.5
	100~500人	28	35
	500人以上	6	7.5
合计		80	100

被调查的80个非公有制企业中，企业人数100~500人的共有28个，占比35%；100人以下的企业有46个，占比最多，占57.5%；500人以上的企业有6

个，占比7.5%。此次抽查的样本中，一共有80个非公有制企业。从企业样本属性可以发现，企业业主政治面貌中，中共党员占比最高，为47.5%，其次是群众，占比为45%，还有少部分的民主党派人士（见图3-1）；在企业所属区域方面，其中天心区、雨花区、岳麓区都是18个企业，开福区和芙蓉区分别是14个和12个企业（见图3-2），企业分布的区域均衡。

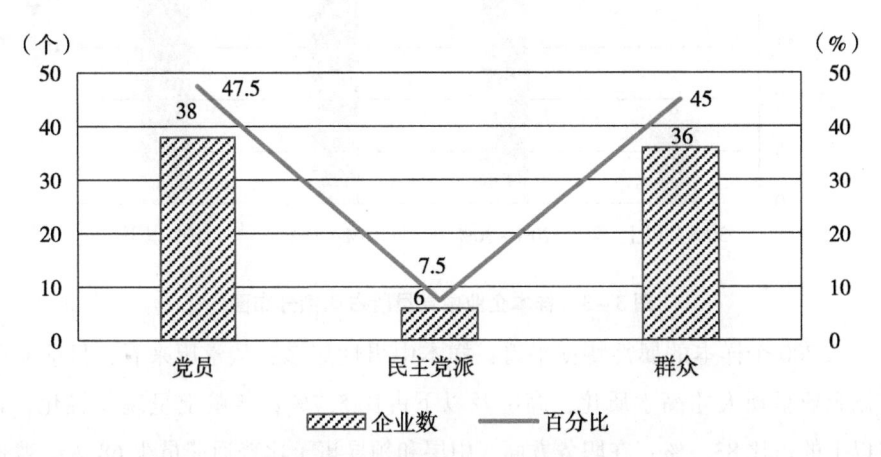

图3-1　被试企业业主政治面貌

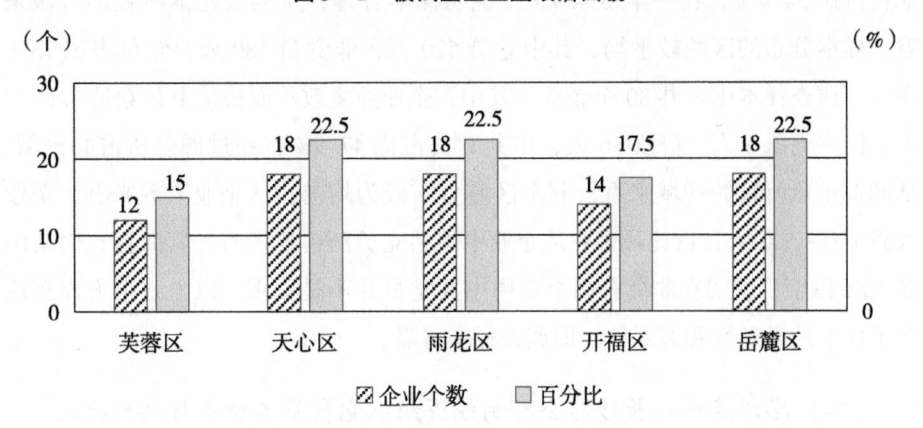

图3-2　被试企业所属区域

4. 企业中党员所占比例

从图3-3可以发现，80个样本企业中，党员所占比例集中在10%~20%区间的有28个，其次是10%以下区间的有24个，也有少数企业党员所占比例是

30%及以上，有8个企业。

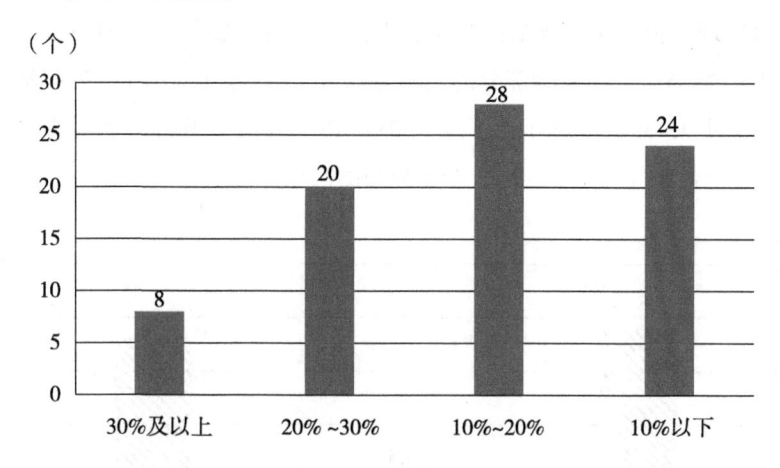

图3-3　样本企业中党员所占比例分布图

从700个样本的属性特征来看，样本中男性居多；从学历来看，目前非公有制企业呈现人才高素质化，高中及以下占比5.7%；年龄上呈现年轻化，40岁以下的占比83.7%；在职务方面，中层和领导班子比普通职员少68人，普通职员占比54.9%，比一半多4.9%，说明样本合理；从调查样本所在的区域来看，样本分布的区域较平均，其中党员520人，非党员180人，党员占比75%左右。调查样本中一共80个企业，其中，企业业主政治面貌是中共党员的有38人，民主党派6人，群众36人，中共党员占比47.5%，超过群众所占的比例；从调查企业所属的区域来看，五个区域分布较为均匀；从企业人数来看，企业人数100~500人，占比最多；从企业中中共党员所占比例看，其所占比例集中在20%以下，说明在非公有制企业中中共党员并不是很多。以上三个方面都说明了样本的合理性和客观性，即调查样本可靠。

（二）思想建设：长沙非公有制经济组织党员基本特点与思想状况

1. 政治观：对政治主流认同度较高，但没有达到高度统一

通过调研和访谈，被试的非公有制经济组织中中共党员对于党和国家的大政方针的认同度较高。被试者普遍认同以习近平同志为核心的党中央领导集体为民、务实、清廉，认同中国共产党的领导，认同中国特色的社会主义道路，

认同中共十九大报告提出的各项目标。这说明党的政策深入人心，得到了广大党员的支持。尤其是"贯彻新发展理念，建设现代化经济体系"的提出，对于非公有制经济组织的发展有很强的指导意义，得到了普遍的认同。对于经常关注党的重大会议和主要决策、认同党和国家大政方针、认同我国社会主义核心价值体系建设已经完善三个题，无人选择不同意和完全不同意，对于第一题和第二题选非常同意和同意的非党员数量分别是 70、108，130、72，分别占 98.9% 和 100%。

对于中共党员而言，从图 3-4 至图 3-9 中可以看出，非常同意、同意的数量分别是 214、272，272、238，158、256，前两题占比高达 90% 以上，第三题占比是 79.6%。

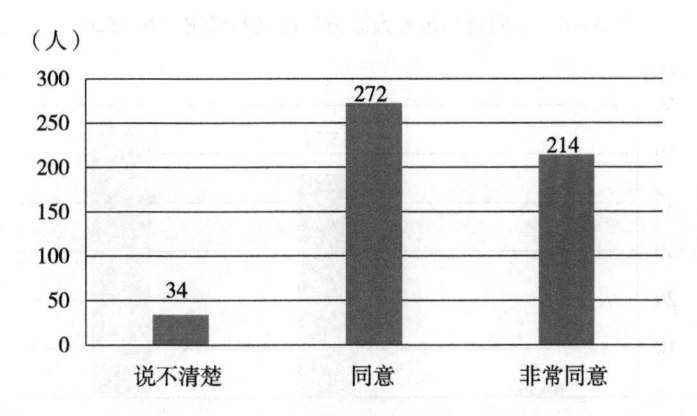

图 3-4 经常关注党的重大会议和主要决策的党员情况 （N=520）

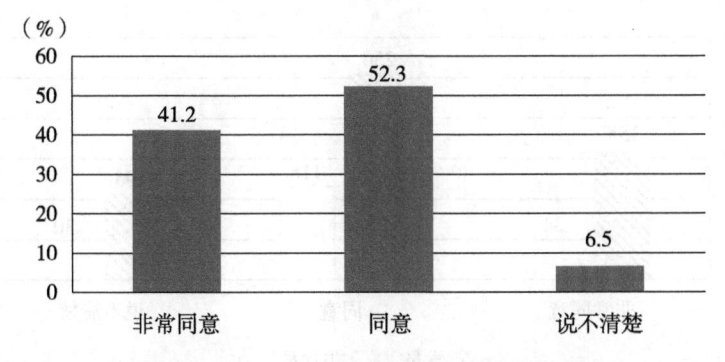

图 3-5 经常关注党的重大会议和主要决策的党员情况百分比 （N=520）

但是，部分被试者也表示对政策的执行及其效果有所质疑，认为施政纲领执行不力的有12%，认为党员干部学习和实现新发展理念"效果不大"的有24%，这在一定程度上反映出党的政策在基层的宣传和落实中存在的问题。

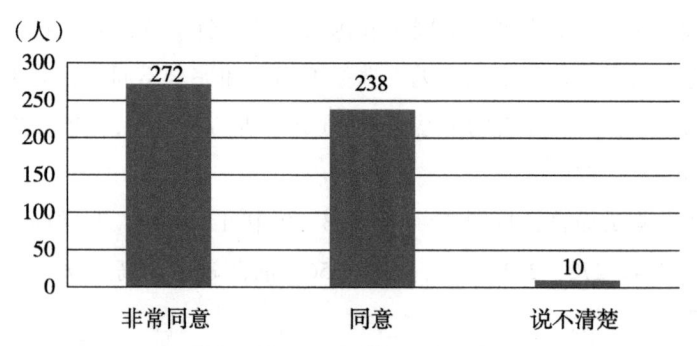

图3-6 认同党和国家大政方针的党员情况（N=520）

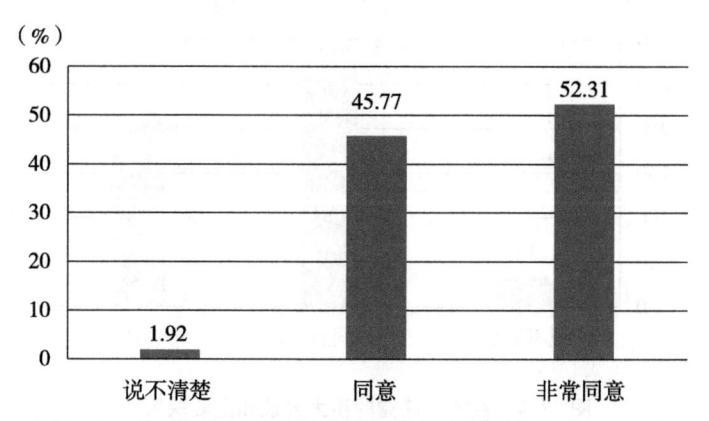

图3-7 认同党和国家大政方针的党员情况百分比（N=520）

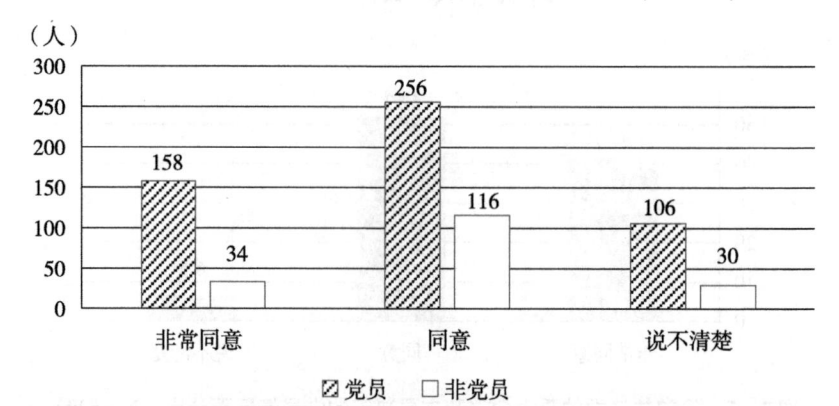

图3-8 认同我国社会主义核心价值体系建设已经完善的情况（N=700）

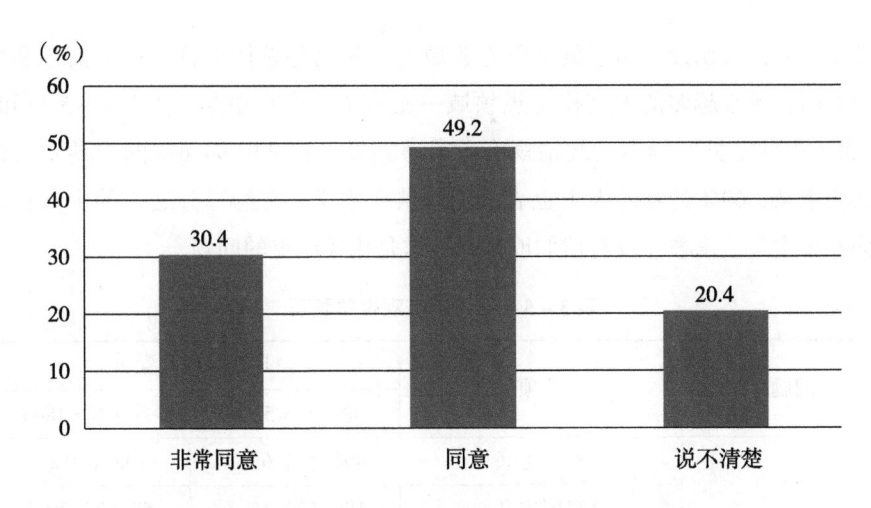

图 3-9　认同我国社会主义核心价值体系建设已经完善党员情况百分比（N=520）

87.3%的党员认为能在实现中华民族伟大复兴的过程中凝聚全国人民的共同思想基础是马克思主义，同时有65.4%和44.6%的党员认为是民族主义和儒学，而有高达90%的党外人士认为思想基础是民族主义，儒学次之，占比为65.6%（见表3-4）。这跟我国的实际是相符的，民族主义和儒学融合在中华民族的优秀传统文化中。我国历史源远流长，是世界上唯一一个文明未曾中断过的国家。

表 3-4　党员政治观相关题项

问题	选项	是否为中共党员	
		是（N=520）	否（N=180）
您认为能在实现中华民族伟大复兴的过程中凝聚全国人民的共同思想基础是什么	马克思主义	454（87.3%）	90（50%）
	儒学	232（44.6%）	118（65.6%）
	瑞典式的民主社会主义	0（0%）	26（14.4%）
	民族主义	340（65.4%）	162（90%）
	其他	4（0.8%）	40（22.2%）

2. 价值观：正确的思想价值观占据主流

被试的非公有制经济组织党员群体思想独立性、创造性突出，开放性、功利性强。非公有制经济组织员工思想领域的变化趋势总体上符合社会前进和变革的方向，越来越多的人支持思想领域一元为主、多元并存。从表3-5可知，"是否为中共党员"样本的政治观有着显著差异，被试中94.6%的中共党员信仰共产主义，60%的党外人士也表示信仰共产主义。有约三分之一的中共党员信仰实用主义、宗教、没有信仰或其他，这是比较严重的问题。

表3-5 党员价值观相关题项

问题	选项	是否为中共党员	
		是（N=520）	否（N=180）
您的信仰是	共产主义	492（94.6%）	108（60%）
	实用主义	106（20.4%）	58（32.2%）
	宗教	28（5.4%）	46（25.6%）
	没有信仰	2（0.4%）	0（0%）
	其他	28（5.4%）	2（1.1%）

在如何看待和处理个人与集体利益关系问题上，只有约半数的被试中共党员有正确的认识（见表3-6）。当企业发展和个人利益关系发生冲突时，有超过三分之一的人打算视企业发展情况而定，在700个样本中有384人是普通职员，占比最高，一般而言，对于普通员工会做出更符合自身利益的选择，这符合样本的实际情况。具体到中共党员，有220人视企业发展情况而定，而有216人表示愿意与企业共同发展。

耐人寻味的是，当被问及"您工作最主要是为了什么"时，仅有20.4%的被试中共党员选择"为国家或社会作贡献"，53.8%选择了"实现个人价值"，另有少数党员认为工作就是为了挣钱。这说明党员的价值观已经发生了一定变化。

表 3-6 党员价值观相关题项

问题	选项	是否为中共党员 是	是否为中共党员 否	合计	X²	P
当企业发展和个人利益关系发生冲突时，您的打算是	与企业同发展	216	24	240	48.496	0.000
	视企业发展情况而定	220	70	290		
	寻找机会准备跳槽	72	84	156		
	其他	12	2	14		
	合计	520	180	700		

3. 社会观：关系切身利益的经济问题成关注焦点

在社会建设方面，被试者最关心的是社会就业和物价，其中中共党员的关心比例达80%，非党外人士的关心比例高达92.2%（见表3-7）。这是由于社会就业和物价关系到社会民生，关系到社会中的每个人。对于中共党员而言，能源供给和环境保护与社会分配差距较大关心程度相当，都占比约53%，说明党员关心的问题涉及社会发展的方方面面。

表 3-7 党员社会观相关题项

问题	选项	是否为中共党员 是（N=520）	是否为中共党员 否（N=180）
在社会建设方面，您最关心的是	社会就业和物价	416（80%）	166（92.2%）
	台海局势	84（16.2%）	26（14.4%）
	企业改革发展前景	24（4.6%）	44（24.4%）
	反腐倡廉	120（23.1%）	20（11.1%）
	能源供给和环境保护	280（53.8%）	128（71.1%）
	社会分配差距较大	276（53.1%）	120（66.7%）
	农民、农村和农业问题	104（20%）	36（20%）
	其他	40（7.7%）	10（5.6%）

4. 生活观：生活观念趋向多元化

在对生活中具体问题的态度和个人行为选择上，非公有制经济组织党员的选择体现了当今社会的多元性。当被问及如果获得一笔奖金,最想做的第一件事情时,排在前三位的选项分别是"用于孝敬长辈""用于家庭必要开支""捐助公益事业",但也有少数中共党员选择"请客吃饭、娱乐活动"等,党员的选择大体合理。

表 3-8 党员生活观相关题项

问题	选项	是否为中共党员 是	是否为中共党员 否	合计	X^2	P
您最崇拜的偶像是	政治领袖	222	54	276	8.668	0.123
	各类明星	26	22	48		
	商界领袖	144	54	198		
	科技精英	82	30	112		
	英雄人物	38	18	56		
	其他	8	2	10		
	合计	520	180	700		

从表 3-8 可以清楚看到,关于"您最崇拜的偶像",被试中有将近 40% 的人偶像是政治领袖,次之的是商界领袖,在中共党员中的情况也是如此。因为被调查的对象都在企业工作,这很大程度上决定了他们对商界领袖的崇拜。

5. 学习观:学习受到重视,但学习内容上重业务轻党建

被试中总体学历层次较高,本科及硕士以上占到了 77.7%。在学习时间上,大部分党员(212 人,占比 40.77%)平均每天读书和业务学习时间为 1 小时内;有 266 位党员,即占比超过半数的中共党员每年平均接受各类培训的时间累计为 1 周至半个月(见表 3-9)。

在学习内容上,存在重业务轻党建的倾向。只有约半数的中共党员平时有关注时政、阅读党政报刊的习惯,也有少数表示从不阅读。同时在学习过程中,有 33% 的中共党员会迫切了解当前对经济和社会发展具有重要指导意义的法规和文件,这说明党员关注着国家的发展方向。而对于普通员工而言,则会更多地关注专业技能和知识。这种现象表明,非公有制经济组织内的党组织引导不够,未能很好地组织党员学习党的思想理论和大政方针。

表3-9 党员学习观相关题项

问题	选项	是否为中共党员 是	是否为中共党员 否	合计	X^2	P
您平时读书和业务学习的时间为	平均每天2小时以上	60	18	78	10.254	0.036
	平均每天1~2小时	138	22	160		
	平均每天1小时内	212	102	314		
	想起来就学习，想不起来就不学习	110	38	148		
	根本不学习	0	0	0		
	合计	520	180	700		
您每年平均接受各类培训的时间累计	1个月以上	50	16	66	1.809	0.875
	半个月至1个月	154	48	202		
	1周至半个月	266	104	370		
	少于1周	38	10	48		
	没有	12	2	14		
	合计	520	180	700		
您平时是否关注时政、阅读党政报刊	经常	128	26	154	7.966	0.047
	有时	246	84	330	38.614	0.000
	偶尔	138	70	208		
	从不	8	0	8	10.254	0.036
	合计	520	180	700		
在您的学习过程中，您认为最迫切需要了解的是	习近平新时代中国特色社会主义思想	118	12	130	1.809	0.875
	当前对经济和社会发展具有重要指导意义的法规和文件	172	52	224		
	所在企业改革发展中的特点和难点	82	8	90		
	专业技能和知识	114	94	208		
	日常生活和社会服务类信息	28	14	42		
	其他	6	0	6		
	合计	520	180	700		

(三) 长沙非公有制经济组织党建工作的现状评估

整体而言，以长沙为例，非公有制企业党组织作用发挥成效显著，但存在隐忧不少（见表3-10）。中共党组织书记和中共党员职工对党建效果存在差异；职工群众对企业党建情况不甚了解，对企业党建工作效果的负面评价较多（见表3-11、表3-12）。

表3-10 所在非公有制企业党组织发挥作用情况

项目	党组织书记	企业管理人员	中共党员职工	职工群众
很好	50.0%	49.2%	35.5%	30.0%
较好	28.0%	23.1%	38.1%	38.0%
一般	8.0%	15.4%	16.4%	25.0%
差	4.0%	3.1%	4.5%	2.0%
说不清	10.0%	9.2%	5.5%	5.0%

表3-11 所在非公有制企业中共党员发挥作用情况

项目	党组织书记	企业管理人员	中共党员职工	职工群众
好	60.0%	50.0%	36.3%	40.0%
一般	28.0%	34.6%	45.4%	38.0%
差	0.0%	4.6%	9.1%	8.0%
说不清楚	8.0%	3.1%	4.6%	10.0%
没有回答	4.0%	7.7%	4.6%	4.0%

表3-12 所在非公有制企业中共党员队伍中存在的突出问题

项目	党组织书记	企业管理人员	中共党员职工	职工群众
党的先进性作用不明晰	40.0%	50.0%	38.2%	50.0%
党员干部思想政治水平、党性不强	32.0%	50.0%	38.2%	32.0%
作风不正、贪污腐化	16.0%	15.4%	22.7%	18.0%

续表

项目	党组织书记	企业管理人员	中共党员职工	职工群众
分配失当、收入差距过大	16.0%	30.7%	22.7%	28.0%
素质不高、能力不足	16.0%	38.5%	45.5%	32.0%
其他	8.0%	15.4%	4.6%	8.0%

1. 组织建设方面

首先，关于企业党组织建立方面。调查的 80 个企业中，未建党组织的非公有制企业占比 57.5%，超过半数。绝大部分非公有制企业没有建立党组织（见图 3-10）。有 53.08% 的中共党员认为在非公有制企业中党组织应该单独建立，35.77% 认为可以和其他企业联合建立党组织（见表 3-13）。

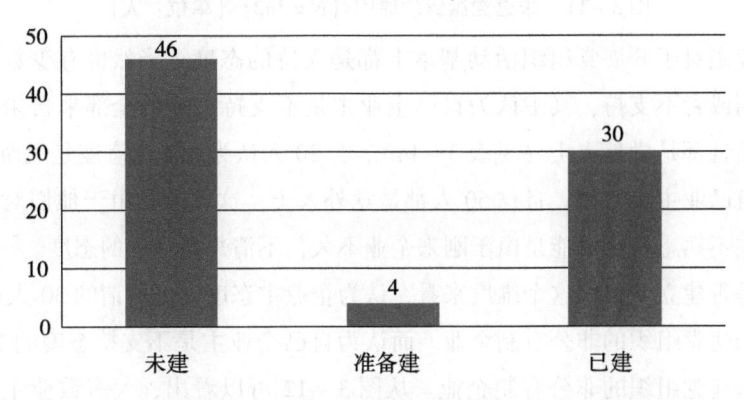

图 3-10 非公有制企业建立党组织的形式（N=80）（单位：个）

表 3-13 非公有制企业建立党组织的形式（N=700）

问题	选项	是否为中共党员 是	是否为中共党员 否	合计	X^2	P
您认为在非公有制企业中应怎样建立党组织	单独建立	276	108	384	5.071	0.079
	和其他企业联合建立	186	66	252		
	挂靠建立	58	6	64		

对其中原因分析发现（见图 3-11），未建党组织的非公有制企业中，绝大部分被试认为没有建立党组织的主要原因不明、不清楚，少数表示是业主不认同或是企业内没

有中共党员或党员很少。其中选择其他原因的有 190 个中共党员，30 个党外人士；选择不清楚的有 32 个中共党员，66 个党外人士。这是由于在非公有制企业中，人员流动较大，流动性较强，因此有很多人员并不清楚自己企业未建立党组织的原因是什么。

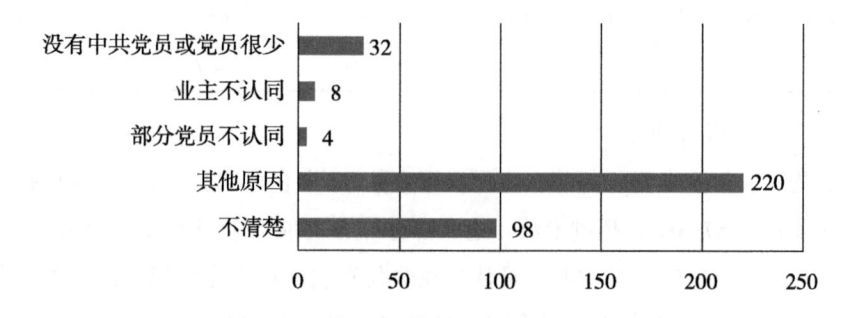

```
没有中共党员或党员很少  32
业主不认同            8
部分党员不认同         4
其他原因              220
不清楚                98
                    0   50   100  150  200  250
```

图 3-11 未建党组织的原因（N=362）（单位：人）

企业主对于开展党组织活动基本上都是支持的态度，当然也有少数业主认为无所谓或者不支持，其中认为自己企业主是不支持态度的全部来自未建党组织的企业且都是党外人士（见表 3-14）。有 30 人认为业主的态度是无所谓，20 人认为自己业主不支持，且这 50 人都是党外人士。这可能是由于他们对自己所在企业主不熟悉，也可能是由于刚来企业不久，不清楚企业主的态度。

从是否建立党组织这个维度来看，认为企业主态度是无所谓的 30 人中有 24 人来自未建党组织的非公有制企业。而认为自己企业主是不支持态度的 20 人全部来自未建党组织的非公有制企业。从图 3-12 可以看出，大多数业主选择其他原因，其次是认为开展党建活动会影响正常的生产经营活动。

表 3-14 企业业主对开展党组织活动的态度（单位：人）

问题	选项	是否为中共党员（N=350）			是否建立党组织（N=350）			
		否	是	合计	否	是	准备建	合计
企业业主对开展党组织活动的态度	非常支持	66	276	342	150	192	0	342
	比较支持	64	244	308	152	146	10	308
	无所谓	30	0	30	24	6	0	30
	不支持	20	0	20	20	0	0	20
合计		180	520	700	346	344	10	700

其次，党支部书记的相关情况方面。从表 3-15 可知，大部分中共党员所在的党组织中党支部书记都是由内部产生的，超过 90% 的中共党员认为单位的党务工作者工作经验丰富。有少数党外人士认为单位党务工作者工作经验不丰富，主要体现在：工作不得法、方法单一和党务工作和生产经营"两层皮"。

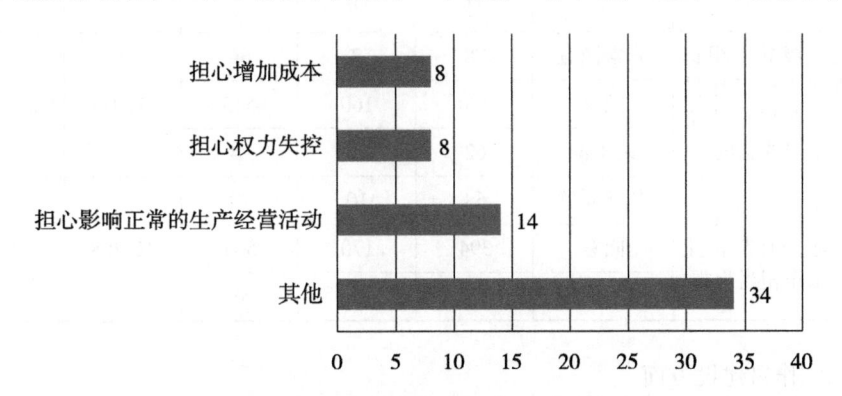

担心增加成本　8
担心权力失控　8
担心影响正常的生产经营活动　14
其他　34

图 3-12　企业主不支持的原因分析（单位：人）

表 3-15　党支部书记的相关情况（N=700）

问题	选项	是否为中共党员 是	是否为中共党员 否	合计	X^2	P
您所在的党组织书记是如何产生的	上级党组织选派	24	6	30	7.409	0.060
	内部产生	478	172	650		
	面向社会选聘	18	2	20		
	其他途径	0	0	0		
您认为贵单位党务工作者工作经验是否丰富	很丰富	160	14	174	30.501	0.000
	一般	322	160	482		
	不清楚	38	2	40		
	不丰富	0	4	4		
	完全不丰富	0	0	0		

最后，非公有制企业党组织党建活动开展情况方面。整体样本以及中共党员样本中大部分都对上级党组织选派党建工作指导员到企业开展党建工作持欢迎的态度，认为上一级党组织对非公有制企业党建工作相当重视，仅有少数人

认为说不清楚（见表3-16）。

表3-16 非公有制企业对上级党组织的看法情况（N=700）（单位：人）

问题	选项	是否为中共党员 是	是否为中共党员 否	合计	X^2	P
您对上级党组织选派党建工作指导员到企业开展党建工作持欢迎的态度	非常同意	78	8	86	21.044	0.000
	同意	380	160	540		
	说不清	62	12	74		
您认为上一级党组织对非公有制企业党建工作相当重视	非常同意	68	10	78	22.288	0.000
	同意	394	170	564		
	说不清楚	58	0	58		

2. 作风建设方面

首先，非公有制企业党组织作用发挥情况：成效显著，但存在隐忧不少。从整体样本情况来看，664人（占比94.86%）认为自己所在的党组织关心员工中的中共党员；666人（占比95.14%）认为自己所在党组织发展党员工作按照坚持标准、保证质量、改善结构、慎重发展的原则；624人（占比89.14%）认为自己所在的企业党组织开展的活动对生产经营有促进作用。从属性来看（见表3-17），520个中共党员中，484人（占比93.08%）认为自己所在的党组织关心员工中的中共党员；486人（占比93.46%）认为自己所在党组织发展党员工作按照坚持标准、保证质量、改善结构、慎重发展的原则；446人（占比85.77%）认为自己所在的企业党组织开展的活动对生产经营有促进作用。

表3-17 非公有制企业党组织作用发挥情况（N=700）（单位：人）

问题	选项	是否为中共党员 是	是否为中共党员 否	合计	X^2	P
您觉得您所在的党组织关心员工中的中共党员	非常同意	88	12	100	21.482	0.000
	同意	396	168	564		
	说不清	36	0	36		

续表

问题	选项	是否为中共党员 是	是否为中共党员 否	合计	X^2	P
您所在党组织发展党员工作按照坚持标准、保证质量、改善结构、慎重发展的原则	非常同意	112	14	126	20.044	0.000
	同意	374	166	540		
	说不清楚	34	0	34		
您认为您所在的企业党组织开展的活动对生产经营有促进作用	非常同意	68	16	84	14.215	0.007
	同意	378	162	540		
	说不清楚	74	2	76		

党组织负责人是否列席管理层会议方面，所有样本都认为自己所在党组织负责人都列席管理层会议，这说明非公有制企业对于党组织负责人比较重视（见图3-13）。80个样本企业中，有46个样本企业，超过半数的员工选择经常参加管理层会议；有34个企业，超过半数的员工选择偶尔参加管理层会议。即80个企业的党组织负责人都参加管理层会议。

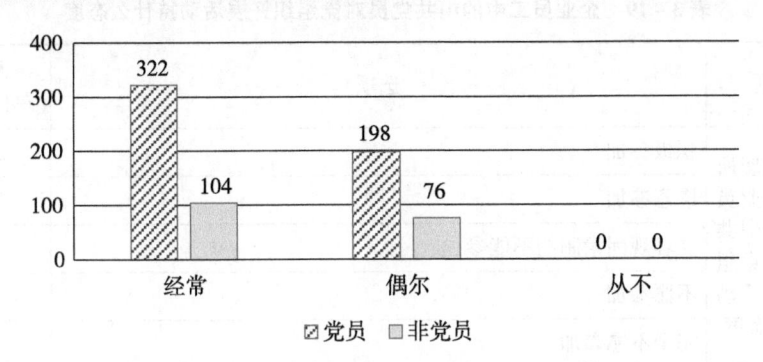

图3-13 中共党员属性样本关于党组织负责人是否出席管理层会议（单位：人）

其次，非公有制企业中共党员作用发挥情况：主流积极，但表现参差不齐。所在企业中共党员发挥先锋模范作用的形式多样（见表3-18），主要形式是与党组织保持高度一致，维护党的团结和统一；其他形式如按时参加党组织的政治理论学习活动，认真学习党的基本知识；贯彻执行党的基本路线和教育方针、政策；服从组织分配和决定；自觉遵守党的纪律，遵守国家的法律法规；按时参加党的组织生活。可以看出，中共党员发挥作用的形式多种多样。

表3-18 中共党员发挥先锋模范作用的形式（N=520）

问题	选项	人数（单位：人）
您所在企业党员发挥先锋模范作用的形式	与党组织保持高度一致，维护党的团结和统一	406
	按时参加党组织的政治理论学习活动，认真学习党的基本知识	384
	贯彻执行党的基本路线和教育方针、政策	384
	服从组织分配和决定	276
	自觉遵守党的纪律，遵守国家的法律法规	306
	按时参加党的组织生活	192

企业中共党员员工对党组织开展活动持赞同态度（见表3-19）。520个中共党员样本有240个选择积极参加，280个愿意参加，即520个被试认为自己所在企业的中共党员都愿意参加党组织活动。

表3-19 企业员工中的中共党员对党组织开展活动持什么态度

问题	选项	人数（单位：人）
您认为您所在的企业员工中的中共党员对党组织开展活动持什么态度	积极参加	240
	愿意参加	280
	受客观因素制约不能参加	0
	不愿参加	0
	完全不愿参加	0

最后，非公有制企业党的先进性作用发挥情况：效果积极，但程度不尽理想。共约61.1%的被试认为党组织在非公有制企业中占据核心地位，38.9%的被试则认为说不清楚。对于中共党员而言，38.5%的被试认为党组织在非公有制企业中的核心地位说不清楚，而61.5%的被试则是同意党组织的核心地位（见表3-20）。所有中共党员员工都认同党组织宣传贯彻党的路线方针政策和国家的法律法规，只有极个别的员工不太认可（见图3-14）。

表3-20 党组织在非公有制企业中的地位

问题	选项	是否为中共党员（单位：人） 是	否	合计	X²	P
您是否认同党组织在非公有制企业中的核心地位作用	非常同意	46	8	54	4.125	0.248
	同意	274	100	374		
	说不清	200	72	272		
	不同意	0	0	0		
	完全不同意	0	0	0		

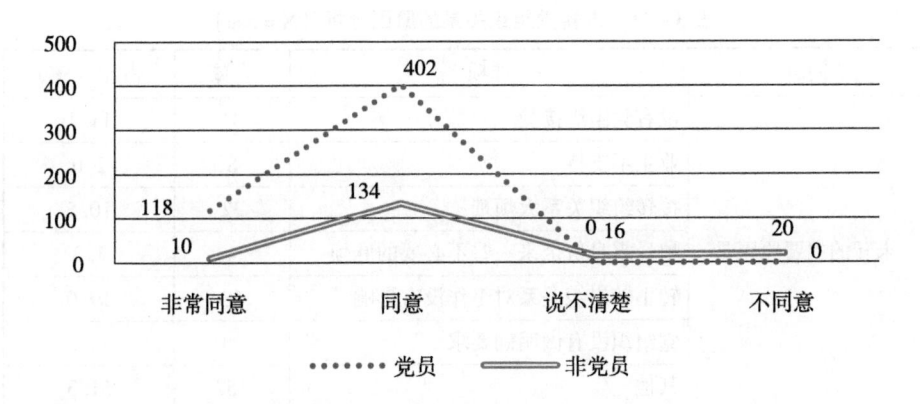

图3-14 党组织宣传贯彻党的路线方针政策和国家的法律法规的情况（单位：人）

3. 制度建设方面

第一，党员组织关系管理存在缺失。大部分的被试中共党员没有转关系到目前所工作的企业。调查显示，超过58.8%的中共党员未转党组织关系（见图3-15）。其中未转组织关系的原因中多数人认为是其他，同时党组织没有做明确要求、转不转组织关系对工作没有影响、没有党组织接受、接转组织关系太烦琐、业主不支持、怕暴露身份带来一些不必要的麻烦等原因，都影响了党员转党组织关系（见表3-21）。结合实践，上文也分析到非公有制企业中员工辞职较频繁，流动性大，造成了部分党员不愿意将党组织关系转到企业党组织；加之有些非公有制企业并没有建立党组织，造成企业所在党员无法将党组织关系转移到所在企业。

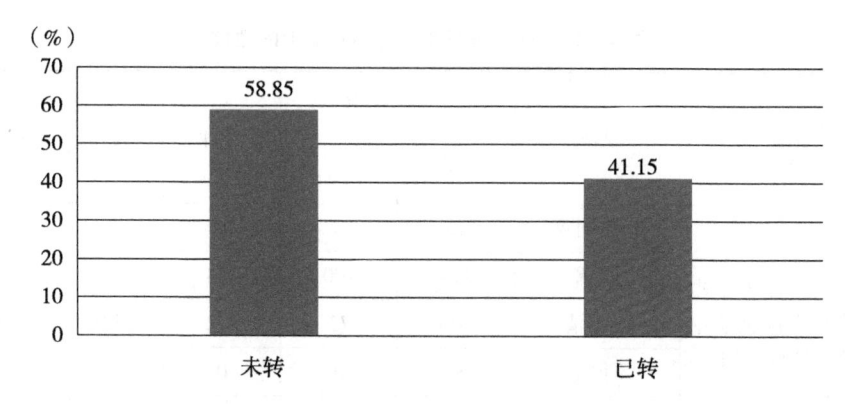

图 3-15　党员转党组织关系情况（N=520）

表 3-21　未转党组织关系的原因分析（N=306）

问题	选项	人数	占比（%）
未转的主要原因是	没有党组织接受	34	11.1
	业主不支持	8	2.6
	接转组织关系太烦琐	32	10.5
	怕暴露身份带来一些不必要的麻烦	4	1.3
	转不转组织关系对工作没有影响	58	19.0
	党组织没有做明确要求	13	4.2
	其他	157	51.3

第二，党费交纳不及时。已转党组织的中共党员中，接近一半的人数能够每月交纳党费，不能正常交纳的人数是42位。而在未转党组织的306位党员中，有132位（占43.14%）和118位（占比38.56%）不能正常交纳和6个月以上交纳（见表3-22）。

表 3-22　党员交纳党费时间（N=520）

问题	选项	已转	未转	合计	X^2	P
您多长时间交纳一次党费	每月	84	28	112	36.327	0.000
	3个月	30	28	58		
	6个月以上	58	118	176		
	不能正常交纳	42	132	174		
合计		214	306	520		

第三,企业党建活动场所建设落后。30个已建中有26个有固定场所;4个准备建的一半有场所,一半无场所;46个未建中42个无场所。由此可以看出,建立党支部的企业大部分都有固定场所,而未建党支部的大部分没有提供固定活动场所。80个样本企业中,32个企业有固定场所,48个企业没有固定场所(见表3-23)。

表3-23 企业有无固定活动场所(N=80)(单位:个)

有无固定活动场所	是否建立党组织			合计
	已建	准备建	未建	
有	26	2	4	32
无	4	2	42	48
合计	30	4	46	80

第四,党组织工作经费来源面小。大部分被试选择了没有列入预算,随报随用(见表3-24)。这也导致了企业党组织活动开展不及时。调查的80个样本企业都有开展党组织活动,虽然大部分开展都没有规律(见表3-25)。

表3-24 党组织工作经费来源

选 项	是否为中共党员		
	是(N=520)	否(N=180)	合计
每年列入了企业财务经费预算	132(25.38%)	14(7.78%)	146(20.8%)
没有列入预算,随用随报	354(68.08%)	104(57.78%)	458(65.4%)
通过其他途径解决	34(6.54%)	14(7.78%)	48(6.9%)
完全没有来源	0(0%)	48(26.67%)	48(6.9%)
合计	520	180	700

表 3-25　党组织开展活动的频率

问题	选项	是否为中共党员 是	是否为中共党员 否	合计	X^2	P
您所在企业召开支部团员大会、支部委员会、团组织生活会、团课或党课的情况	1月1次	14	98	112	10.498	0.033
	1月多次	10	48	58		
	没有规律	110	242	352		
	很少开展	38	132	170		
	没有	8	0	8		

根据调查结果显示，大部分员工参加的企业党组织开展活动的形式有：集中学习"两学一做"、党的十九大、二十大精神，生产竞赛，外出学习考察，文化体育活动，定期开展党建主题活动，其他（见图 3-16）。这说明非公有制企业党组织开展活动的形式多样化、学习与时俱进。这也从侧面反映出部分非公有制企业对于党组织活动开展的重视。

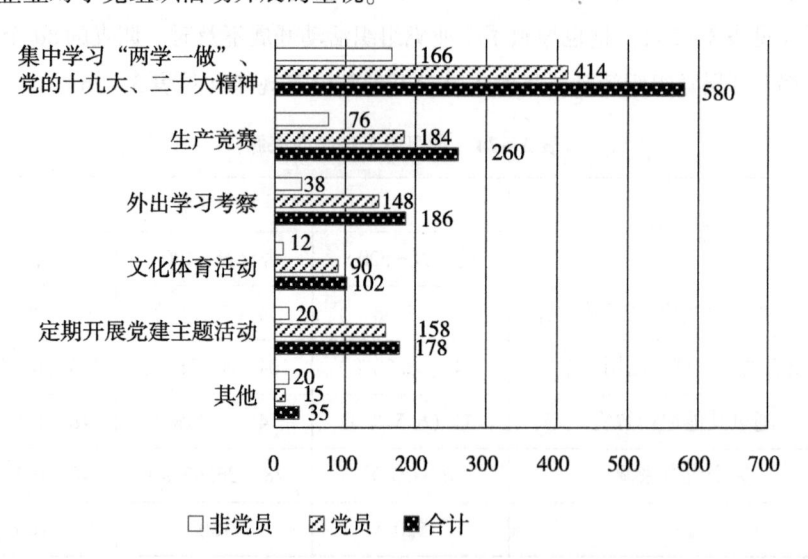

图 3-16　党组织开展活动的主要形式（单位：人）

第五，企业在党建工作创新建设方面有所努力，主要采取了将党建纳入企业管理制度、探索流动党员管理新途径、实行党组织活动经费税前列支和招聘中共党员等形式（见表3-26），效果不明显，与社区联合有待进一步加强。未建党组织的非公有制企业中有少数与社区联合，而已建党组织的企业中有三分之一家企业与社区联合。在80个调查样本企业中，其中70个未与社区联合，有10个与社区联合，占比12.5%。即30个已建党组织的企业中，只有10个与社区联合，占比33.3%。

表3-26 企业在党建工作进行的创新

问题	选项	是否党员 否	是否党员 是	频率合计（单位：人次）
您所在企业在党建工作创新上进行了何种探索	招聘中共党员	10	52	62
	纳入企业管理制度	78	194	272
	探索流动党员管理新途径	26	130	156
	实行党组织活动经费税前列支	18	118	136
	其他	72	174	246

调查样本中，企业跟社区联合的形式多样，且每种形式都有企业和社区采取。虽然跟社区联合的企业不多，但内容较为丰富，主要有社区建立非公有制企业党建领导小组；非公有制企业党建领导小组定期到非公有制企业党支部走访，指导工作；成立非公有制企业党支部服务站，为非公有制企业提供服务、环境和平台；社区通过走访、座谈等形式了解企业需求和困难（见表3-27）。这说明与社区联合的形式较多样化。

表3-27 企业跟社区联合的形式

问题	选项	频率
企业跟社区联合的形式	社区建立非公有制企业党建领导小组	6
	非公有制企业党建领导小组定期到非公有制企业党支部走访，指导工作	6
	成立非公有制企业党支部服务站，为非公有制企业提供服务、环境和平台	2
	社区通过走访、座谈等形式了解企业需求和困难	4

4. 反腐倡廉建设

从调查的结果来看（见表3-28），大部分企业进行了反腐倡廉建设，大部分认为对企业的生产经营产生了促进作用。共有68%的被试所在的企业将反腐倡廉建设纳入了企业管理制度中，其中63.7%的人认为有促进作用，即认可将反腐倡廉纳入企业管理制度；有少数人认为无效果，有个别人认为对企业的生产产生了副作用。单从中共党员的层面来看，有360人（69.23%）所在企业将反腐倡廉建设纳入企业管理制度，且336人（64.62%）认为是对生产管理有促进效果，有24人（4.61%）认为对生产管理无效果。

表3-28 反腐倡廉建设情况

问题	选项	是否为中共党员 是	是否为中共党员 否	合计	X^2	P
您所在企业是否将反腐倡廉建设纳入企业管理制度？效果如何？	否，无效果	160（30.8%）	64（35.6%）	224	5.681	0.128
	是，有促进作用	336（64.62%）	110（61.1%）	446		
	是，有副作用	0	6（3.3%）	6		
	是，无效果	24（4.61%）	0	24		
	合计	520（100%）	180（100%）	700		

三、传统党建在湖南非公有制经济组织领域遭遇机制困境

（一）动力不足：非公有制经济组织对传统党建的挑战

非公有制经济组织是市场竞争的主体之一，盈利是组织生存和发展的首要任务，这就决定了非公有制企业党建工作要与非公有制经济组织的发展要务结合起来。然而，传统党建在非公有制经济组织中并未能真正起到战斗堡垒和事业发展领导核心作用，造成了非公有制经济组织对于党建工作不积极，动力不足，有的非公有制经济组织甚至不愿意成立党组织。以湖南省为例，截至2016年底，湖南省非公有制经济组织中没有建立党组织的占35%，没有党员的占28%，与非公有制经济组织发展得如火如荼相比，非公有制经济组织中党组织的覆盖范围、影响力还存在明显差距。

(二) 制度脱节：传统党建模式滞后于党建实践

非公有制经济组织覆盖了人们日常生产生活的方方面面，本身具有工作灵活、形式多样、层次分明的特点，非公有制经济组织从业人员的流动性大、创新性强等特点，也必然要求非公有制经济组织的党建工作模式能与非公有制经济组织特点相匹配。然而，大多数非公有制经济组织中的党建工作仍然缺乏自身特点，有的甚至照搬照抄国有企业、其他基层党建工作模式，脱离了非公有制经济组织党建实践，传统党建模式阻碍了非公有制经济组织党建工作的发展，也难以适应非公有制经济组织从业人员的需要，党建模式滞后于党建实践。在湖南省的大部分非公有制经济组织中，由于党建工作模式陈旧，组织学习、组织生活不深刻，作风建设不严谨，制度建设流于形式，党建工作形式单一，以完成任务和应付检查为目的的情况仍然存在，党的建设模式与非公有制经济组织党员实际需求不一致，未积极探索并建立健全与自身发展要求相适应的党建工作模式，严重制约了非公有制企业党建工作的发展。

(三) 角色错位：政治逻辑与经济逻辑的双重错置

就政党和企业的关系而言，非公有制经济组织的根本属性是以营利为目的，不同于社会组织和政治组织。非公有制企业作为市场经济框架中的一个基本单位，有着自己的行动逻辑，经济组织根本上是按照资本的逻辑运作的，追求最高效率和最大利润是非公有制企业和企业经营管理层、企业员工的首要关注点。一是非公有制企业独有的趋利性与党建工作难以产生直接经济效益存在矛盾，这导致了企业主阶层对党建工作的认同感和支持度偏低。企业主是在政党的组织框架之外，通过自己的投资和经营活动来获取经济利益的社会群体，其直接的和最高的利益就是实现利润的最大化，一旦资本的利润逻辑和政治组织的权力逻辑发生冲突，企业主必然首先考虑资本要求，其次才会考虑政治要求。二是非公有制企业员工（包括中共党员工）面临着经济理性和政治理性的冲突，利益相关性的减弱会导致企业员工对党建活动冷漠。在非公有制经济组织中，员工的经济收入与职业能力和对企业的经济贡献挂钩，同政治表现没有关联，政治在很大程度上被"闲置"或"封闭"了。党员的激励通道严重堵塞，职业生涯和政治前途发生分离，在企业的职业生涯发展前景好坏与是不是中共党员没有太大联系。三是由于产权的私有化和快捷高效的运行机制，党组织的活动空间受到明显限制。非公有制企业最大限度地体现了竞争主体的逐利性，正常的生产时间一般不允许员工从事与生产经营无关的活动，客观上使党组织活动的时间和空间被压缩。党组织在自身资源十分有限的情况下，很难做到既服务企业又凝聚员工。

（四）功能障碍：组织地位"虚化"与党员角色"边缘化"

由于非公有制经济组织的所有制形式以私有制为主，所以非公有制经济组织中的党组织的地位与作用就与其他基层党组织存在明显区别，中共中央办公厅印发的《关于加强和改进非公有制企业党的建设工作的意见（试行）》中对非公有制经济组织的党组织地位作用作出了明确的阐释，即"非公有制企业党组织是党在企业中的战斗堡垒，在企业职工群众中发挥政治核心作用，在企业发展中发挥政治引领作用"。所以，非公有制经济组织的党组织定位于"企业职工群众的政治核心"而非"企业的政治核心"，党组织不能参与企业重大问题决策，党组织的权力弱化，组织地位相对而言比较"虚化"。同时，中共党员在非公有制经济组织中由于人数少、流动性大，且相当一部分党员未能纳入组织的有效管理，组织力量薄弱，受重视程度不够，致使党员角色在非公有制经济组织中的作用不明显，呈现"边缘化"趋势。

（五）机制冲突：党建机制与企业治理存在的兼容性不足

在非公有制经济组织中，人与组织的持续关系越来越短暂，随着变革加快，组织中秩序的稳定性也越来越短，直接导致传统的基层党组织模式不适应非公有制企业新的情况和要求。党组织在企业中处于边缘化的地位，在党的组织体制内也处于边缘化的地位，在现实中出现了党建工作宏观上强势支持与微观上难以到位的矛盾。此外，开展非公有制经济组织党建工作，离不开设施、人才、制度等方面的资源支持。新时代党建工作的环境发生了变化，新经济党建工作没有传统企事业单位所具有的自上而下严密的党组织管理体系的支撑，也没有传统组织设置方式所形成的有力的行政依托，一些基层党组织在开展党的工作中缺经费、缺场地、缺人员，资源匮乏，难有作为，使得许多非公有制企业党组织部分地失去了自主开展党建工作的制度基础。特别是反腐倡廉建设机制不健全，开展非公有制经济组织纪律监督工作面临一些困扰和难题。有一些尚未建立现代企业制度和法人治理结构的小企业、家族企业等，易发职务侵占、贪污公款、收受贿赂等腐败现象，监管部门容易对此类企业存在过度执法、疏于管理或监管不力的现象，处理手段单一，以罚代管、一罚了事。还有一些外资企业对开展纪检监督工作怀有抵触情绪，部分企业主甚至担心设置纪检组织会干涉企业正常经营。纪检组织与非公有制经济组织的自身内部监督机构如何实现有效整合，仍处于探索阶段。

四、湖南非公有制经济组织党建工作存在问题的成因透析

非公有制经济组织党建工作伴随着非公有制经济的产生而产生，并逐步适应非公有制经济的发展，党建工作越来越切合非公有制经济组织党建的实践需求。但由于非公有制经济组织党建底子薄弱，可以借鉴的方法和经验相对较少，非公有制经济组织党建制度、模式和体系还不够成熟，所以非公有制经济组织党建还面临着许多问题，这些问题的成因既有表象的，也有深层次的，搞好非公有制经济组织党建工作，就必须找寻到阻碍党建工作发展的本质原因，这样才能有针对性地破解问题，促进党建工作水平进一步提高，更好地引导和服务非公有制经济组织的健康发展。

（一）表象成因：主观认识偏差导致相关主体对党建工作缺乏热情

非公有制经济组织由于身处"体制之外"，组织发展以追求更高的效益和更快的业务增长为主要动能，组织内部政治意识弱化，对党建认识不够，对党建工作缺乏热情。非公有制企业主往往更加重视企业的经济效益，而忽视了党组织的建设和发展，对党建工作能促进企业发展缺乏应有的认识和理解。非公有制经济组织的党务工作者和党员由于身份"边缘化"，党务工作和党员活动在组

织中受重视程度不够，所以导致非公有制经济组织中党务工作者和党员对于党建工作和党的活动不热心，党员对于党组织的归属感不强，参加组织活动不积极、不主动，不利于党组织影响力和党组织建设水平的提高。

（二）深层原因：制度设计缺陷不足以调动各利益主体的积极性

非公有制企业主对党建工作不重视，党务工作者和党员对党建活动缺乏热情，有主观因素的影响，但深层次的原因还是体现在非公有制经济组织党建制度设计的缺陷。非公有制经济组织由于人员结构复杂，在以雇佣关系为主体的人员关系背景下，形成了雇主（企业主）、党组织、党务工作者、党员和其他雇佣员工等多种利益主体。由于科学的党建理论缺失，非公有制经济组织党建工作者难以运用科学的、符合实际的理论指导非公有制经济组织党建实务，党建制度的设计没有考虑到组织内部各利益主体的实际需求，一方面，各利益主体在党建制度设计过程中无法真正发挥作用，体现价值；另一方面，脱离实践需求的党建制度体系也无法充分反映各利益主体的诉求，从而导致了党建制度可操作性不强，无法充分调动非公有制经济组织内部各利益主体的积极性，实际效果也大打折扣。

（三）本质原因：党建工作与各利益主体之间未形成"激励相融"的互动机制

长期以来，由于非公有制经济组织"重经济、轻党建"思维的影响，在组织中从事党务工作的人员大多数是兼职的，党务工作者的主要来源有三种："一是由党员企业主兼任；二是在经营决策层或中层骨干中选拔；三是向社会招聘一些离退休老党员。"[①] 由于党务工作者的兼职身份，一方面使得非公有制经济组织党务工作者无法集中时间和精力来专注于党建工作，另一方面党务工作者业务素质的不专业，难以建立起专业化的党建工作队伍。作为党建工作主体，党务工作者的多重身份性质使得党建工作本身面临着"利益冲突"，而党务工作者的非专业化，使得党建工作的影响仅仅局限于党组织内部，党建活动更是独

---

① 张诺夫：《新形势下非公企业党建研究》，浙江工商大学出版社2015年版，第62页。

立于非公有制经济组织日常活动之外，党建工作难以与各利益主体形成互动机制，党建激励机制与非公有制经济组织经济效益激励机制难以协调统一，更是无法做到"激励相融"。

第三节　嵌入性治理理论及其与非公有制经济组织党组织作用的逻辑关系

党组织作为政治干预的一种途径，如何对非公有制经济组织的经营决策造成影响，进而将政治成本内化到企业的经营目标中去？在此基础上，构建理论框架，分析嵌入性治理理论与非公有制经济组织党组织建设的关系。

一、嵌入性治理理论：一种新的分析框架

嵌入性概念源自波兰尼（Polanyi），他在《大变革》一书中提到："作为一个制度过程，经济是嵌入各种非经济因素之中的，而这种非经济因素还起着关键作用。"[1] 新经济社会学的代表人物格兰诺维特（Granovetter）重新对"嵌入性"进行了扩展，将嵌入性理论移入经济生活的信任与秩序问题分析之中，确立了"嵌入性"的理论基础，在过度社会化的普遍道德以及低度社会化的非人性制度安排之间，提出了把网络分析作为研究经济社会学的主要方法，确立了结构性嵌入与关系性嵌入框架。他指出嵌入性就是"经济行为在特定社会结构中的持续情境化"[2]。现代社会的经济活动并不是"脱嵌"的，而是以一种不同方式嵌入社会网络之中的。

一些学者在已有研究基础上对"嵌入性"进行了补充修正，逐渐确立了"嵌入性"理论框架：（1）四性论。祖京、迪马吉奥（1996）的结构性、认知性、文化性、政治性嵌入性。（2）二性论。哈德森、福斯格伦（2004）的业务

---

[1] Polanyi K, *The Great Transformation: The Political and Economic Origins of Our Time*, Boston: Beacon Press, 1944.

[2] Granovetter M S, "Economic action and social structure: The Problem of embeddedeness", *American of Sociology*, Vol. 91 (3), 1985, pp. 481–510.

性、技术性嵌入性。(3) 三性论。哈根多恩（2006）的环境、组织间、双边嵌入性。国内学者基于普遍联系视角将嵌入性理论分为网络联系视角下的结构与关系嵌入，虚联系视角下的政治、文化和认知嵌入。基于格兰诺维特的初始设定，同时参考社会资本联系和认知属性，将现有研究所探讨的嵌入性分为三个维度：(1) 结构性嵌入，组织所嵌入的社会网络给组织带来的超额价值（包括信息和资源优势）。① 其理论基础是经济学中的社会网络分析，研究视角是网络参与者间相互联系的总体性结构。结构嵌入不仅能够为组织提供发展机遇，而且给组织带来一定程度的约束。(2) 关系性嵌入，网络关系给组织带来的一种获取信息和资源的作用机制。② 其理论来源是社会学研究中的社会资本研究。关系性嵌入主要影响组织间的合作、资源的交换和组合、共享性知识的开发等，是组织获取外部信息和资源的重要机制。③ (3) 资源性嵌入，是组织外部资源，如政治因素、社会文化因素、长期形成的群体认知等对组织经济行为的作用、制约或影响。具体可分为政治嵌入，如政治环境、政治体制、权力结构；文化嵌入，其主要关注促进经济目标实现的共有信念和价值观，是指行为主体在进行经济活动时受传统价值观、信念、信仰、宗教、区域传统的制约；认知嵌入，是指经济活动主体在进行行为选择时受周边环境和原有思维意识的引导或限制等。

埃文斯（1995）率先在国家治理中引入"嵌入性自主"，认为国家通过嵌入经济社会组织等枢纽来实现公私部门间的合作。从嵌入性治理的角度来看，执政党要维持自己的执政地位，获得自己的政治权威，必须善于嵌入。"政党的嵌入性，有利于减少政党周边的不确定性，为政党的发展提供一个良好的环境。"④

---

① Gulati R,"Alliances and networks", *Strategic Management Journal*, Vol. 19 (4), 1998, pp. 293 – 317.

② Gulati R,"Alliances and networks", *Strategic Management Journal*, Vol. 19 (4), 1998, pp. 293 – 317.

③ Andersson U, Forsgren M, Holm U,"The strategic impact of external networks: Subsidiary performance and competence development in the multinational corporation", *Strategic Management Journal*, Vol. 23 (11), 2002, pp. 979 – 996.

④ 杨日鹏：《嵌入性视角下政党在社会管理中的作用——以宁波市北仑区区域化党建为例》，载《领导科学》2011年第7期，第10 – 12页。

对于企业这一特定组织来说，嵌入性依托于企业所处社会网络。而治理是一个上下互动的管理过程，一种对公共事务管理机制的制度创新，是一个网络体系；其主体是多元主体，主要通过合作、协商、建立伙伴关系等方式实施对公共事务的管理，其权力的运用方式是多元、相互的。基层党的建设与企业治理两者之间存在某种互通关系，彼此是相融合和关联的。在我国，国有企业党建从形式上是执政党嵌入企业运作过程中的组织活动。《中国共产党章程》第三十三条第三款规定："非公有制经济组织中党的基层组织，贯彻党的方针政策，引导和监督企业遵守国家的法律法规，领导工会、共青团等群团组织，团结凝聚职工群众，维护各方的合法权益，促进企业健康发展。"我国的三级资产管理体系以及党组织已经成为公司治理主体的一部分，既体现了党和国家的立法意图，也是对企业治理现状和所面临问题的一种现实安排。对于中国企业特别是非公有制企业来说，党组织的政治核心作用是企业独特的政治资源，是党的政治优势在企业的延伸，这是西方企业难以模仿和复制的。在非公有制企业，党的理想信念优势嵌入企业价值理念建设，可以转化为凝聚力；党的组织协调优势嵌入企业班子建设，可以转化为领导力；党的党员队伍优势嵌入企业人才队伍建设，可以转化为执行力和发展力。

因此，嵌入性治理就是指企业党组织以建设和谐企业为纽带，调动一切积极因素，把党建的总体目标分解为若干个可测量的具体指标，内嵌于企业管理制度，其实质是一个分权式的参与治理机制。通过这种方式把提高企业效益、增强企业竞争实力、促进企业健康发展作为非公有制企业党组织工作的出发点和落脚点，把党的工作和企业的生产经营有机融合在一起，以企业改革发展成果检验党组织的工作和战斗力，通过党的工作体系内嵌企业管理流程，使党的工作直接参与管理和价值的创造。打造与企业发展相适应的基层党建组织构架、管理体制和运作机制，必须坚持系统、整体、协调的观点。

二、深刻认识"党建嵌入现代企业治理结构"的意义

中共二十大对构建高水平社会主义市场经济体制和加强党的建设提出了明确任务和新的更高要求，必须构建符合非公有制企业改革发展实际需要的党建

管理新模式。

首先，有利于增强现有企业党建模式的适应性。嵌入性治理是落实"把党组织内嵌到公司治理结构之中"的有益探索，是解决基层党建工作存在问题的需要。非公有制企业党的建设工作虽然取得了一些成绩，但也存在一些不容忽视的问题，比如党建工作队伍认识不深、动力不足，党建工作融入中心、促进发展的实践不够，存在"就党建抓党建，就活动搞活动"的问题，党建工作的制度不健全、基础管理不到位等。因此需要通过"融入中心、嵌入管理"来构建企业党建管理新模式，企业党组织通过"行动者之间的物质特征与结构关系"的结构性嵌入、"引领经济逻辑的结构化的心智过程"的认知嵌入、"形塑经济目标的共享信念与价值观"的文化嵌入、"限制经济权利的国家角色与制度法规"的政治嵌入等途径，来实现企业党建、企业利益和员工利益的三赢。

其次，是适应非公有制企业面临新时代新使命新征程的需要。一方面，国内外形势的不断变化要求非公有制企业党的建设必须适应新时代需要，建立新型党建工作管理模式。非公有制企业资本虽然属私有资本，但在社会主义条件下显示出很强的社会属性。私有资本所有者愿意将个人的追求融入社会的需求中，也乐意接受和拥护执政党的理论路线、方针政策。这是非公有制企业党建能够落地生根，得到重视和长足发展的根本内因。另一方面，中共中央关于全面建设社会主义现代化国家、全面深化改革、全面依法治国、全面从严治党、不断提高党的执政能力和领导水平的新要求，需要非公有制企业在党的建设方面做出探索。习近平总书记强调，党总揽全局、协调各方的领导地位必须落到实处。[①] 坚持党对一切工作的领导，完善坚持党的领导的体制机制，要进一步提高党把方向、谋大局、定政策、促改革的能力和定力。这也要求党的建设必须创新、引领和推进非公有制企业改革发展。公司法人治理是现代企业制度的主要形式，但其与现代企业制度不是对等的概念。现行法人治理结构照搬西方模式，突出了经济效益标准，弱化了党委作用，背离了职工的主人翁地位。因此，新形势下建设中国特色的现代企业制度，就必须把党的领导、员工的主人翁地

[①] 《毫不动摇坚持和加强党对一切工作的领导——学习习近平〈论坚持党对一切工作的领导〉》，载《人民日报》2019 年 11 月 22 日，第 7 版。

位与发挥公司法人治理的管理优势结合起来，使党组织和群众组织成为法人治理的有机组成部分。

最后，是贯彻中共十九大、二十大精神，发挥企业基层党组织政治核心地位和先进性作用的需要。非公有制企业党委发挥政治核心作用，既是《中国共产党章程》的规定，也是企业领导体制变革和党建经验的总结。加强党对非公有制企业的领导、发挥企业基层党组织实质作用需要科学的理论指导、科学的制度保障和科学的方法来推进。在继承和发展各地非公有制企业党建工作成功经验的基础上，积极探索运用嵌入性治理理论和现代化科学方法，构建起有效管用的新方法，才能应对新时代提出的挑战。

三、嵌入性治理：企业治理机制与党建机制的契合

现代企业制度下的非公有制企业不断加强党的建设，是由现代企业制度的特殊性和我国非公有制企业的性质所决定的。嵌入性治理理论为更好地理解二者的有机结合提供了答案。党组织作为政治干预的一种途径，如何对非公有制经济组织的经营决策造成影响，进而将政治成本内化到企业的经营目标中去？研究结果表明，非公有制经济组织的党组织通过"双向进入、交叉任职"这一领导体制参与企业治理，参与公司重大决策，可以将稳定就业这一目标内化到企业中。在非公有制企业党组织建设过程中，嵌入不是目的而是手段，真正的目的在于引领，即通过党的组织覆盖和工作覆盖，发挥非公有制经济组织中党组织的服务功能和政治核心作用，引领非公有制经济人士健康发展，引领非公有制企业健康发展。

首先，环境契合。党政军民学，党是领导一切的。党的建设与企业治理虽然属于两种不同的制度安排，各有理论边界、运行形式，但同在社会主义国家宪法制度背景下，接受宪法的制约和调整，同在一个载体（企业）中存在，党组织和企业利益诉求的终极目标是统一的。因此，在企业治理中，党建以某种适宜的模式嵌入公司治理结构，具有促进党建开展和企业发展的双重效益。一方面有利于党的基层组织在企业运行体系中找到自己的作用点，使传统党建获得新的活力，解决传统党建"虚""实""两张皮"的现象；另一方面也可以使

党的政治优势、党员的人力资源优势转化为推动企业治理的先进力量。

其次，制度契合。制度建设既是党建工作的重点，也是企业治理的重点。对于执政党而言，党组织活动的实质是遵循《中国共产党章程》的规定。对于企业而言，企业发展的实质是企业在接受市场规律调整和国家法律约束前提下实现利益的过程。党组织的存在不仅对公有制经济发展具有重要的意义，而且对非公有制经济组织具有重要的作用。一方面，良好的企业治理模式所带来的企业效益能够为企业党建提供良好的环境；另一方面，把党组织作为一个特殊的主体内嵌于企业治理活动之中，也是解决企业党建脱离边缘化的一个重要举措。从国有企业党建运行模式来看，企业党组织和企业治理结构这两种不同的制度只要实现了战略协同，就能在并肩运行、相互促进中共同创造出较好的经济效益，体现出两种不同制度安排的"协同效应"。

再次，目标契合。当前全球经济一体化快速发展，全球经济正处于产业结构调整、转变发展方式的关键时期，党的建设作为提升企业核心竞争力的重要因素，做实了就是生产力，做强了就是竞争力，做细了就是凝聚力。从企业治理结构来看，企业党组织、公司法人和企业员工都有各自不同的价值取向，比如，企业党组织的价值目标是实现党的工作目标，公司法人的价值目标是实现利润最大化，企业员工的价值目标是追求自身福利的最大化。尽管价值目标不同，但通过进一步分析可以找到三者之间的必然联系，企业党建要实现党的工作目标，就必须推动企业又快又好发展；公司法人要想实现利润最大化，也必须加快企业发展；企业员工要实现自身福利的最大化，就需要与公司法人共同努力，把企业做强做大。可以说，推动企业又好又快发展是三者的共同价值基础。

最后，利益契合。在一个企业中，有不同的利益主体；受市场经济及企业趋利性的影响，必然带来不同利益主体之间利益的不协调性与矛盾性。但不同主体的根本利益是一致的，都是通过企业的做强做优做大来实现自己的利益。所以彼此之间既有利益矛盾，又有共同目标。企业党组织的使命就是维系并发展这种利益共识，解决利益主体的某些分歧和冲突。无论非公有制企业的领导体制、经营体制、产权结构、治理模式等如何变化，都要始终坚持党对企业的领导。我国非公有制企业要成为具有全球竞争力的世界一流企业，非公有制企业党组织要实现发挥政治核心作用和先进性作用,就必须努力把党组织的政治优势转化为企业核心竞争力,明确非公有制企业的社会主义经营方向。

第四节 非公有制企业党组织嵌入现代企业治理结构的支持要素分析

非公有制经济组织是一个特殊的领域,其党建工作没有现成的经验可遵循,只有不断探索与创新,才能逐步掌握开展党建工作的内在规律。

一、构建和谐企业,找准非公有制经济组织党建的功能定位

加强非公有制经济组织党建,发挥党组织实质作用与追求企业效益最大化不仅不相矛盾,而且具有互融互促的内在统一性,其根本目的都在于做强做优做大企业,促进企业可持续地又好又快发展。在非公有制企业产权核心与党组织政治核心并存的二元领导结构的条件下,要实现"两核同心,二元和谐",一是在党建工作的出发点和落脚点上,必须坚持党的建设与企业发展"理念相融",只有做到了"同心",才能真正做到互促共赢;二是在确定企业发展的目标上,要始终坚持党的建设与企业发展"目标相融";三是在实际运作上,要坚持党的建设与企业文化建设"过程相融",党建活动彰显企业文化内涵,企业文化建设体现党建特色;四是在实际效果上,要坚持企业发展与社会和谐"结果相融",通过构建和谐企业,推动企业健康发展。和谐企业建设的定位取决于非公有制经济组织的业主和员工是否支持和理解。根据前文的调研分析,取得业主和员工的支持,是开展党组织工作首要解决的问题。在认识层面,党建工作与企业发展具有同向性。根据调查显示,无论何种类型的非公有制经济组织都意识到在企业内部开展党建工作的必要性。但很多企业由于对党的方针政策不了解,对党建工作心存疑虑,担心建立了党组织,会大权旁落、增加开支、影响生产经营等,需要党组织在日后的工作中加强解释与沟通。在需求层面,党组织与企业所拥有的资源具有互补性。非公有制经济组织需要借助党的各项资

源来发展自身，党也需要依托非公有制经济组织的各种资源来夯实党的执政基础。在现实操作层面，党组织需要树立服务优先的理念。根据调查数据，对于党组织需要服务于企业生产经营，被试的企业基本认同。市场经济条件下企业面临的竞争压力很大，迫切需要增强企业党组织的服务功能，促进企业在竞争中求发展。

通过"和谐企业建设"，以党建与企业科学发展理念相融、目标相融、过程相融、结果相融为抓手，为协调企业内部关系找到了着力点，为非公有制企业党建工作科学定位确立了立足点。构建"和谐企业"，要求党组织自觉找准工作定位，紧密结合企业生产经营实际，在融入业务、服务中心中不断提高政策引导、参与决策和服务人才水平，在促进企业转型升级、科学发展中以有为争有位；构建"和谐企业"，要求党组织融入企业主和员工之中，融入企业文化之中，不断提高组织动员能力、引导监督能力、利益协调能力、文化引领能力、团结凝聚能力和服务发展能力，把广大党员和员工群众的智慧及力量凝聚到推动企业发展上来。

二、坚持政治核心地位与服务功能，创新组织建设机制

非公有制经济组织的发展壮大，离不开党组织的引领和支持。非公有制企业党组织要进一步巩固和突出政治核心地位，加强顶层设计，强化非公有制经济组织党组织制度建设，让基层党组织真正发挥非公有制经济组织的战斗堡垒作用。同时，面对党员数量少、流动性大、党员归属感不强的问题，非公有制企业党组织应进一步创新组织建设，形成科学合理的建设机制，完善相关组织制度，提升党组织的影响力、战斗力和吸引力。

首先，要进一步加强上级党组织对党建工作的关心和指导。根据调研结果显示，非公有制企业中党工团组织的健全程度、人员力量的配备、工作的深度广度与国有企业相比，有一定差距。因此，作为非公有制企业更加需要上级党组织的关心和指导。

其次，要进一步争取业主对党建工作的理解和支持。根据调研，目前非公有制企业党组织活动经费主要从企业内部解决，少数企业主对党建工作不太支

持。上级党组织应当积极、及时与企业主进行沟通，争取企业主的理解和支持。近年来，湖南省积极探索非公有制企业党组织发挥政治核心作用和政治引领作用的有效途径和办法，使党组织真正成为党在非公有制企业中的坚强战斗堡垒。新华联集团、三一集团、老百姓医药连锁有限公司、隆平高科等一批规模大的民营企业，党组织负责人都由董事会成员担任，全过程参与企业决策和落实。由此可见，企业主的支持，对党组织作用发挥具有重要影响。

最后，建立和完善相关组织建设制度。建立由党委组织部门牵头的党建工作联席会议制度，建立健全非公有制经济组织党建工作责任制，建立健全非公有制经济组织反腐倡廉工作机制，形成推动非公有制企业党建工作的整体合力。

三、整合资源形成整体合力，找准与企业发展的利益契合点

当下企业之间的竞争不再是简单的数量、规模、价格的竞争，而是企业核心竞争力的竞争。[1] 企业核心竞争力即建立在企业核心资源基础上的企业技术、产品、管理、文化等综合优势在市面上的反映，是企业在经营过程中形成的难以被竞争对手效仿并能带来超额利润的独特能力。企业只有具备超强的核心竞争力，才能在激烈竞争中获得持久的竞争优势，保持长盛不衰。一方面，企业家要善于从社会和政治层面把握企业发展的必然趋势，把社会因素、政治因素与经济因素有机地结合起来，把政策优势、机遇优势转化为经济实力和企业核心竞争力，才能推动企业转型升级和持续发展。另一方面，基层党组织建设要带动企业其他各类基层组织建设，将党的组织资源转化为发展资源，党的组织优势转化为发展优势。

首先，党建工作要服务企业生产经营，推动企业不断创造最佳效益。要按照"围绕经济抓党建，抓好党建促发展"的要求，以推动企业创新发展、和谐发展为核心内容，努力实现企业党建工作与生产经营目标同向、工作同步。如郴州市苏仙区将非公有制企业建设织建纳入全区党建工作总体布局，按照"地域相邻、行业相近、数量适度、便于管理"原则，以镇（街道）、园区为网络，按照非公有制企业职工在50人以上的100%有党员、100人以上的100%有党组

---

[1] 李锡炎：《非公企业党建与领导管理创新》，人民出版社2013年版，第6页。

织的要求，通过集中组建和联合组建的方式，推动党建活动、服务延伸到企业车间、工地一线，着力解决党建工作与企业活动"两张皮"问题，确保非公有制企业党组织建设实现"有形覆盖"到"有效覆盖"。该区建立完善非公有制企业党组织建设常态化经费保障机制，举办非公有制企业党建业务培训班，派驻党建指导员，安排全区60多个区直机关单位与非公有制企业开展互联共建工作，打造非公有制企业党组织攻坚点和示范点20余个。在非公有制企业党组织中广泛开展"亮身份、树形象、做表率"、"四比四看"（比思想、看党性，比工作、看担当，比学习、看素质，比作风、看行动）和"双强六好"（党建强、发展强，生产经营好、思想文化好、劳动关系好、党组织班子好、党员队伍好、社会反响好）主题活动，大力实施以提炼一个非公有制企业精神、办好一个党建微信群（公众号）、建成一个党群工作宣传栏、设立一批党员一线先锋岗、开展一系列党群共建活动"五个一"为重点的"红色家园"创建；在党员工作一线建立党员先锋岗，开展"党员责任区""党员干部服务圈"等评选活动，激励基层党员发挥先锋模范作用。

其次，党建工作要团结凝聚职工。党组织是企业整体利益的维护者，因此要统筹兼顾企业主和员工双方的利益需求，促进劳资双方更多地达成利益共识，把双方的力量凝聚起来。湖南省非公有制企业先后建立各类"党员先锋岗、党员责任区、党员示范岗"2万多个，引导广大党员在产品优化、工艺改进、技术革新、管理创新等重点任务中创先争优，帮助企业提升市场竞争力。迅达集团在2008年就推出了"四个一"活动：每名党员要掌握一门生产技术专业技能；为企业发展献一条计策；为企业职工办一件好事；带好一名积极分子。通过党建工作，广泛凝聚共识，使企业更加团结。

四、重视和提升党建工作地位，建立符合组织特点的绩效考评机制

绩效考评机制是引导非公有制经济组织发展方向的"指挥棒"，其创新与完善是协调好非公有制经济组织中各利益团体不同诉求的关键。非公有制经济组织的企业主和管理层应从思想上高度重视党建工作，充分认识到党建工作与企业发展之间的互相促进关系，以高度的责任感和紧迫感抓好非公有制经济组织的党建工作。一方面要积极争取上级党组织对本单位党建工作的指导和支持，加大对党组织的专项资金投入力度，为党组织的建设和发展提供有力的经费保障；另一方面要积极优化绩效考评机制，改变以往绩效考评"重经济、轻党建"一味追求企业盈利最大化的倾向，把党的建设成效纳入非公有制经济组织绩效考评重要内容，引导非公有制经济组织既抓经济又抓党建，提升党建工作在非公有制经济组织中的地位，以充分发挥党组织在非公有制经济组织发展建设中的领军作用。

长沙市在鼓励支持非公有制经济组织党建工作发展，完善非公有制经济组织绩效考评向党建工作倾斜方面探索出了一些行之有效的经验做法。"长沙市经开区将党建工作专项经费纳入财政预算，按标准安排非公企业党员活动经费，对新成立的非公企业党组织、开展示范点创建的非公企业党组织给予经费补助，对考核合格的非公企业党组织班子成员，区财政每年给予岗位补助，引导非公企业进一步重视党建工作。"[①] 同时，长沙市还通过出台政策、给予补助等措施，鼓励非公有制企业将党建工作纳入企业绩效考评体系。再如蓝思科技股份有限公司作为浏阳市的重点非公有制龙头企业，将党建工作纳入考评体系，把抓党建与企业生产经营相结合，两者相互促进，使党建成为企业发展的重要支撑，蓝思科技股份有限公司党委先后获得"湖南省非公有制经济组织先进基层党组织"等多项荣誉。

因此，首先要建立非公有制经济组织中党建工作成效考核评价体系。确立统一的指标是非公有制企业党建绩效考核评价体系的首要条件，要体现党组织的政治功能和引导监督、利益协调、团结凝聚和服务发展作用，其基本内容应包括领导班子、党员队伍、工作机制、发展业绩和群众满意度等方面，包括5个一级指标和27个二级指标（见表3-29）。

---

① 熊远帆、黄姿:《为"力量之都"注入"红色动力"——长沙经开区非公党建工作纪实》，载《湖南日报》2016年6月29日，第6版。

表 3-29 非公有制经济组织党建工作评价指标

一级指标	所占比重	二级指标	所占比重	评分	总分
党的工作网络评价指标	20%	党建责任区覆盖度	5%		
		党建服务网络覆盖度	5%		
		党的工作规范度	5%		
		党建特色呈现度	5%		
党的组织工作评价指标	20%	党的组织组建度	4%		
		党员发展推进度	4%		
		党政群工作联运度	3%		
		组织载体覆盖度	3%		
		党员活动载体覆盖度	3%		
		党员群众参与度	3%		
党建支撑体系指标	20%	规模以上非公企业的内部和谐度	5%		
		规模以上非公企业的外部和谐度	4%		
		党务干部的综合素质	4%		
		党务干部配备度	4%		
		党建经费	3%		
党建工作成效评价指标	20%	党建工作有效性（凝聚党员度）	5%		
		服务群众情况（凝聚群众度）	5%		
		业主支持情况（凝聚业主度）	5%		
		社会贡献和公益情况（凝聚社会度）	5%		
党建工作促进地方经济社会进步成效指标	20%	规模以上非公企业员工就业率及家庭财产增长率	4%		
		规模以上非公企业财政收入占地区国民生产总值比重	3%		
		规模以上非公企业上缴税金额及增长率	3%		
		规模以上非公企业员工贫困发生率	2%		
		社会保险覆盖率和社会福利指数	2%		
		规模以上非公企业科技、教育投入占财政支出的比重和增长率	2%		
		规模以上非公企业治安情况及犯罪率	2%		
		规模以上非公企业员工政治权利与社会权利的实现度	2%		

其次,要进一步创新非公有制经济组织党组织积分制管理机制。一是根据非公有制经济组织党建工作评价指标体系对党组织进行量化积分,以加强党建工作指导。可以根据非公有制经济组织党组织实质作用制定量化积分标准(见表3-30),上级党组织根据"五大功能"指标履行情况进行考评,最后再折算成分值并定档。对积分排在前列的党组织推荐参加全区红旗党组织评选,在评先评优、高校培训等方面优先,党组织书记提高津补贴标准;对积分靠后的党组织采取督促整改、取消书记津补贴等措施,真正发挥积分管理的激励、约束、导向作用。

表3-30 非公有制经济组织党组织实质作用考评要素

一级指标	所占比重	二级指标	三级指标	所占比重	评分	总分
政治功能	25%	自身建设	党组织班子配备齐全、分工明确	3%		
			发展党员规范、日常教育管理到位	2%		
			民主集中制、民主评议、"三会一课"等落实到位	3%		
		方针执行	对党和国家的方针、政策在本企业的贯彻执行的保证监督	2%		
			对党员领导人员、经营管理人员及其他人员遵守法纪的监督	2%		
			对工会、共青团等群团组织的领导	2%		
		思想宣传贯彻	在党员职工群众中宣传贯彻党的路线、方针、政策	2%		
			宣传贯彻中央和省市委重要决策	2%		
			宣传贯彻当地党委政府经济社会发展的重要部署	2%		
		民主推进	党内选举制度、党组织议事制度、党组织决策程序改进及党务公开执行情况	5%		
发展功能	20%	助推生产经营	劳动竞赛、党员示范岗建设、党员责任区建设等(制造企业重点考评)	5%		
		强化市场拓展	开展市场先锋、诚信先锋、服务先锋等(商贸业企业重点考评)	5%		
		开展技术攻关	献计献策、技能比武、党员攻坚、技术创新等	5%		
		推进节能减排	提合理化建议、改进生产流程、培养节能减排意识、规范厂区及生活区行为等	5%		

续表

一级指标	所占比重	二级指标	三级指标	所占比重	评分	总分
管理功能	20%	参与企业战略管理	具备参加企业决策的条件,在制定战略时协助做好SWOT分析,在战略执行时发挥好党员示范带动作用,在战略调整中发挥建言献策作用	5%		
		参与人力资源管理	是否协助制订人力资源规划、抓好人员招聘、开展员工培训、参与人员选拔、协助做好员工绩效评价、督促落实激励举措等	5%		
		参与生产经营管理	是否示范性地开展5S管理	5%		
		参与环境安全管理	督促落实消防保护措施、减少环境污染、辨识危险源、落实职业安全规定等	5%		
文化功能	20%	引领制度层文化建设	参与文化规划制订、提炼企业精神、推进文化可视化等	5%		
		引领物质层文化建设	开展政策法规宣讲活动和执法督查行动,引导和纠正不顾产品质量、恶性竞争等行为,督促企业诚信经营,保障职工权益,满足职工物质需要	5%		
		引领行为层文化建设	督促加大文化设施建设力度、组织开展文体活动、关注职工情感生活等	5%		
		引领道德层文化建设	开展社会公德、职业道德教育、开展榜样示范活动、典型宣传等	5%		
社会功能	15%	保障职工基本权益	督促企业依法用工、建立民主恳谈制度、指导开好职工代表大会、党组织联系职工制度等	5%		
		抓好内部矛盾化解	广泛听取职工意见建议,并及时改进工作	5%		
		促进外部关系友好	处理好与政府有关部门的关系,通过开展慈善捐款、村企共建、支持文教卫事业等公益事业履行社会责任	5%		

二是在全面推行党组织积分制管理的基础上，结合非公有制经济组织党员的实际情况，建立党员分类积分量化管理方式，针对不同类型党员的特点，分类别设置积分指标，按积分评定党员档次，对优秀党员给予表彰奖励，对不合格党员除进行批评教育外，还要求其制定整改措施，限期改正，形成类型明确、量化科学、奖惩分明的新型党员管理机制。如长沙市芙蓉区非公有制企业党工委巧妙地引入积分制管理模式。党员的每一个行为都有一定的分值，优秀要靠一分一分地积累。这种"微积分"模式，打破了过去凭主观印象考评党员的习惯模式，让党员在一点一滴的行为中得以规范。每一个阶段，各企业党组织均统一实施"积分制"考核，同时实行"一季一积一通报"，按积分高低进行排名通报。对考核中发现的问题，及时向企业党组织下发整改通知，并开展"一对一"专项整改。同时，考核积分与年终企业党建工作评先评优相结合，并作为企业党组织书记年终奖励依据。党组织当年积分排在前5名的，推荐评为红旗党组织，并有一定的奖金。积分排名靠后的党组织定为较差以下等级，要求整改提高，排名靠后的党组织书记年度考核定为基本称职以下等次，不发放年度津贴、补贴。通过开展积分制管理，非公有制企业主普遍感受到党建工作凝聚了职工合力、促进了企业发展，因而也非常支持党建工作。

五、对标非公有制经济组织党建人才需求，建立专业化、专职化的党建人才队伍

党建人才队伍质量决定了非公有制经济组织党建工作的水平，目前非公有制经济组织党建人才匮乏，党务工作者的兼职身份和非专业化严重影响了非公有制经济组织党建工作的开展。要改变非公有制经济组织党建"软任务"现状，把非公有制经济组织党建工作落实为"硬指标"，以党建总任务为基准，根据非公有制经济组织党建实际需求，建立起具有非公有制经济组织特色的党建人才队伍。

首先，要进一步加强非公有制企业党的政治建设。中共十九大报告指出，"旗帜鲜明讲政治是我们党作为马克思主义政党的根本要求"，"要尊崇党章，严格执行新形势下党内政治生活若干准则，增强党内政治生活的政治性、时代性、原则性、战斗性"。① 在新时代，非公有制企业等非公有制经济组织应通过习近平新时代中国特色社会主义思想引导和理论教育方式创新党组织设置，进一步加强党的政治建设。在调研中，大部分被试认为非公有制企业党建工作要取得实效，就要充分发挥党组织的实质作用。

其次，选优配强党组织书记和党务工作者。非公有制经济组织要提升党员在职工中的示范引领作用，激发党员的自豪感和工作热情，增强党员参加党建工作的积极性，以扩充党建人才资源库。要进一步扩大非公有制企业党务工作者的专职化比例，以高度重视党建的态度，在非公有制经济组织中设立专职岗位，安排专人负责党建工作，选优配强党务工作队伍。根据调查结果显示，目前规范党组工作者选拔机制包括内部民主选举、企业主推荐、上级党委组织委派、对外选聘（见表3-31）。

表3-31 非公有制企业党务工作者的选拔依据（单位：人）

选项	是否为中共党员 是	是否为中共党员 否	合计
上级党组织委派	156	24	180
企业主推荐	80	20	100
对外选聘	200	50	250
内部民主选举	72	84	156
其他	12	2	14
合计	520	180	700

优化党务工作者队伍结构主要有两条途径：一是加大对非公有制经济组织党务工作者的培训力度，提高专业素质；二是建立必要的激励保障措施，充分调动积极性。

最后，不断充实党员队伍。中共十九大报告指出，"注重从产业工人、青年农民、高知识群体中和在非公有制经济组织、社会组织中发展党员"②。因此，

---

① 《党的十九大报告辅导读本》，人民出版社2017年版，第61页。
② 《党的十九大报告辅导读本》，人民出版社2017年版，第64-65页。

要针对非公有制经济组织特点，创新和完善发展党员条件和政策，鼓励非公有制经济组织中德才兼备的优秀员工积极向党组织靠拢，在严把发展党员质量关的前提下，逐步扩大党员数量，提高党员在职工中所占比例，重视党员管理，强化党员管理制度，形成一支高素质、稳定性强，具有代表性的先进党员职工队伍，发挥党员在非公有制经济建设事业中的先锋模范作用，提升党员的组织归属感，为党建工作储备专业化人才，从而建立专业化、专职化的非公有制企业党建人才队伍。

六、创新发展党的活动载体，为党的活动提供物质保障

从湖南来看，目前非公有制企业党组织活动方式创新主要措施如表3-32所示，如何提高自身素质，根据时代特点，结合企业的实际创新党组织的活动载体、方式方法仍面临不少挑战。

表3-32 湖南省改进非公有制企业党组织活动方式的主要措施（总数：1000家）

项目	大型企业	中型企业	小微企业
上级党组织加强分类指导	50.0%	45.4%	63.3%
结合企业生产经营，进一步创新活动载体	50.0%	50.0%	80.0%
在活动时间、场所、经费保障等方面给予更多支持	22.2%	54.5%	36.6%
与街道社区、高校等建设公共服务和活动平台，联合开展活动	22.2%	45.4%	36.6%
运用信息网络资源，建立党员网上活动载体	55.5%	50.0%	30.0%

首先，要结合企业生产经营，进一步创新活动载体。除了传统的活动载体外，新时代非公有制经济组织开展党建工作要高度重视网上活动载体建设，建立跨企业、跨区域的公共平台载体。如长沙非公有制经济组织采用的微党建模式，创新党组织载体，创新党组织常态。2015年长沙天心区积极探索非公有制经济组织党建新模式，建立了湖南省首个非公有制经济组织党建工作"微阵地"："1+X"信息化建设阵地。即以天心区非公有制经济组织党建网为中心，整合微信、微博平台，采取信息集中采集、同步发布、同步反馈的一体化模式，

完成了该区523家"两新"党组织党员管理、服务、教育"三上网"。先后开通了"非公党建"微话筒、微博、微信平台、QQ群等阵地，实现了"点对点"沟通。非公有制经济组织党工委试行非公有制企业党建工作联组，将所有企业分组整合起来，建成"N"个微型党组织。长沙市工商联党组首先在长沙高新区试行，联组设置综合考虑地域、行业、企业规模、党员人数、党建水平等因素，按照"业余、分散、小型、灵活"的原则，将园区非公有制企业党组织按每组不超过20个基层组织的方式编入联组，以联组为主体开展党内活动。这样一批机构健全、制度规范、阵地完备的"开放型"微型党组织得以建立，很快就有效发挥了典型示范作用。园区企业党组织相继建立联组党务工作QQ群，在实现工作任务上传下达的同时，推动了联组内企业的横向交流。

其次，进一步加强对党组织活动经费、时间、场所的保障。经费不足是当前非公有制经济组织党组织发挥实质作用面临的突出问题。因此，在活动经费上，要充分发挥政府的服务功能，条件允许的情况下应对非公有制企业党建工作给予必要的经费支持，将非公有制经济组织党组织工作经费纳入企业管理费用，努力建立并落实税前列支制度，并通过建立党费拨返制度，将企业党员交纳的党费全额返还企业党组织。在开展党组织活动的时间和场所方面，建议在非公有制企业集聚的区域，科学规划、合理布局，统一建设一批区域性、开放性、综合性的党群活动服务中心。

第五节　嵌入式构建：非公有制经济组织党建运行机制体系

非公有制经济组织的党建工作是中国共产党基层党建新的工作领域和重要组成部分，非公有制经济党建工作水平直接关系到非公有制经济组织的发展水平。面对新的形势和新的挑战，要进一步创新非公有制经济党建的运行机制，积极探索非公有制经济党建工作的新思路和新方法，总结新经验，不断提升非公有制经济组织党建工作的科学化水平，从而更好地发挥非公有制经济党组织在非公有制经济组织从业人员中的政治核心作用，引领非公有制经济组织的持续健康稳定发展。从顶层设计、主动作为、基层创新三个层面来看，结构性嵌入、关系性嵌入和资源性嵌入三者相辅相成，对于创新新时代非公有制经济组织党建管理模式、发挥企业党组织政治核心作用共同发挥着重要作用。

一、优化结构性嵌入：构建多元嵌入的网络治理模式

结构性嵌入主要是指组织、制度的系统嵌入，其本质在于通过地方党委的顶层设计、系统规划，为非公有制经济组织党建构建一个宏观的制度体系、完整的结构框架，进一步推动非公有制经济组织党建工作的规模化、系统化发展。

（一）加强党组织嵌入，扩大非公有制经济组织党建组织网络的覆盖面

首先，从经济社会发展的实际出发，建立统一领导、相互配合、各负其责、齐心协力的领导与协调机制，形成"地方党委领导、职能部门具体指导、企业党组织抓落实"的三级责任体系和部门社团联动的工作格局。

其次，建立党建工作与经营管理的"四共""四同"运行模式。"四共"即党政领导体制"共融"、党政组织机构"共体"、党政工作责任"共担"、企业重大决策"共谋"，把党建纳入企业发展总体布局，与企业中心工作同思考、同安排、同布置、同检查、同考核；"四同"即党建工作与生产经营同立目标、同步运转、同期考核、同样奖惩，实现党建工作与经营管理的有机融合、"无缝"对接。通过党组织负责人参加或列席企业管理层重要会议、党组织与企业管理层沟通协商和恳谈、党组织与企业管理层联席会议等制度性互动交流平台，凝心聚力。

再次，按照"有利于党组织设置、有利于开展活动、有利于发挥作用"的原则，采取属地式、行业式、产权式、垂直式、挂靠式管理模式。对于规模较大的非公有制企业实行以"条"为主的垂直式模式。对于规模较小的非公有制企业采取以"块"为主的管理方式，即由开发区党委、街道党工委和社区党组织进行属地管理，其中对于有3名以上正式党员的企业，要及时组建独立党组

织,并规范地开展组织活动;对于只有 2 名正式党员的企业,按照先建组织后发展党员的思路,及时把党建工作指导员充实到企业中担任支部书记,组建过渡性的党支部,一旦有新党员发展或招收新来的党员,就向规范化的独立党支部转化;对于仅有 1 名党员的非公有制企业,通过党建工作指导员的联系协调,及时把党员挂靠在邻近的党组织;对没有党员的企业,由党建指导员深入企业物色积极分子,并将入党积极分子纳入邻近企业党组织发展,实现企业党建工作由空白向起步式转化。地方党委要加强对规模企业党委的直管,明确规模企业党委挂靠地方直接管理的条件要求和审批程序。①

最后,党组织要进一步嵌入覆盖举措,灵活组建方式,建立党建网络信息平台,充分发挥网络、微信等新媒体的作用。比如湖南省内许多地区通过联合建、依托建、区域建、抓重点、抓大户、抓示范等方式,积极探索进一步扩大非公有制企业党建覆盖面的方法和途径。硬件设施齐全、党员文化素质较高的地方设置"网上党支部";对于一些无法建立党组织或开展党建工作不便的外资企业,可以采取"党建工作指导站""党建工作联络站"的方式开展党建活动。根据前期调查显示,目前非公有制企业对上级党组织来企业进行指导是持欢迎态度的。上级党务部门要综合运用行政、组织和经济手段,探索建立为下级党组织"造血"和"供血"的途径和机制,指导工作,整合资源,提供信息和物质支持,为基层党组织创造良好的工作基础、环境和条件。

(二)加强决策嵌入,促进非公有制经济组织决策科学化

非公有制经济组织党组织要善于把握契机,通过发挥自身的优势和作用,在企业发展战略制定、克服危机、应对重大事件等关键时刻积极与管理层沟通,发挥影响力,体现自己的"话语权"。

首先,要完善企业重大决策党组织参与机制。企业发展关键时期,党组织要立足企业发展大局,坚持把握正确的政治方向;企业日常发展中,党组织要通过发挥党员的模范作用,凸显党的先进性;在推进和谐企业建设中,党组织

---

① 王世谊:《非公有制经济组织党建运行机制研究——以江苏省为例》,中国社会科学出版社 2014 年版,第 248 页。

要积极主动构建与业主的新型互动关系。针对近年来经济政策的不断调整给企业发展带来的新情况、新挑战，一些非公有制企业党组织发动中层以上党员干部带头开展以降本增效为目标的基础管理改革方案征集，并在相关工作会议上向管理层提出后被采纳。因此，条件成熟的非公有制企业党组织，要积极争取有关职权，把自己打造成协助企业管理和发展的顶梁柱。有的非公有制企业党组织书记被任命为公司监事会的监事长，分管公司的组织人事、宣教、行政等工作。党组织部门受企业行政委托，负责对人员的审查、公示、批论，并代表党组织对干部的选拔、任命拥有一票否决权。

其次，完善党内活动向业主管理层通报机制。要本着"事前有沟通、事中勤汇报、事后必反馈"的原则，通过党支部与公司董事会联席会、党员代表列席企业经营会、投资人定期召开党员员工座谈会等，党组织要深入宣传党和政府有关方针政策、党群工作理念以及党群组织开展群众性活动的情况，积极反映企业员工的思想动态和利益诉求。要进一步完善党组织、工会、企业业主的"三方协调机制"，包括镇（街道）综合党委、工会联合会约见非公有制企业行政高管、企业劳动争议调解委员会；企业党群组织与企业行政管理层之间进行定期不定期"恳谈会"协商以及利用企业的局域网和公告栏等进行协商沟通；协调内容包括劳动法规的相关内容、企业经营决策情况、涉及员工切身利益的重大规章制度的制定和修改、对困难员工的帮扶措施等。搞好"三方协调机制"，关键在于党组织能够引导企业将重大事项拿到职代会上听取意见，做到重大活动都有工会参与，重大决策文件都有工会组织会签，充分发挥工会组织的作用。此外，有条件的党组织还可以建立党员参加系统党代会年会机制，在每年召开一次的系统党代会上，争取代表比例，提出自己的政治利益诉求，和其他党代会代表一起对党的建设建言献策。

（三）加强群团嵌入，扩大非公有制经济组织党建组织网络的联系面

开展非公有制经济组织党建工作，要从根本上打破人单势薄、形式单调的企业党建旧模式，树立群团联动的大党建观念，大力推行党建带工建、团建、妇建工作，完善"党群工作一体化"机制。可在非公企业中创新实施"党群一

体化"工程，推行"1+N"模式，即党组织+工会、妇女、共青团模式，充分发挥已建党组织的辐射和带动作用。

首先，党组织和工青妇组织要牢固树立党群工作一盘棋的整体观念，统一规划、统一部署非公有制企业党组织党群工作，联合开展针对非公有制企业党组织的综合性主题活动、实践活动和服务活动。

其次，党建带团建"四带四同步"机制。一是带工作部署，同步谋划党团重点工作；二是带组织建设，同步扩大党团组织覆盖面；三是带队伍建设，同步培养党团基层组织干部人才；四是带作用发挥，同步创建党团工作特色品牌。

再次，党建带工建互动机制。一是建立紧密的组织体系，推进双向兼职、双向推优、双向连线；二是建立实质的工作体系，推进工作互动、培训互动、活动互动；三是建立同步的考核体系，推进制度同建、绩效同考；四是建立共享的资源体系，推进人力资源、场地资源、设施资源、信息资源、典型经验共享。

最后，党群部门"三联动"机制。一是构建组织机制，落实组织架构，整合人力资源，整合服务资源；二是构建工作机制，统筹工作要求，平台分类操作，联合开展工作，完善推优工作；三是构建考核评价机制，建立联合考评指标体系，建立联合考评机制，统筹奖励表彰活动。

（四）加强廉政嵌入，形成非公有制经济组织廉政风险防控网络

加强廉政嵌入，既是加强党的建设、完善惩防体系的紧迫要求，也是推动非公有制经济组织健康发展的重要举措。诚信、廉洁、依法经营是企业发展的力量源泉，企业要做大做强，就必须加强反腐倡廉建设，完善企业内控机制，减少企业在经营管理方面的漏洞，降低经营费用和成本支出，遏制非法侵占、贪污、商业贿赂等腐败问题，促进企业持续健康快速发展。要通过构建"亲清"政商关系，营造廉政嵌入的外部环境。各非公有制经济组织党的纪检工作要落到实处，一是建立完善省级非公有制企业纪检工作领导体制和工作机制，强化工作保障；二是非公有制企业纪检组织要充分尊重非公有制企业的主体地位，以支持、保护和促进企业健康发展作为纪检组织建设的出发点和落脚点，在参

与中支持、在监督中保障,融纪检工作于企业中心任务之中;三是注重教育引导,各有关部门要把出资人作为重要工作对象,协同抓好对企业主的教育引导工作,为纪检工作组进驻企业、参与企业工作奠定好的基础。

二、优化关系性嵌入:在制度化信任的基础上发挥政治引领

关系性嵌入的实质在于充分发挥参与者或所在组织的主观能动性,通过各种渠道和手段整合培育社会资本,包括物质资源、人力资源、权力资源、信任资源等,更多地体现在主动作为层面。

(一) 加强政治嵌入,强化企业主对党组织的认同

中共十九大报告指出,"必须坚持质量第一、效益优先,以供给侧结构性改革为主线,推动经济发展质量变革、效率变革、动力变革,提高全要素生产率,着力加快建设实体经济、科技创新、现代金融、人力资源协同发展的产业体系,着力构建市场机制有效、微观主体有活力、宏观调控有度的经济体制,不断增强我国经济创新力和竞争力"[1]。中共二十大报告强调:"毫不动摇巩固和发展公有制经济,毫不动摇鼓励、支持、引导非公有制经济发展,充分发挥市场在资源配置中的决定性作用,更好发挥政府作用。"[2] 中共十九大、二十大为非公有制企业发展指明了前进方向和发展道路。中共十九大、二十大精神是非公有制企业党组织引领企业发展方向的指路明灯,也是建立健全非公有制企业党组织政治嵌入的行动指南。

首先,非公有制经济组织党组织必须在明确自身所代表的利益主体的基础上科学确定自己在企业中的位置,通过服务引导、维权自律、协调沟通等工作手段,努力履行政治表达、利益整合、凝聚激励的非公有制企业党组织"政治核心"的基本功能。

其次,政治荣誉挂钩。将非公有制经济组织党建活动的开展状况与企业主

---

[1] 《党的十九大报告辅导读本》,人民出版社 2017 年版,第 65–66 页。
[2] 习近平:《高举中国特色社会主义伟大旗帜 为全面建设社会主义现代化国家而团结奋斗——在中国共产党第二十次全国代表大会上的报告》,人民出版社 2022 年版,第 29 页。

的政治荣誉、对社会贡献大小的评价相挂钩，激发企业主的政治荣誉感和社会责任感。可以将企业主参与和支持党建工作情况作为其评优以及参选人大代表、政协委员等社会职务的必要条件，以激励企业组建党组织、开展党建活动的主动性和积极性。

（二）加强制度嵌入，形成党组织推动企业发展的作用发挥机制

首先，完善中国特色的公司治理结构为核心的现代企业制度，界定企业党组织、行政组织、群众组织的职能和活动程序，做到法人治理有法可依。坚定不移地把坚持党的领导和人民当家作主贯彻到非公有制经济组织，体现到非公有制经济组织领导体制设计中，使党组织和群众组织成为法人治理结构的有机组成部分。

其次，构建非公有制经济组织党建的领导协调机制。把党建工作的优良传统和政治优势融入非公有制企业的领导协调机制中，是组织员工参与企业管理，群策群力地推动非公有制企业管理方式创新，促进企业转型升级的必然要求。一是坚持以新发展理念为指导，围绕发展抓党建，抓好党建促发展，构建党组织嵌入非公有制企业结构协调机制。要充分挖掘和整合执政资源，健全组织领导机制，构建属地式、行业式、产权式、垂直式管理模式，加强党建工作针对性、实效性，实行分类指导。二是党组织嵌入非公有制企业制度协调机制。根据调研发现，一些小型非公有制企业习惯于家族式管理方式，将企业所有权、决策权、管理权统统集中于家族成员手中，权力缺乏制约、决策缺乏论证、管理缺乏制度、用人缺乏原则、奖惩缺乏标准，与现代企业管理理念格格不入。因此，要在企业的领导管理中融入"以人为本"的党建理念，统筹先发和后进地区，发挥典型引领作用；统筹各类企业党建，灵活多样设置基层党组织；统筹区域党建，构建区域化党建工作运行机制；统筹党建载体，创新企业联建的党组织组建模式。三是党组织嵌入非公有制企业人才管理机制，坚持贯彻"人尽其才、才尽其用"的人才思想，夯实企业党组织发挥政治核心作用的基础，加强对企业领导人员的监督；服务非公有制经济组织党建的人才需求，构建党建人才队伍培养机制；改革党员组织管理制度，构建流动党员动态管理机制，

创新组织设置和关系结转，加强《流动党员活动证》的发放和检查工作，确保流动党员离家不离党。

最后，强化制度化认同。党和政府作为企业党建制度创新的供给主体，对宏观制度层面上的创新具有决定性作用。要继续加强全面从严治党，加强党性党风建设，加强反腐倡廉建设，建设学习型、服务型、创新型、引领型党组织。不断强化共同信念、认知模式、价值观、身份感等。执政党运行在企业中，其行为的有效性并不完全是由刚性化的制度影响力所决定的，还需要有相应的价值理念和文化支撑。要建立中国特色的企业文化，以马克思主义为指导，弘扬社会主义核心价值观，引导群众、塑造企业精神；紧紧抓住思想教育这个根本，提高企业领导干部思想境界，进一步培育党建参与主体的党建意识。推动企业、党组织、公司法人、党员、普通员工等组织与个人之间的信任与互动，进而产生制度化信任，形成良好的党建工作氛围。这对增强党组织的感召力、凝聚力和战斗力具有重要作用。

（三）加强文化嵌入，构建和谐企业，推动企业长远发展

企业文化是企业凝聚力和活力的源泉。企业发展到一定阶段，企业文化和企业精神往往成为决定企业发展的关键性因素。企业文化滞后，是制约非公有制企业健康发展的瓶颈之一，中国的非公有制企业迫切需要企业文化建设。根据调研，安利湖南分公司党支部成立以后，积极把党建工作与企业文化建设互通共融，建设学习型党组织，推动党建工作与企业文化相结合，引领企业建设符合社会主义核心价值体系的先进文化，如利用公司便捷的网络系统定期向所有同事编辑发送《党建简报》《两会快讯》等电子刊物，使党组织和党员成为推动企业文化建设的新阵地和先进代表。因此，一要扎实推进企业文化建设，以社会主义先进文化指导非公有制企业的文化建设，把优秀的中华传统文化和西方优秀文化融入企业文化建设，通过企业文化建设塑造积极向上的企业精神，引导企业思想政治工作，培育以党组织为核心的企业凝聚力，积极引导员工对企业核心价值理念和目标愿景的认同，形成企业员工品质与企业可持续发展能力同步提升的良好态势。二要使企业文化与党的建设相融互动，如企业的"理

念文化"要与党的思想建设相融互动,企业的"学习文化"要与党的学习型组织建设相融互动,企业的"执行文化"要与党的作风建设相融互动,企业的"管理文化"要与党的制度建设相融互动,充分发挥党的政治优势和社会主义核心价值体系的指导作用,铸造企业的共同目标、共同价值观,从而使企业文化产生巨大的向心力和凝聚力。三要坚定"四个自信",把非公有制企业党建融入企业文化建设的全过程,以党的精神的科学内涵和本质要求为指导,着力发挥党的组织优势和联系群众的优势,大力培养团结和谐、积极向上的企业精神,塑造良好的企业形象。

三、优化资源性嵌入:在互补性资源基础上强化多边合作

开发党建资源是推进基层组织工作创新的重要举措,也是基层党建工作水平的内在要求,如行政资源、组织资源、人力资源、物质资源、文化资源、创新资源等。

(一)加强服务嵌入,发挥党组织的政治资源优势

市场经济条件下,企业面临的竞争压力不断变大,迫切需要增强企业党组织的服务功能,以需求为导向,提升服务主体的素质和能力,形成"服务网络"。

首先,非公有制经济组织党组织应提高党内的服务能力。如组织关系转接、政策咨询、党员权益维护、教育培训、生活服务等方面,要在党的自身建设中寓教育管理于服务之中,把增强党的内聚力作为提高党的社会凝聚力的前提和保证,切实改变基层党组织和党员队伍建设中重管理轻服务的倾向。

其次,要正视基层党组织、党员、业主和员工群众的不同需求,坚持以服务对象的全覆盖和服务内容的全方位为目标追求,依托不同的组织体系和服务载体去开展分类服务。

(二)加强人才嵌入,发挥党组织的人才资源优势

首先,探索建立一支以职业化队伍为重点、以支部书记队伍为关键、以志愿者队伍为补充的非公有制经济组织党务人才力量。针对非公有制企业中共产

党员员工与企业隶属关系的特点，确立"以做好经济能人为前提、充分发挥政治红人作用"的党员先进理念，党员员工应掌握先进的技术和技能，成为非公有制企业中的"经济能人"，同时要带头贯彻执行党的方针路线，更好地发挥党员的先锋模范作用。根据调研，长沙市开福区伍家岭街道紫荆园社区与安利湖南分公司党支部结对共建，"把党员培养成骨干、把骨干培养成党员、把骨干党员培养成高级经理人"的做法值得引起重视和推广。要以生产经营骨干、技术骨干和一线职工为重点，认真做好企业发展党员工作；要建立与非公有制经济组织现实特点相符的入党积极分子培训形式，改集中学习为分散自学，辅以集中培养，适当简化入党程序；通过内部推优、组织选派、外部招聘、公开选拔、公推直选等形式，按照"坚持标准、保证质量"的方针，把思想政治素质好、懂经营管理、有党务工作经验、善于做群众工作的党员干部选配到企业党组织书记岗位上来；注重把企业中学历高、年纪轻、干劲足、能力强的党员吸收到党组织领导班子中来，优化企业党务工作者队伍结构；广泛开展党员责任区、党员示范岗、党员承诺制、党团员突击队等活动，发挥党员先锋模范作用。

其次，要积极创新非公有制经济组织党员作用发挥机制。一是建立健全先进党员发展机制。将技术业务优等、思想品德优良、言行作风优秀的"三优"党员明确为育优对象，党组织要确定联系帮助育优对象的党员、确定教育帮助培养的重点内容、确定育优对象考察发展期限，以此主动联系、主动关心、主动帮助育优对象，将之发展为先进党员，从而促使党员发展工作"化被动为主动"。二是建立党员作用发挥的激励机制。党组织要以"思想上扶志、工作上扶技、生活上扶难"为宗旨，建立健全非公有制经济组织关怀、服务、凝聚党员职工的工作制度。三是建立"菜单式"的党员经常性教育工作机制。[①] 通过定期推出党组织活动项目如流动党课教育、先进引导、互动教育、远程教育培训、主题党日活动等，积极发挥党支部"一管思想、二带队伍、三保工作顺利完成"的战斗堡垒作用。

最后，要建立流动党员网络管理平台。一是要理顺关系、摸清底数，探索建立党员一体化网络管理平台，建立党员信息库，在组织关系接转、活动证发

---

① 张大伟、李鸿渊：《非公有制企业党建有效性研究》，江西人民出版社2014年版，第117页。

放、党费交纳、提示告知服务等方面实行党务工作信息化管理，明确流动党员的范畴，掌握流动情况；二是要建立信息共享和及时联系机制，树立"全区一盘棋""产业链一盘棋"的大党建观念，推动区域性党建的资源共享和业务协同；三是要建立城乡一体的流动党员信息管理系统，可通过开发党建信息登录APP，夯实流动党员管理服务的信息基础。建议由中央组织部门将各地建立的流动党员基本信息库进行集成，形成覆盖全国的流动党员信息化系统，全国各地组织部门之间通过系统网络进行及时沟通联系，做到党员走到哪里，信息变化更新到哪里，确保党组织清楚流动党员情况。

（三）加强活动嵌入，发挥党组织的载体搭建优势

首先，建立党建工作目标责任机制。以实体型、工业型民营企业为重点，按照"一个企业、一种对策、一项主攻目标"，制定适合该企业特点的党建工作目标责任机制，目的是逐步健全与本企业生产经营和业务相适应的党组织工作运行机制。通过"党建示范点""党员先锋岗""党员箴言名片"等载体建设，带动和推进非公有制企业党组织不断加强先进性、纯洁性建设，做到思想纯洁、组织纯洁、作风廉洁，发挥党员队伍的先锋模范作用，引导党员树立为企业发展服务的理念，在引领群众、凝聚群众方面下功夫。

其次，建立基层党组织活动机制。按照精心设计活动主题、精心策划活动形式、精心组织活动内容、精心选择活动载体，把开展党的活动与搞好企业生产经营、企业文化建设、企业精神文明建设、提高员工素质、开展社会公益活动、促进社会和谐结合起来。通过各种活动，防止基层党组织活动由于活动方式的业余、分散、小型、多样而导致娱乐化或者庸俗化倾向，确保党组织的严密性、党内生活的严肃性和党的纪律的严格性。

（四）加强利益嵌入，发挥党组织的协调联络优势

非公有制经济组织党组织参与公司治理程度与代理成本、薪酬成本呈负相关，这表明，党组织作为一股政治力量，可以在监督和制衡经理人行为上产生影响，降低内部人控制问题的产生，进而降低代理成本；同时，"党管干部"

"党管人才"的原则，使得非公有制经济组织高管的政治晋升激励大于薪酬激励。

首先，建立维权制度，依法保障流动党员合法权益。目前，绝大多数流动人口没有被纳入流入地的福利与公共产品分配体系中，流动党员也是如此。要重视保障流动党员作为一名中共党员的合法权利。党组织要按照《中国共产党章程》和《中国共产党党员权利保障条例》的规定，强化党的基层组织的服务功能，采取积极有效的措施确保流动党员选举权利的实现。

其次，健全党建工作条件支持体系。一是强化党建工作的经费保障，按照"财政拨一点、党费返一点、企业支一点、考核奖一点"的工作思路，通过设立非公有制经济党建工作基金，采取财政拨付、党费提取、企业统筹等形式，多渠道筹集经费，切实加强经费保障工作，促进党员活动场所和党员服务中心规范建设。二是强化党建活动场所保障，推进党建与工建资源共享、经费同用、活动联办，社区党建与非公有制经济组织党建"共驻共建"，将党员活动室、电教中心、职工之家等融为一体，使资源得到最大化利用。

最后，建立妥善处置劳资矛盾的预警协调机制。党组织在处置劳资矛盾纠纷中要坚持"帮企业、保岗位、促稳定"的指导思想。一是加强预警。要第一时间预报，及时掌握案件实情，使矛盾纠纷处在可控状态；党群干部与基层企业要保持密切联系，定期对基层企业的劳资纠纷情况进行摸排，填写企业情况调查表。二是加强协调。把矛盾控制在厂区内，努力做到劳资矛盾不出厂区、劳资纠纷不发生肢体冲突、不得损害公司财物。

此外，在非公有制经济组织党组织作用发挥机制中引入嵌入性治理模式的过程中，要着重分析可能面临的困难与挑战。一是要防止关系性嵌入过度，避免制度脱节（如制度供给过剩）和功能障碍（如组织地位"虚化"与党员角色"边缘化"）；二是要防止结构性嵌入过度，避免角色错位（如组织吸纳过度）和机制冲突（如非公有制经济组织党组织内卷化）；三是要防止资源性嵌入过度，避免利益失衡（如集体行动的困境）和动力不足（代表性缺失）等问题。

第四章
新时代新媒体代表人士政治引领研究

新媒体，就是基于互联网数字化技术，相对于报纸、杂志、广播、电视四大传统媒体而言的媒体形态和信息传播载体，囊括了两微一端的自媒体、地方媒体、企业新媒体、政务新媒体和新媒体联盟，具有互动性、及时性、公共性等特点。新媒体中的代表性人士主要有两类：一类是新媒体从业人员，分为出资人、管理人员、技术人员、采编人员、经营人员五种；另一类是网络"意见领袖"。新媒体代表人士的社会影响力源自新媒体的传播特性，总体来看，"这两个群体以党外代表人士为主，具有年纪轻、学历高、流动性大、思维活跃、动员力强、影响范围广等特点"[1]。网络的迅速发展对于社会稳定、经济发展以及文化建设等方面的影响日益深化，新媒体行业的发展壮大给传统的统战工作带来了新的挑战和机遇。2015年5月，习近平总书记在中央统战工作会议上提出，要注重分类施策，重点做好包括"新媒体中的代表性人士"在内的新"三类人"的统战工作，让他们在净化网络空间、弘扬主旋律等方面展现正能量，这就需要从根本上增进他们对主流意识形态、对主导政治文化特别是对中国特色社会主义事业的认同。政治社会化是社会成员通过一定的途径对政治意识和立场产生认同的过程，实现认同就是政治社会化的直接目标，采用政治社会化理论、以政治社会化路径加强新媒体代表人士的政治引导，对于促进新时期统战工作的开展，无论是在理论上还是实践上，都具有重要的意义与价值。

---

[1] 中央社会主义学院理论学习中心组：《画出最大的同心圆——习近平中央统战工作会议重要讲话精神学习讲座》，中共中央党校出版社2015年版，第95页。

第一节　新时代新媒体代表人士与政治引领的关系

习近平总书记在 2015 年中央统战工作会议上首次提出"随着互联网快速发展，包括新媒体从业人员和网络'意见领袖'在内的网络人士大量涌现。""要把这些人中的代表性人士纳入统战工作视野，建立经常性联系渠道，加强线上互动、线下沟通，引导其政治观点，增进其政治认同。""要在这个领域培养一支党外代表人士队伍，让他们在净化网络空间、弘扬主旋律、维护意识形态安全等方面展现正能量。"① 新媒体代表人士本身就是一个政治概念，是"政治人"的重要特质，政治社会化作为"政治人"的实现过程，必然包括对新媒体代表人士的塑造和政治培养。政治认同就是人们在社会政治生活中产生的一种感情和意识上的归属感，简言之就是对体制、政党、政策、身份、文化、发展的认同。当前我国正处于治理改革的关键时期，如何做好新媒体代表人士的统战工作，使之尽可能地汇聚到中国共产党的旗帜之下，使中国共产党的纲领、主张得到该群体的认同，发挥政治引领，是新形势下迫切需要解决的问题。

一、新媒体代表人士的界定及特征

新媒体代表人士是伴随着新媒体的发展而产生并成长起来的新社会群体。《中国共产党统一战线工作条例》已明确将新媒体从业人员，即在新媒体企业从事生产经营活动，并以其为主要收入来源的人员，如新媒体企业出资人、经营管理人员、采编人员、技术人员等，作为新的社会阶层人士的一部分纳入统战工作对象。而新媒体中的代表性人士大致分两类：一类是新媒体从业人员，即新媒体平台的经营者；另一类是网络意见人士，即新媒体上内容的制造者。

---

① 习近平：《巩固发展最广泛的爱国统一战线　为实现中国梦提供广泛力量支持》，载《人民日报》2015 年 5 月 21 日，第 1 版。

(一) 新媒体代表人士的特征

他们具有如下特征：一是数量众多，来源广泛。他们中有许多是在众多领域都极具影响力的人士，有新媒体平台的管理者、组织者、政界官员、专家学者、偶像明星等。二是各有专长，善于表达。新媒体代表人士的观点、立场、关注的问题总是引导着舆情发展的方向。三是思想多元，复合型认同。新生代新媒体创业人士，同时接受传统文化、后现代主义思想文化思潮等各种文化的熏陶和影响，致使其身上呈现出一种多元思想文化交融的复合型认同特点。四是身份匿名，良莠并存。新媒体代表人士在网络中发表言论时往往是采取匿名或昵称的方式进行，这种匿名性降低了网络发言的信任感和责任感，具有随意性和非理性。[①]

(二) 新媒体代表人士的社会影响

首先，新媒体传播信息极为便捷，内容发布及时、公开且透明，提高了新闻传播的时效性。这为统战宣传工作创造了条件，一方面各级统战部门网站可以及时更新信息，实现资源共享，便于统战类的相关信息第一时间传播给受众；另一方面，各级统战部门借助新媒体开展有针对性的舆论引导，使统战工作的宣传面更广、信息传播更快、效果更好。同时，"互联网+"行动计划推动了政企服务多元化、移动化发展。在这种情况下，新媒体中的代表性人士自然成为爱国统一战线急需发展的对象。做好这一群体的工作，对今天的爱国统一战线而言，自然也属于"基础性、战略性"工作，这为统战工作提供了新思路。网络统战工作逐渐成为党的统战工作的一个重要组成部分，标志着互联网统一战线时代的来临。

其次，从调研掌握的实际情况来看，新媒体代表人士的定位特性具有典型和代表意义。2012 年，中央统战部以"新媒体从业人员统战工作"为重点课题，分组到湖南、福建、上海等省市开展实地调研，充分了解各地在新媒体发

---

① 宋莹、王继崐:《关于做好新媒体代表人士统战工作的思考》，载《中央社会主义学院学报》2016 年第 1 期，第 53 – 57 页。

展、对新媒体从业人员基本情况的掌握、在新媒体统战工作方面的探索等情况，召开座谈会重点听取各新媒体主管部门、从业人员、专家学者以及统战部相关人员的意见和建议，实地考察新媒体公司。其中时任中央统战部副部长陈喜庆率队来湖南调研时指出，新媒体从业人员的特性决定了开展新媒体从业人员统战工作的重要性、必要性和紧迫性。2013 年，民进安徽省委组成"新媒体从业人员的社会定位与统战策略研究"课题组，对安徽省的 16 个市、2 个省直管县，以及省直的新闻网站、政府网站、商业网站、数字报刊、数字出版、数字广播、网络电视、电信公司、文化传播公司等 110 余家新媒体组织进行了问卷调查。2015 年中央统战工作会议召开，明确新媒体的代表性人士作为"新的社会阶层"纳入统战工作范围，成为新的统战对象。2016 年，浙江龙湾区成立了全国首个网络人士统战理论研究会。2016 年 7 月，中央社会主义学院成立统一战线高端智库，重点研究包括新媒体代表人士在内的新的社会阶层问题。课题组对新媒体从业人员的内部结构、群体特征、思想特征、社会定位进行了深入了解，提出了从战略高度谋划新媒体从业人员的统战工作、搭建新媒体从业人员参政议政平台、推动新媒体人员积极参与社会管理的意见建议。

最后，新媒体从业人员和网络"意见领袖"作为新媒体中的代表性人士，越发受到关注和重视。中共十八大提出"鼓励和引导新的社会阶层人士为中国特色社会主义事业作出更大贡献"，中央到地方的党委统战部门尝试开展新媒体从业人员的统战工作，如利用新媒体平台扩大统一战线影响力的网络宣传，通过新媒体手段加强建言献策和协商民主。其中大连、深圳等地率先将新媒体从业人员作为参训群体纳入培训对象，举办统一战线培训班开展教育引导，召开新媒体从业人员统战工作调研座谈会，筹备建立新媒体从业人员联谊会等。2015 年 3 月，中央统战部在中央社会主义学院举办第 12 期新的社会阶层人士理论研讨班，首次将新媒体、互联网领域人员列为重点，有近三分之一的学员来自互联网和新媒体，包括小米科技副总裁陈彤、天涯社区副总裁马娜、"今日头条"CEO 张一鸣、爱奇艺 CEO 龚宇、百度副总裁朱光、优酷土豆集团副总裁陈丹青等新媒体代表人士，邀请领导专家讲授中央政策精神，要求他们积极建言献策。2016 年，首期上海新媒体（自媒体）培训班开班。各级部门在加强新媒体代表人士统战工作中，指导成立社会组织并以其作为政治中介，加强与新媒体代表人士的线上线下联系，引导他们进行思想交流、政治活动，增进政治认同，推动新媒体行业健康发展。其中，2016年9月，阜阳市成立了新媒体代表人士联络组、网商协会。温州作为拥有20个网络大V、4万多网站和680多万网民的网络大市，建立了新媒体代表人士的"人才库"，以推进网络界人士联系会建设为载体，采取网联会、网联分会、网联小组等不同形式，开展"知联论坛""网络沙龙"等交流引导活动，做好网络意见人士、新媒体从业人员思想政治工作。由此可见，新媒体从业人员和网络"意见领袖"作为新媒体中的代表性人士，越发受到关注和重视。因此，本研究主要选取新的社会阶层人士中的新媒体中的代表性人士开展调查研究。

二、政治引领的内涵

新媒体代表人士的政治引领能力，是其政治功能的集中体现。突出新媒体代表人士政治功能，要通过政治引领焕发其强大的战斗力、凝聚力和号召力。

（一）引领贯彻党的路线、方针和政策

中国是多元化的，包括新媒体代表人士在内的中国社会各阶层达成政治共识，意味着人们对民族国家、政治国家的认同，意味着人们对中国共产党领导人们所走的社会主义道路和社会主义政治制度设计的认可与遵从。

第一，坚持中国共产党的领导。中国共产党是中国特色社会主义事业的领导核心。这一领导地位是历史形成的，是人民的选择。在新民主主义革命时期，中国共产党为了中华民族的独立、中国人民的解放，率领人民浴血奋战，最终取得了革命的胜利，建立了新中国。在社会主义建设时期，中国共产党又团结带领全国各族人民探索了一条符合中国国情的中国特色社会主义建设道路。改革开放以来，在中国共产党的领导下，中国在政治、经济、文化、军事等各个领域取得了举世瞩目的成绩，中国的综合国力跃居世界前列，人民生活水平日益改善，国际地位空前提高，归结起来，就是使中国人民站起来、富起来、强起来。这些伟大成就的取得，离不开中国共产党的英明领导，证明了中国共产

党领导地位的合法性。新的社会阶层是改革开放以来，伴随着我国经济社会发展而产生的，他们是国家现代化建设的生力军，是推动实现中华民族伟大复兴的重要力量。新的社会阶层人士的政治认同，必须获得他们对中国共产党的"拥护"并且自愿接受中国共产党的领导。

第二，要正确认识中国特色社会主义的本质。习近平同志指出："中国特色社会主义，是科学社会主义理论逻辑和中国社会发展历史逻辑的辩证统一，是植根于中国大地、反映中国人民意愿、适应中国和时代发展进步要求的科学社会主义。"① 中国特色社会主义是和平与发展时代的社会主义；是符合中国国情的初级阶段的社会主义；是以人民为主体的社会主义；是全面发展的社会主义；是改革开放的社会主义；是独立自主与开放包容相统一的社会主义。

第三，要深刻把握中国特色社会主义道路的真谛。道路问题是第一位的问题。中国特色社会主义道路，是中国共产党领导全国各族人民在新的历史条件下的独特创造。这条道路，既坚持以经济建设为中心，又坚持经济、政治、文化、社会和生态文明建设全面发展，实现了重点突破与全面推进的有机统一；既坚持四项基本原则，又坚持改革开放，实现了"两个基本点"的有机统一；既不断解放和发展社会生产力，又坚持逐步实现全体人民共同富裕、不断促进人的全面发展，实现了现实任务和远大目标的有机统一；既坚持立足中国实际，又坚持面向世界文明，实现了从中国国情出发和顺应时代潮流的有机统一。增强对中国特色社会主义道路的政治认同，必须牢牢把握住中国特色社会主义道路的真谛，这就是，一切从中国实际出发，实现"中国式的现代化"。中共十九大着眼夺取新时代中国特色社会主义新胜利，谋划了"新三步走"战略，将中国特色社会主义道路的真谛揭示得更加清晰、更加具有前瞻性。深刻理解并自觉把握这一真谛，是在我国现阶段增进政治认同的最重要内容。

第四，要科学认识习近平新时代中国特色社会主义理论体系的内涵。理论是实践的先导。增强对新时代中国特色社会主义理论体系的认同，必须科学认识新时代中国特色社会主义理论体系的内涵：一是中国特色社会主义理论体系

---

① 习近平：《毫不动摇坚持和发展中国特色社会主义 在实践中不断有所发现有所创造有所前进》，载《人民日报》2013年1月6日，第1版。

与毛泽东思想的关系；二是中国特色社会主义理论体系所包含的三大理论成果——邓小平理论、"三个代表"重要思想、科学发展观；三是习近平新时代中国特色社会主义思想。

第五，要自觉遵循中国特色社会主义制度的规律。社会制度是社会变革与发展的根本支撑。中国特色社会主义制度是一个在改革开放中不断完善、逐步定型的过程，还存在许多可变性和不稳定性因素。因此，在新时代，制度认同更具有其特殊性和复杂性，必须牢牢抓住制度的本质和逐步完善的规律来增进制度认同，牢牢把握人民民主是中国特色社会主义制度这一内在本质。

第六，要加强对中国特色社会主义文化的认同。新媒体代表人士的政治引领体现在国家层面，不仅要引导和增强他们对中国共产党、中国特色社会主义道路、中国特色社会主义理论体系、中国特色社会主义制度的认同，还应引导和增强他们对中华文化的认同，坚定他们的"四个自信"。在"四个自信"中，文化自信是更基础、更广泛、更深厚的自信，是更基本、更深沉、更持久的力量。中国特色社会主义道路、中国特色社会主义理论体系和中国特色社会主义制度的精神源头是5000多年文明发展中孕育的中华优秀传统文化，是党和人民在伟大斗争中孕育的革命文化和社会主义先进文化，积淀着中华民族最深层的精神追求，代表着中华民族独特的精神标识。这是对中国特色社会主义成功探索和取得伟大成就的科学总结，是实现宏伟奋斗目标的客观要求，是应对当前国际国内形势发展的客观需要。"四个自信"指引了中国的改革方向，表达了全面深化改革的意志，建构了中国的国家形象，凝聚了中华民族的力量。新媒体代表人士是当前统一战线的重要着力点，必须最大限度地引导他们对于中国特色社会主义道路、理论、制度和文化的认同，坚定不移走中国特色社会主义道路，汇聚成为建设中国特色社会主义的巨大力量。

（二）引领行业合理、有序、健康发展

政治认同、政治参与和政治稳定构成了政治社会化过程与结果的一个完整体系，要通过开展新媒体代表人士政治引导工作，加强他们的政治认同，促进政治参与，最终实现政治稳定的目的。"互联网＋"时代，错综复杂、良莠不齐

的网络信息，相互激荡的社会思潮使网络信息的正面负面并存，网络热点评论的理性与非理性力量相互较量。新媒体代表人士在参与社会热点、参与政治生活中也存在"推动民主政治"和"表达观点极端化"的双面现象。新媒体中意识形态论争逐渐升级，对打造清朗的网络空间、构建网络空间命运共同体产生了一定影响。所以，既要警惕负面信息的放大和蔓延，更要强化正面舆论作用的发挥，这就是加强新媒体代表人士政治引导，推动其政治认同、政治参与和政治稳定的目的所在。

首先，理性政治参与的正面引导。习近平总书记提出，新媒体从业人员和网络"意见领袖"这两个群体，有的经营网络，是"搭台"的；有的在网上发声，是"唱戏"的，他们往往能左右互联网的议题，能量不可小觑。① 开展政治引导发挥他们的正面作用，主要从两方面入手：一是引导新媒体代表人士在推进民主政治最大化上"搭好台"。有关调查显示，"71.9%的公众认为网络等新兴媒体表达将成为中国式民主建设的新通道，68%的公众认为这有助于人们提出对国家建设有意义的意见建议"②。新媒体从业人员本身对社会民主政治的关注度高，参与社会公共事务的积极性强。民进安徽省委课题组研究表明，73%的新媒体从业人员会通过新媒体发表意见和建议，89.6%的人员对网络民主政治表示关注。习近平总书记提出，找到全社会意愿和要求的最大公约数，是人民民主的真谛。③ 新媒体作为网络问政的重要载体，在征集民众意见、把握舆论动态，满足公众的知情权、保障参与权、实现监督权等方面发挥了重要作用，促进了政府决策的科学性，产生了扩大和推进民主政治的积极效果。作为现代社会实现广泛民主的一种重要方式，网络政治参与以其无可比拟的优势超越了传统政治参与，呈现出巨大的魅力。二是引导新媒体代表人士在推进社会治理现代化上"唱好戏"。复旦大学特聘教授李良荣认为：新媒体正在广泛、深刻、持久、全方位地改变着世界，为中国的各级政府塑造了全新的执政环境，

---

① 《习近平谈治国理政》第二卷，外文出版社2017年版，第325页。
② 中共中央统战部、中共中央党校、国家行政学院、中央社会主义学院：《中国统一战线教程》，中国人民大学出版社2013年版，第216-217页。
③ 习近平：《找到全社会最大公约数是人民民主真谛》，载《中国党政干部论坛》2014年第10期，第1页。

倒逼着党和政府提出了"国家治理体系和治理能力的现代化"这一政治改革新目标,"社会治理过程中的政府需要与公众、非政府组织等多种治理主体合作、协同,共同完成推动社会良性发展的时代使命"①。互联网作为我国过去20年舆论格局演变中最大的一个变量,大大丰富并加快了当代中国社会演变的进程。中共十八届五中全会通过的《中共中央关于制定国民经济和社会发展第十三个五年规划的建议》提出要构建全民共建共享的社会治理格局,而新媒体就是加强社会协同、公众参与,推动全民共建共享的社会治理格局形成的重要平台和载体。昆明市政府畅通民意顺利处理PX风波事件、一系列网络反腐事件等充分证明,若引导得当,会使新媒体代表人士在推进社会治理现代化上发挥正能量作用。

其次,非理性政治参与的负面管控。新媒体时代下,网络舆情具有即时性、交互性、突发性和难控性,具有一定的监管难度,要通过加强新媒体从业人员和网络意见领袖的引导控制负面信息和负面影响,管控好非理性的政治参与。一是引导新媒体代表人士规范言行,管控网络的负面信息。互联网的普及率高,新媒体从业人员和网络"意见领袖"的构成也较为复杂,既有高学历、高素养人员,也有各个社会群体的代表人士,网络发声者众多,所以网络并不总是以正能量示人,甚至还会出现负面信息大行其道的现象,如贪腐、丑闻、所谓的内幕、谣言、暴力等丑恶和黑暗被无限放大。一方面是不良情绪在网上四处蔓延,大量传播阴暗心理、悲观情绪、网络戾气,影响社会风气。另一方面是网络暴力愈演愈烈,"观点不同就势不两立,一言不合就恶语相加;大量谩骂、中伤等侮辱人格的言辞,传播不实信息甚至造谣诽谤等损害他人名誉的言论层出不穷"②,甚至还侵犯践踏公民个人基本隐私权利。这些负能量充斥网络,其中就有网络媒体的添枝加叶、特定人群的情绪宣泄、某些"意见领袖"的蓄意鼓动等原因,所以要规范和优化网络舆论环境,做好新媒体从业人员和网络"意见领袖"的政治引导工作十分关键,也十分重要。

二是引导新媒体代表人士把好"关口",抵御舆论的负面影响。新媒体代表

---

① 朱春阳:《新媒体时代的政府公共传播》,复旦大学出版社2014年版,第54页。
② 石平:《警惕网络负能量》,载《求是》2013年第12期,第46页。

人士是社会舆论的发起者、引导者，因为他们"处于思想文化和意识形态斗争的前沿，在信息选择、议题设置、舆论引导上发挥着独特的作用"①，他们处在网络信息传播的各个关节点，是网络信息选择、过滤和加工的"把关人"，如果他们在引导、把关上有偏差，那么大众追随的舆论方向也会有偏差，产生的负面影响将迅速扩大、难以控制。"新媒体具有渗透性、失序性、虚拟性、隐蔽性、去权威化、去中心化等特征，可能导致无序甚至非法的政治参与，可能弱化网民自身的道德约束，可能导致不良信息泛滥、网络谣言丛生，对社会生活产生消极影响。"② 要通过政治引导从正确的价值取向上增进他们的政治认同，从而影响他们的政治行为模式。此外，在意识形态领域斗争的前沿阵地，"新媒体已经成为西方大国强推文化霸权、传播西方价值、干涉别国内政、颠覆他国政权的主要手段"③。只有充分把好新媒体从业人员和网络"意见领袖"这个关口，才能抵御和遏制国际敌对势力利用网络对我国西化、分化的不良意图。

三、新形势下新媒体代表人士政治引领的时代要求

统一战线是在中国共产党领导下的政治联盟。新形势下，广泛团结和凝聚包括新媒体中的代表性人士在内的新社会群体，加强新媒体代表人士政治认同是由统一战线的性质和任务所决定的，是实现"两个健康"的必然要求，是应对时代发展和挑战的需要，是维护社会和谐稳定的需要。

新媒体不同于传统媒体，它是点对面的核裂变式传播，是"关键点决定效果"，其关键点就是新媒体代表人士。总体来说，加强新媒体代表人士政治认同有利于推动网络问政，提高治理能力；引导网络舆论，弘扬主旋律；鼓励参政议政，推进民主政治进程；加强民主监督，维护社会公正；规范网络信息，净化网络环境；防止群体极化，促进社会和谐。

---

① 李雯：《新媒体从业人员政治引导问题探究》，载《中央社会主义学院学报》2015 年第 3 期，第 67—68 页。
② 李雯：《新媒体从业人员政治引导问题探究》，载《中央社会主义学院学报》2015 年第 3 期，第 67—68 页。
③ 民进安徽省委课题组：《新媒体从业人员的社会定位与统战策略研究》，载《中央社会主义学院学报》2013 年第 2 期，第 31 页。

(一) 加强思想理论宣传是政治引领的本质性要求

全面深化改革需要有力的思想引领和理论支撑。改革是由问题倒逼而产生，又在不断解决问题中深化。思想的突破和理论的创新始终是深化改革的先导。注重党和国家的思想理论宣传，关系到思想政治引领的性质，也关系到思想政治引领的成败。发挥新媒体代表人士政治引领不是用别的什么思想或理论来引领其思想政治发展，而是要用我们党和国家的思想理论来武装头脑，构筑精神世界。现阶段，政治引领就是要引导新媒体代表人士加强对马克思主义理论的学习和研究，加强对党情、国情的了解与把握，使他们深刻领会马克思主义的立场、观点和方法，准确掌握中国发展的现实情况，提高思想理论水平和解决实际问题的能力；就是要切实推动习近平新时代中国特色社会主义思想进入新媒体行业，增强新媒体从业者的道路自信、理论自信、制度自信和文化自信；就是要深入开展实现中华民族伟大复兴的中国梦教育，激发广大新媒体代表人士凝心聚力共筑中国梦，夯实理想信念；就是要大力加强社会主义核心价值观教育，使其成为全社会的价值追求和自觉行动，共筑中华民族共同体的思想道德基础。

(二) 把握新媒体代表人士思想特点是政治引领的针对性要求

加强新媒体代表人士的政治引领，不仅要明确用什么来引领，还必须有针对性地开展引领工作。不把握对象和分析对象，就会使这项引领工作失去针对性。新媒体代表人士的政治引领，从实质上看是对新媒体从业人员的思想政治方向的引领，因而增强针对性，归根结底是要把握新媒体代表人士的思想动态。把握新媒体代表人士思想动态的根本是及时捕捉新媒体行业的思想发展前沿，善于把握在新时代新媒体从业人员中明显形成的相对集中的思想潮流，做到准确研判出这些思想潮流是积极正向的，还是消极负向的；并把握住这些思想潮流或不同性质的思想潮流在新媒体中的影响范围。只有通过各种途径及时了解新媒体代表人士的思想动态，才能更有针对性地实现思想引领。

(三) 关注新媒体代表人士实际问题是政治引领的实效性要求

新媒体时代的到来，使信息传播更加顺畅，为民众表达意愿和利益诉求甚至参与决策制定提供了快捷的渠道。"新媒体代表人士想什么？盼什么？"关注新媒体代表人士的实际问题是政治引领的实效性要求。目前新媒体代表人士呈现出年轻化、高学历的趋势，思想意识多元、多样、多变的特点也十分显著，个人价值取向更为明显。应时刻关注新媒体代表人士的实际问题，面向新媒体代表人士开展有针对性的宣传教育活动，采用多种形式精心解读社会主义核心价值体系的丰富内涵，大力培育践行社会主义核心价值观，提高其价值判断力。创新宣传教育的方式，以老一辈科学家为主题，通过主题展览、经典剧目、影视作品、传记作品等方式，开展有吸引力和感染力的宣传活动，引发心灵共鸣，进一步增强其历史责任感和社会责任感。

(四) 促进新媒体代表人士思想进步是政治引领的目的性要求

对新媒体代表人士进行政治引领要明确用什么引领、怎样引领，也要明确为什么引领。社会主义社会的本质要求和价值旨归是促进人的全面发展，从思想引领实质的角度看，就是促进新媒体代表人士的思想进步。促进新媒体代表人士的思想进步，就是使其主动接受认同中国共产党的思想理论并外化为自身的行为实践和价值追求。首先要坚持根本性原则，对政治、经济、文化现象及其历史事件的根本立场和观点要秉持"实事求是"的分析方法，正确地辨识人类历史和我国社会发展的大是大非问题。毛泽东曾指出："没有正确的政治观点，就等于没有灵魂。"其次要坚持渐进性原则。新媒体代表人士对重大政治观点的接受认同以及正确世界观、人生观和价值观的形成都是渐进过程，思想政治引领不能搞疾风暴雨式的政治运动或宣传口号，要遵循思想转变的规律，多做一些和风细雨式的引导转化工作。最后要坚持差异性原则。促进新媒体代表人士的思想进步必须考虑其思想状况的现实性，每个人的生活经历、性格特点、个性倾向不同，这就必须考虑他们的思想差异性，尊重他们的思想现实性。

四、新时代加强新媒体代表人士政治引领的重要性与必要性

（一）由统一战线的性质和任务所决定

"实现中国梦必须凝聚中国力量"是促进阶层关系和谐的战略定位。中国梦是近代以来中华民族的共同梦想，也是中国共产党孜孜以求的奋斗目标。做好"留学人员""新媒体中的代表性人士""非公有制人士"的工作是促进阶层关系和谐的新的着力点，实现中华民族伟大复兴是不同社会阶层共同的伟大梦想和殷切期待，也是实现最广泛的社会阶层团结坚实的政治基础。习近平总书记提出"统一战线是做人的工作"，即注重工作方法、讲究工作艺术是促进阶层关系和谐的根本要求。习近平总书记非常重视工作方法创新，他告诫领导干部要准确把握我国不同发展阶段的新变化新特点，根据实际决定工作方针和工作方法。

（二）由新形势的改革发展所决定

凝聚改革共识，在新的历史起点上努力使各方面取得最大公约数，是全面深化改革成功的关键。改革进入攻坚期、深水区后，人民群众对经济社会发展的期待值会比以往更高，各种诉求、思潮必将蜂拥而至，我们面临的矛盾会更多，由此决定了统一思想、凝聚力量的任务空前艰巨。这就要求统一战线充分发挥思想引导优势，引导广大成员充分认识全面深化改革的重要性、必要性、紧迫性，最大限度地形成支持改革的高度共识与统一意志。

（三）由统战成员的新特点所决定

在全面深化改革的背景下，随着我国社会结构的深刻变化，统一战线新成员仍将大量增加。这部分成员在政治理念、价值观念和思维方式等各个方面，都已经不满足于老一辈"听、跟、走"的思维模式和行为模式，其思维与行为带有更多的理性色彩与反思色彩，这固然对统一战线保持生机和活力有着积极的影响，但也使有些统战成员产生了认识上的偏差，如：对改革发展中的一些热点、难点问题的解决缺乏信心；对我国多党合作制度的历史必然性、合理性、

优越性缺乏深刻的认识甚至产生怀疑，这些偏差甚至影响了他们对中国特色社会主义的信念以及对党和政府的信任。对此，统一战线必须深入了解掌握统战成员的思想现状，认真分析影响思想观念和价值选择的深层次原因，研究探索加强教育引导的有效途径和具体措施，以巩固统一战线发展的共同思想政治基础。

（四）由协商民主的发展所决定

发展社会主义协商民主将是中国共产党进一步推进政治体制改革的前进方向。随着全面深化改革的不断推进，中国的协商民主将"拓宽中国共产党、人民代表大会、人民政府、人民政协、民主党派、人民团体、基层组织、企事业单位、社会组织、各类智库等的协商渠道，深入开展政治协商、立法协商、行政协商、民主协商、社会协商、基层协商等多种协商，建立健全提案、会议、座谈、论证、听证、公示、评估、咨询、网络等多种协商方式，以不断提高协商民主的科学性和实效性"。然而，所有这一切的前提是协商民主的参与者各方有共同的政治基础和政治愿景，即都认同和坚持中国共产党领导的多党合作和政治协商制度，坚持中国特色社会主义政治发展道路，都以维护和实现最广大人民的利益为己任，都把中华民族伟大复兴作为目标，共同致力于建设中国特色社会主义。也就是说，政治坚定性是发展社会主义协商民主的基础和前提，离开了政治上的坚定性和正确性，其他一切无从谈起。这也需要统一战线进一步加强思想政治引领，以促进社会主义协商民主的顺利、有效发展。

第二节 新时代新媒体代表人士的政治思想现状分析

调研主要通过发放"新媒体代表人士政治认同"调查问卷的形式，收集问卷360份，其中有效样本320份，有效率为88.9%。问卷内容共分为两部分：第一部分是基本情况，涉及年龄、工作、政治面貌等；第二部分是政治认同，涉及体制、道路、政党、身份、文化、政策、发展认同等内容，共50个题目。

一、湖南省新媒体代表人士基本情况分析

在"新媒体代表人士政治认同"问卷调查中，主要选取湖南省经济发展状况处于最高水平和最低水平的标准抽取调查地点，并采用随机抽样的方式确定调查对象。

根据前期调查，目前湖南省内新媒体单位均具有商业性质，但工作的具体内容存在差异，可以划分为以下两个类型：一类是以新媒体内容生产发布和传播为主的企业，服务对象无具体针对性，如芒果TV、湖南红网新媒体集团、醴陵新闻网、浏阳发布、平江信息港、永州大事小事新媒体有限公司等。以平江信息港为例，该企业给平江市民提供关于工作、住房、征婚等各类本地信息，美食、旅游等消费指南，车辆违章、初高考成绩等查询服务，以及给市民提供发布信息平台的网站论坛。另一类是以新媒体为平台从事技术研发和经营管理的企业，服务对象具有针对性，如湖南金象科技有限公司、湖南网络营销第一股创研股份公司、宏梦卡通公司和湖南中清龙图网络技术有限公司。前两者主要利用新媒体平台从事企业OA办公、宣传、营销等工作，后两者主要从事动漫、网络游戏开发、手机游戏的研发和运营业务等。

（一）以工作时长不足3年的"90后"为主

从年龄来看，"90后"是主力，而这一年龄段的群体更是对新媒体接触和运用最为频繁的一代（见图4-1）。就从业时间来看，工作时间在3年以下的比例最大，为42%（见图4-2）。尤其是20~25岁年龄段的群体中，工作时间多在3年以下。

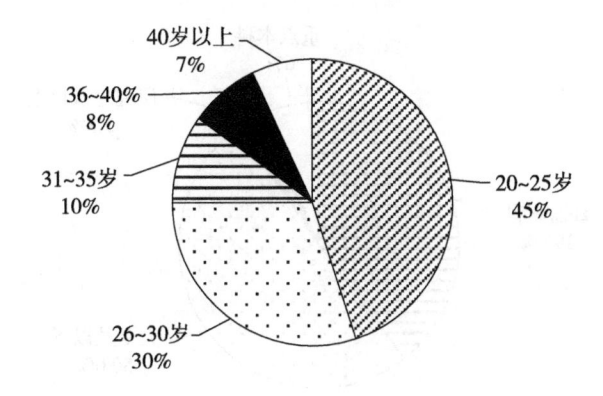

第四章　新时代新媒体代表人士政治引领研究 | 165

图 4-1　年龄分布图

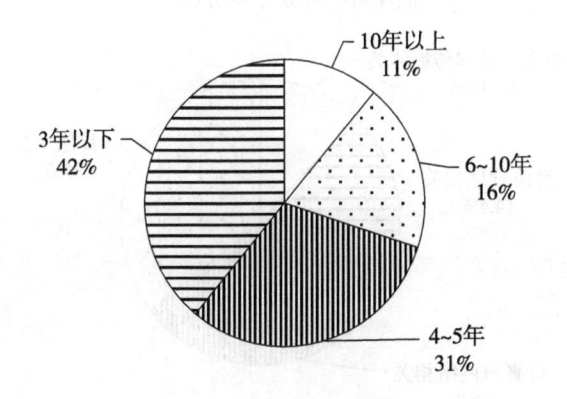

图 4-2　工作年限分布图

(二) 以计算机网络相关专业的大专生为主

调查显示，大专及以下水平和计算机网络相关专业的群体占多数，分别占比 50.6% 和 38%（见图 4-3、图 4-4）。其中大专及以下的被试群体中，计算机网络相关专业的占比最大。

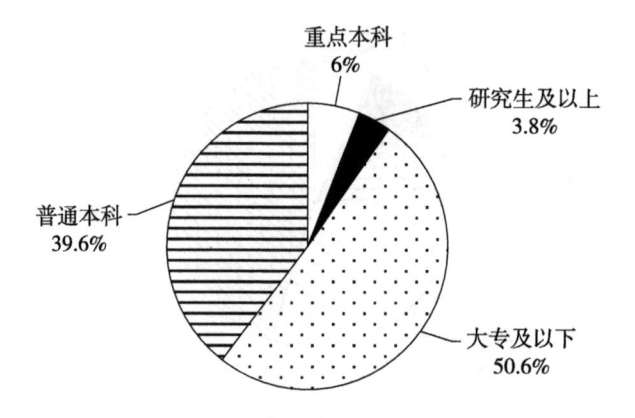

图 4-3 学历水平分布图

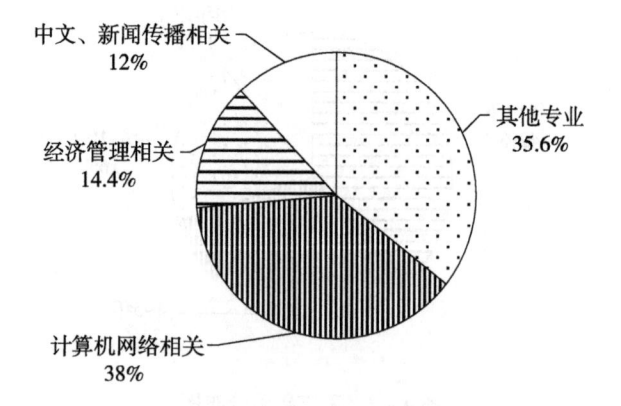

图 4-4 学科专业分布图

(三) 政治面貌以群众居多

此次调查中,新媒体从业人员中的中共党员为 41 人,占 12.8%;民主党派 6 人,占 1.9%;群众 271 人,占 84.7%;其他 2 人,占 0.6%。可见,新媒体从业人员中中共党员偏少,还是以党外人士为主(见图 4-5)。

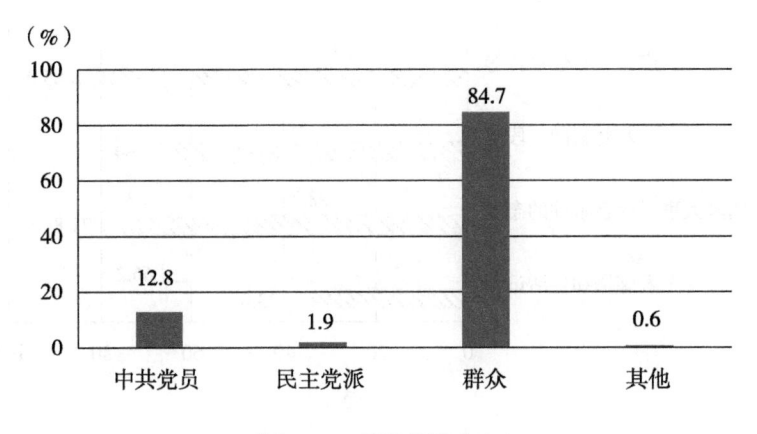

第四章　新时代新媒体代表人士政治引领研究 | 167

图 4-5　政治面貌分布

（四）主要通过新媒体平台表达个人生活

调查显示，超半数的被试者每天与网络的接触时间在 4~8 小时之间，17.20% 的被试者每天上网 8 小时以上（见图 4-6）。

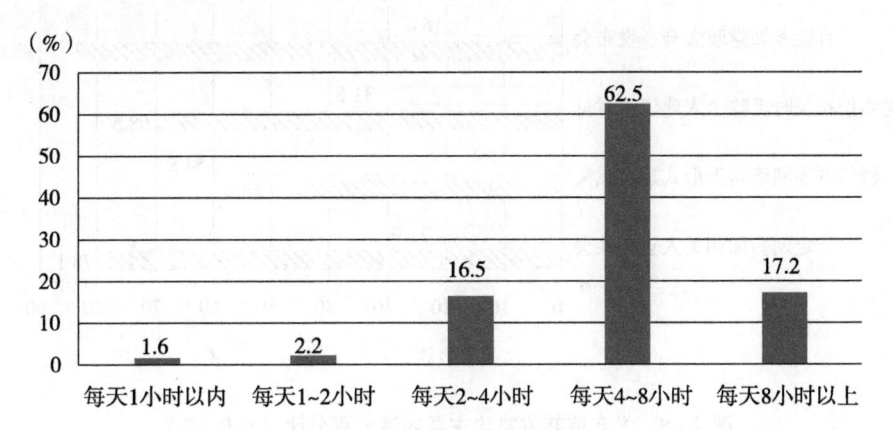

图 4-6　每天上网时长

新媒体从业人员在新媒体上"偶尔"发布个人言论的比例最高，为 34.7%，"经常"发布个人言论的比例为 23.4%，"频繁地随时表达"的比例为 6.6%。虽然他们普遍关注宏观层面的国家大事，但在网上逗留的时间多涉及个人微观层面的生活感悟和个人生活记录（见图 4-7）。

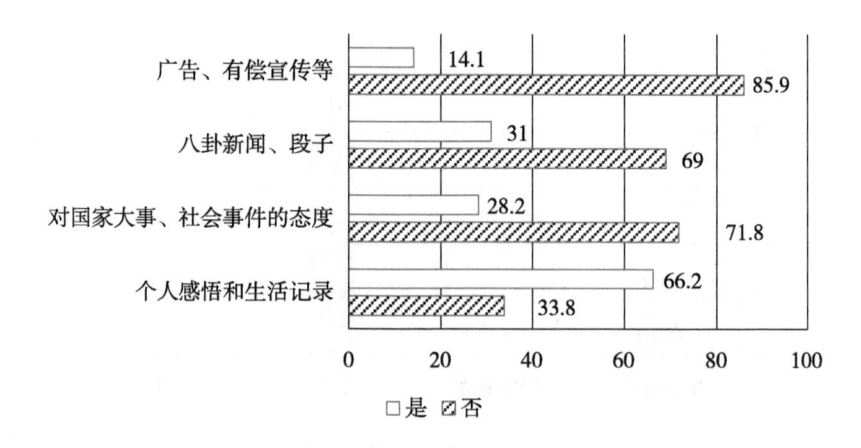

图 4-7 上网时间的分布（单位:%）

在"发布或转发言论的主要内容"方面，超半数被试者表示经常以微信群等网络聊天形式建言献策，而较少采取定期参加相关人士座谈会，网络信箱及时反映个人建议或意见，直接参加党政大会、发布会等形式（见图 4-8）。

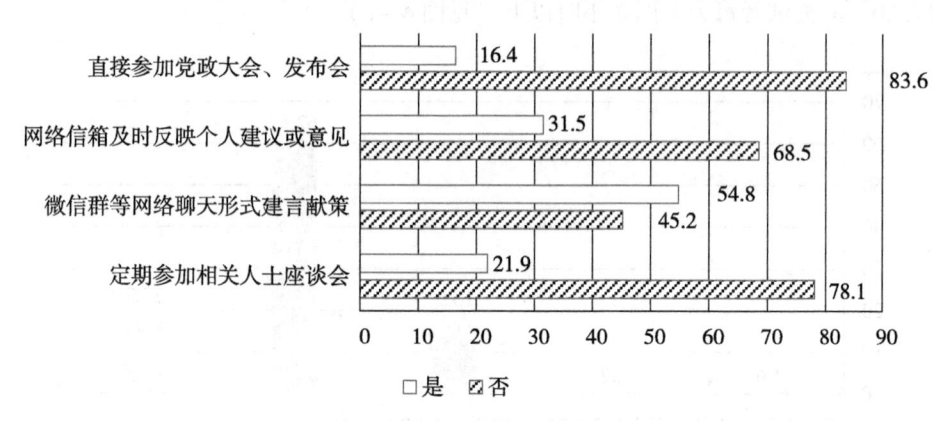

图 4-8 发布或转发言论主要内容的百分比（单位:%）

绝大部分被试者显示出对奉献社会、实现个人价值的人生价值观的主流认识，小部分被试者认为应当拥有财富、社会地位和享受生活，少数被试者表现出对政治地位的向往（见图 4-9）。

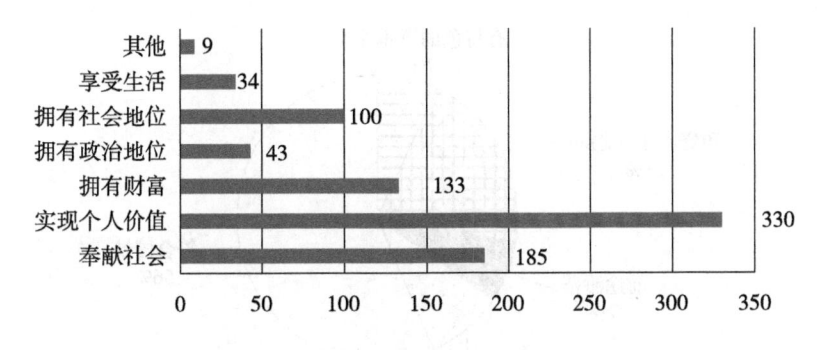

第四章 新时代新媒体代表人士政治引领研究 | 169

```
其他       | 9
享受生活   | 34
拥有社会地位 | 100
拥有政治地位 | 43
拥有财富   | 133
实现个人价值 | 330
奉献社会   | 185
         0  50  100  150  200  250  300  350
```

图 4-9 对人生价值观的认识（单位：人）

二、湖南省新媒体代表人士政治认同现状

对调查问卷的数据进行整理和分析，我们发现新媒体从业人员的政治认同总体趋势还是比较令人满意的，趋向稳定，主要体现在政治认知较清晰理性、方向明确、立场较坚定、政治态度积极乐观、政治参与认真投入。大多数被试者能站在国家和民族利益的立场思考复杂的国际关系问题，分析准确冷静，态度理智清晰，具体可以从体制认同、政党认同、政策认同、身份认同、文化认同、发展认同来体现。

（一）体制认同方面

部分被试者政治认知模糊，在一些核心问题的判断上态度模糊，显现轻意识形态。在对基本政治理论观点的问卷调查中，超过三分之一的被试者表现出对社会主义的认识存在偏差，不了解社会主义制度的本质和内涵（见图4-10）。

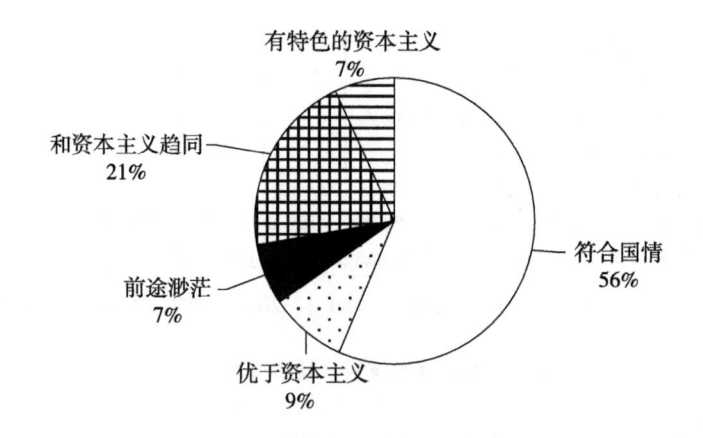

图 4-10　对我国社会主义制度的认识

在问到"中国政治体制是否需要改革"时，约7%（实行多党轮政2%、走三权分立的道路5%）的被试者呈现出政治思想上的深层困惑（见图4-11），在识别什么是中国最需要的政治体制时，不能从历史与现实的角度进行客观判断。

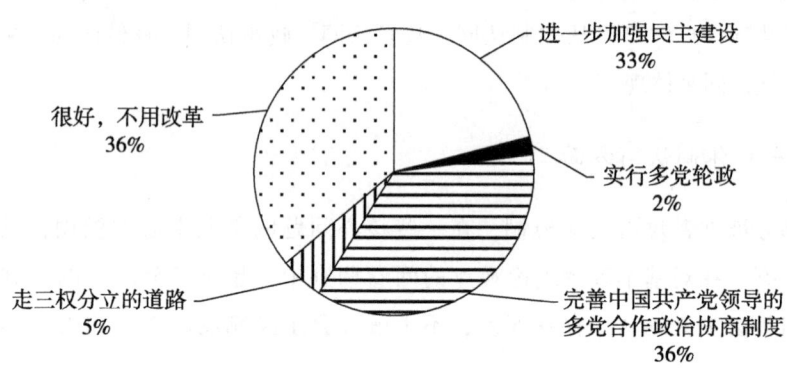

图 4-11　中国政治体制是否需要改革

对"政治体制改革着重点"的看法，按第一选择往下排列，依次为"基层群众自治制度改革"占比55%；"人民代表大会制度改革"占比12.7%；"中国共产党的领导体制改革"和"行政管理制度改革"，分别占比8%；"司法制度改革"占比6.6%；"选举制度改革"占比5%；"民族区域自治制度改革"占比3%；此外还有"中央和地方决策体制改革""走向三权分立和多党竞争""政治协商制度改革"，总占比约2.7%。在政治协商制度方面，被试者中的党外人士普遍认为参政议政属于代表行业特点和职业技术特点的有组织的行为（见图 4-12）。

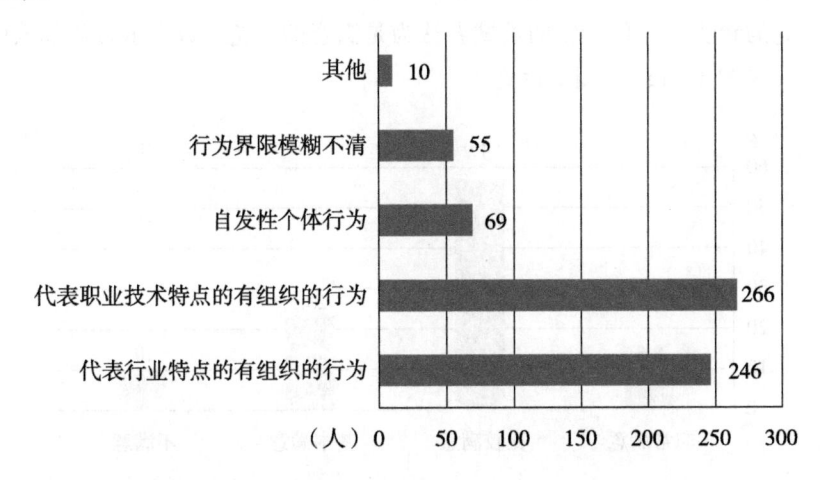

图 4-12　认为参政议政属于什么行为（单位：人）

- 其他 10
- 行为界限模糊不清 55
- 自发性个体行为 69
- 代表职业技术特点的有组织的行为 266
- 代表行业特点的有组织的行为 246

在与自己相关的事情方面表示可以考虑参政议政的占比约28%；愿意为政府建言献策的占比约28%；有强烈参政欲望的占比25%；不想与政治有瓜葛的占比19%（见图4-13）。换言之，被试者呈现一半"利己"，一半"利他"倾向。

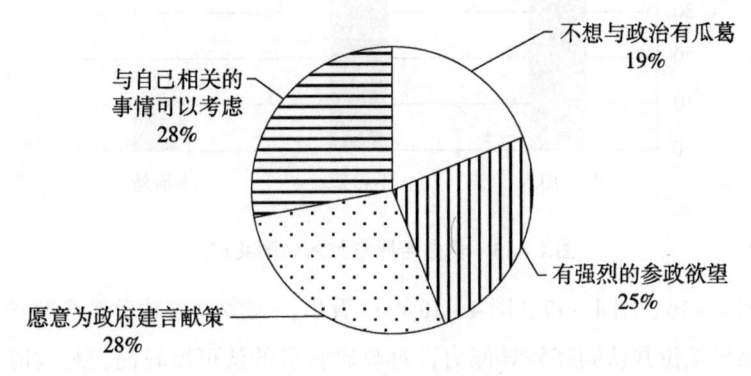

图 4-13　参政议政的意愿

- 不想与政治有瓜葛 19%
- 与自己相关的事情可以考虑 28%
- 愿意为政府建言献策 28%
- 有强烈的参政欲望 25%

（二）政党认同方面

多数被试者关注政治生活，认同中国共产党的政治纲领，如超过85%的被试者表示对中共中央新一届领导人信任度很高。只有在政治信仰上加强认同，才能进一步认可中国共产党的执政地位，拥护中国共产党的领导。在问到对中国共产党的看法时，有90%的被试者认为是满意的，超半数表示希望加入中国共产党（见图4-14、图4-15）。

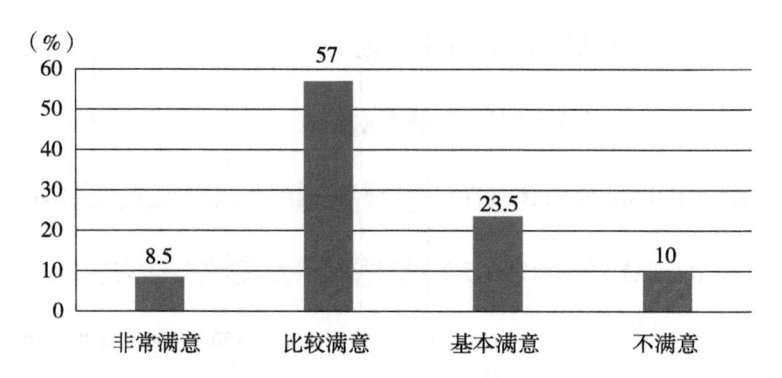

图4-14　党的形象是否符合你的要求

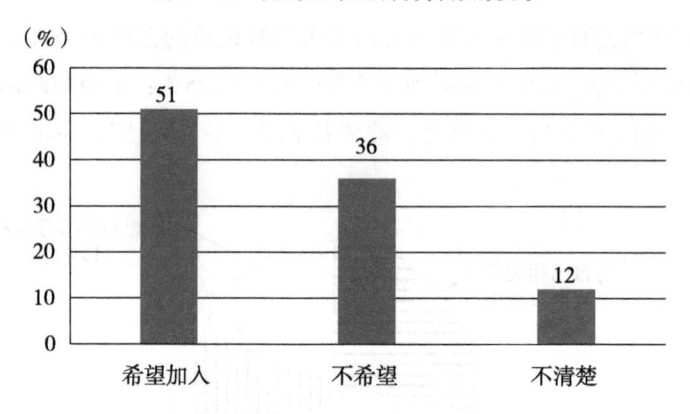

图4-15　你是否愿意加入中国共产党

从图4-16、图4-17、图4-18可以看出，大多数被试者普遍拥护中国共产党的领导地位并认同其领导能力，对政府官员的认可度较高，对政府的信任度也较高。在被问及"从长远发展的角度看，我国应该实行什么样的政党制度"时，约84%的被试者选择了"中国共产党长期执政"。这说明中国共产党的执政地位得到广泛认同。但也有极少数被试者对政府和共产党抱有负面看法：认为党政部门工作有所改善，但仍有不足之处。虽然有超半数的被试者认为党政部门宣传和解读政策上形式比较灵活多样，比以往有所改善，但仍有 30% 的人认为政府工作很常规、形式单一，约 18% 的人认为宣传很少、效果不佳（见图 4-19）。

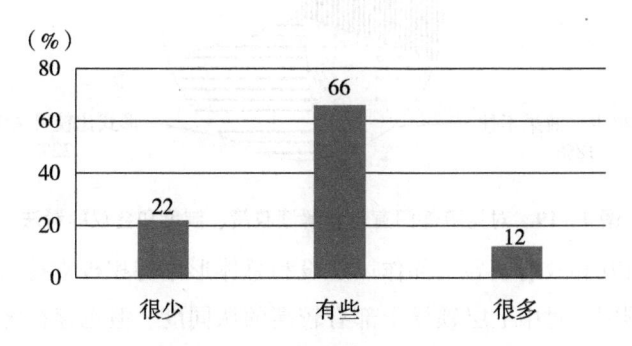

图 4-16　政府官员有多少是合格的

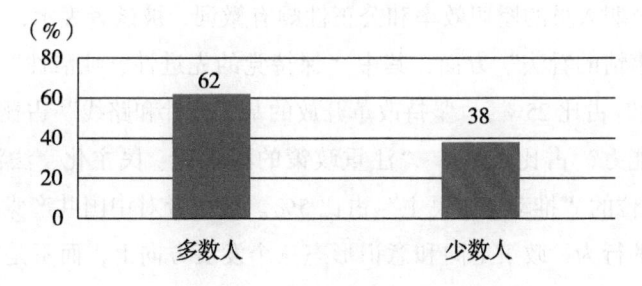

图 4-17　政府为谁的利益服务

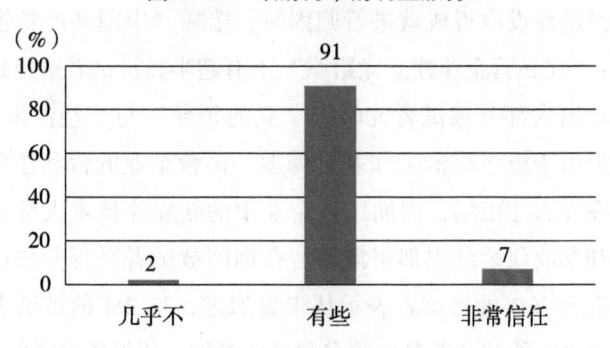

图 4-18　对政府的信任度

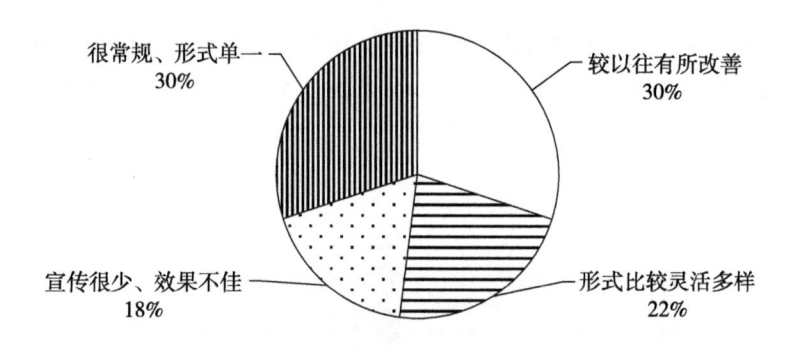

图 4-19　对党政部门宣传和解读政策、制度和会议的看法

被试者对党和政府领导干部作风建设和总体形象持积极支持的态度，能够客观理性地判别，对中上层领导干部有较高的认同度。但也存在客观认知与微观比照上的反差，不少被试者对身边日常接触交往的有些公权力职能部门的执行力、一些公职人员的履职效率和公正性颇有微词。被试者表示，在"对中国共产党应做事情的看法"方面，其中"保持党的先进性、纯洁性"占比 50%，"坚持反腐败"占比 25%，"坚持改革开放的基本方针和路线"占比 12%，"提高党的执政能力"占比 12%，"注重政策的科学化、民主化、法治化"占比 6%，排在末位的"推动党内民主"占比 5%。被试者对中国共产党的期盼，主要集中在党的行为、政策走向和意识形态三个发展方向上，而不是集中在党内民主发展方向上。

在对我国经济建设取得成就进行归因时，选择"中国共产党领导"的占比最高，超半数；"在私营企业建立党组织"上有超半数被试者选择比较或非常支持。这间接反映出大部分被试者能够将"党的领导"与"经济发展"相联系，并达成共识。但由于思想政治工作基础薄弱、民营企业的营利性质，加之员工的组织关系挂靠在人才市场，因而民营企业中的新媒体技术人员的情况有所不同，政治追求和参政议政意识都很淡薄。在询问被试者是否参加过党政部门组织的活动时，约 55.6% 的被试者表示从未参加过，37.2% 的被试者表示参加过 1~2 次，只有 7.2% 的被试者参加较多和经常参加，比例依次降低。

(三) 政策认同方面

绝大部分被试者认同"党和政府的政策，比较符合改革开放以来中国发展的实际",相信社会主义建设道路,68%的被试者对我国社会主义现代化事业建设充满希望,表示很有信心和有信心(见图4-20)。在是否认同"改革开放以来,党和政府的政策曾有严重失误"方面,超半数的被试者选择"比较同意"和"非常同意",其余表示"不确定"或持否定意见。

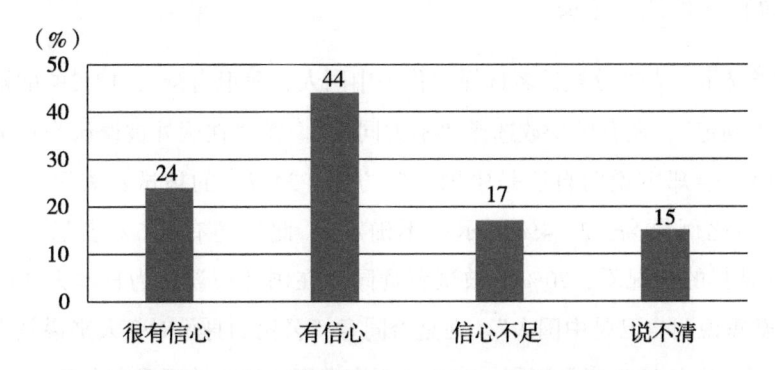

(%)

很有信心	有信心	信心不足	说不清
24	44	17	15

图4-20 对我国建设中国特色社会主义社会的信心

在是否认同中国共产党的统战政策方面,大部分被试者对统战工作的了解程度主要停留在"听说过"的层面,不知其具体工作内容。从统计结果来看,被试者对统一战线在经济体制改革中的作用、在促进社会稳定方面的作用、在文化建设方面的作用和在实现中国梦方面的作用中持满意态度的分别占比90.9%、99.2%、100%和92.5%,占绝大多数,只有极个别被试者持否定意见(见表4-1)。

表4-1 对统战工作在社会主义建设中的作用的认同

在经济体制改革中的作用	非常满意	满意	比较满意	不太满意	不满意
人数比例(%)	7.5	35.6	47.5	7.5	1.9
在促进社会稳定方面的作用	非常满意	满意	比较满意	不太满意	不满意
人数比例(%)	31.9	53.5	13.7	0.6	0.3
在文化建设方面的作用	非常满意	满意	比较满意	不太满意	不满意
人数比例(%)	33.6	51.1	15.3	0.0	0.0
在实现中国梦方面的作用	非常满意	满意	比较满意	不太满意	不满意
人数比例(%)	32.8	49.9	9.8	6.3	1.2

问卷调查还请被试者在政策的法治性、公平性、科学性、民主性、有效性中选择最关注的一类，调查显示，选择"公平性""民主性"的占比65%，选择"有效性""法治性"的占比33%，选择"科学性"的极少。

（四）身份认同方面

调查显示，大部分被试者选择"作为中国人，我很自豪"，17.2%的被试者选择"不确定"，还有极少数选择"不太同意"。在"在国外被误认为日本人或韩国人时，会郑重说明自己是中国人"方面，34.7%的被试者表示"非常同意"，所占比例最高；23.4%表示"不确定"，此外还有6.6%表示"不太同意"。从选择的情况看，70%的被试者赞同"在国外被误认为日本人或韩国人时，会郑重说明自己是中国人"。在是否同意"公民的身份对个人来说是无所谓的"方面，只有22%表示赞同，60%持否定态度，18%持不确定态度。

问卷设计"您比较看重的是以下哪些身份"的问题，请受访人在列出的8个选项中选3项，并根据选项的重要性排序，发现从高到低排序后依次为"户籍身份（城市/农村）""中国人身份""公民身份""干部身份""单位身份""职业身份""民族身份""地域身份"。由此可见，涉及国民身份的"中国人身份"总提及频率排序第一，显示被试者非常重视这种身份。政治身份"公民身份"排序第二，显示被试者对政治身份也较为重视。而涉及"社会身份"，包含"户籍身份、职业身份、干部身份、单位身份"等，被试者表示更加关注前两者。被试者普遍对民族身份或地域身份关注度很低。

（五）文化认同方面

60%被试者同意"中国传统文化对个人具有很大的影响"，只有极少数的被试者认为影响不大。调查显示，选择影响不大、不确定的被试者几乎全部有海外经历。在询问被试者是否同意"在全球化影响下，文化的多元性比文化的本土性更重要"这一选项时，做出有效选择的320名被试中14人选择"非常不同意"，约占4.37%；38人选择"不太同意"，约占11.88%；88人选择"不确定"，占比27.5%；120人选择"比较同意"，占比37.5%；60人选择"非常同意",占比18.75%(见表4-2)。从选择的情况来看,56.25%的被试者对"在全球化影响下,文化的多元性比文化的本土性更重要"持肯定态度,16.25%的被试者持否定态度,27.5%的被试者持不确定的态度。

表4-2 是否同意"在全球化影响下,文化的多元性比文化的本土性更重要"

项目	选项	频率(人次)	百分比(%)	有效百分比(%)	累计百分比(%)
有效	非常不同意	14	4.37	4.37	4.37
	不太同意	38	11.88	11.88	16.25
	不确定	88	27.5	27.5	43.75
	比较同意	120	37.5	37.5	81.25
	非常同意	60	18.75	18.75	100.0
	合计	320			

在询问被试者是否同意"党和政府强调的社会主义核心价值观"这一选项时,超过72%的被试表示"非常同意"或"比较同意",显示了较大的认同。在做出有效选择的319名被试中7人选择"非常不同意",约占2.19%;10人选择"不太同意",约占3.13%;70人选择"不确定",约占21.94%;130人选择"比较同意",约占40.75%;102人选择"非常同意",约占31.97%(见表4-3)。

表4-3 是否同意"党和政府强调的社会主义核心价值观"

项目	选项	频率(人次)	百分比(%)	有效百分比(%)	累计百分比(%)
有效	非常不同意	7	2.19	2.19	2.19
	不太同意	10	3.13	3.15	5.32
	不确定	70	21.88	21.94	27.28
	比较同意	130	40.63	40.75	68.03
	非常同意	102	31.87	31.97	100.0
	合计	319	99.68	100.0	
缺失	系统	1	0.31		
	合计	320			

全体被试者的总体积频率（各因素在3个选项中的选择频率）排序与第一选择有较大差距（第一位至第六位排序不同）。在列出的6个选项中，提及频率最高的是"发扬光大中国传统文化"（约占27.81%），第二是"多种文化融合的中国现代文化"（约占25.21%），第三是"注重中国传统文化与马克思主义的结合"（约占17.6%），第四是"以马克思主义主导中国文化发展"（约占14.79%），第五是"注重宗教对中国文化的影响"（约占7.4%），提及频率最低的是"用西方文化改造中国文化"（约占7.19%）。

（六）发展认同方面

大部分被试者感受到了祖国的发展与进步，对国家未来发展前景充满信心，积极参与国家政治生活。调查显示，约90%被试者"为自己是一个中国人感到自豪"，60%被试者认为"改革开放40年来中国社会最显著的变化"是"人们整体生活水平有了质的提高"。可见，新媒体代表人士对于未来中国的发展前景有很高的期许和信心。在"中国发展问题"上，41%被试者认为"困难很多，但在中国共产党的领导下还会继续保持发展"。"对当前我国经济形势的看法"，约30%被试者选择"持续、健康、和谐地发展"，但认为"发展很快，问题不少"占比42%。在"未来的发展中党和政府应首先处理好的问题"，约56%被试者选择了"全面贯彻科学发展观，找到适合中国国情的发展道路是首要问题"。

在询问被试者是否同意"改革开放是中国发展的正确选择"时，调查结果显示，在做出有效选择的318名被试者中，6人选择了"非常不同意"，约占1.89%；7人选择"不太同意"，约占2.20%；30人选择"不确定"，约占9.43%；145人选择"比较同意"，约占45.60%；130人选择"非常同意"，约占40.88%（见表4-4）。从选择的情况来看，约85.94%的被试者认同"改革开放是中国发展的正确选择"，但仍有约4.06%的被试者不认同"改革开放是中国发展的正确选择"。

表4-4 是否同意"改革开放是中国发展的正确选择"

项目	选项	频率（人）	百分比（%）	有效百分比（%）	累计百分比（%）
有效	非常不同意	6	1.88	1.89	1.89
	不太同意	7	2.18	2.20	4.09
	不确定	30	9.37	9.43	13.52
	比较同意	145	45.31	45.60	59.12
	非常同意	130	40.63	40.88	100.0
	合计	318	99.37	100.0	
缺失	系统	2	0.63		
合计		320			

在询问被试者是否同意"中国在全球化背景下已经找到了适合本国国情发展的道路"这一选项时，调查结果显示，在做出有效选择的318名被试者中，8人选择"非常不同意"，占2.5%；27人选择"不太同意"，约占8.44%；93人选择"不确定"，约占29.06%；132人选择"比较同意"，占41.25%；58人选择"非常同意"，约占18.12%（见表4-5）。从选择的情况来看，约59.37%的被试者对"中国在全球化背景下已经找到了适合本国国情发展的道路"持肯定态度，约10.94%的被试者持否定态度，约29.06%的被试者持不确定的态度。

表4-5 是否同意"中国在全球化背景下已经找到了适合本国国情发展的道路"

项目	选项	频率（人次）	百分比（%）	有效百分比（%）	累计百分比（%）
有效	非常不同意	8	2.5	2.52	2.52
	不太同意	27	8.44	8.49	11.01
	不确定	93	29.06	29.24	40.25
	比较同意	132	41.25	41.51	81.76
	非常同意	58	18.12	18.24	100.0
	合计	318	99.37	100.0	
缺失	系统	2	0.63		
合计		320			

此外，问卷调查请被试者在与发展有关的"六大建设"（党的建设、经济建设、社会建设、生态建设、文化建设、政治建设）中选择最关注的一种。从调查结果来看，被试者普遍更为关注"经济建设"，其次从高到低依次为"党的建设""社会建设""生态建设""文化建设"，选择"政治建设"的最少，只占5.31%（见表4-6）。

表4-6 被试者最关心哪种建设

	项目	频率（人次）	百分比（%）	有效百分比（%）	累计百分比（%）
有效	党的建设	52	16.25	16.30	16.30
	经济建设	142	44.38	44.51	60.81
	社会建设	46	14.38	14.42	75.23
	政治建设	17	5.31	5.33	80.56
	文化建设	25	7.81	7.84	88.40
	生态建设	37	11.56	11.60	100.0
	合计	319	99.69	100.0	
缺失	系统	1	0.31		
总计		320			

通过对以上体制认同、政党认同、政策认同、身份认同、文化认同、发展认同的分析可知，在六种认同中某一种认同水平的高低都会影响其他五种认同，并且六者在总体上影响政治认同的水平。政治权利权益认知、政治参与程度、政治沟通认知、个人主观能力和收入水平等各种主客观因素形成了一个对政治认同发生作用的影响链条：政治参与程度、政治权利权益认知、政治沟通认知和个人主观能力直接对政治认同发生影响，收入水平通过政治参与和主观能力对政治认同发生作用。

三、探索并推进新媒体代表人士政治引导工作的现状分析

新媒体中的代表性人士与新经济组织、新社会组织中的知识分子、留学人员被称为统战工作中"新三种人"，这是时代发展变化和统一战线成员发展变化的新特点。基于新媒体及新媒体中的代表性人士的特点，如何通过加强政治引导开展对他们的统战工作，中央及各地统战部门近年来积极探索网络统战工作的新方式方法。从政治社会化的理论视角来看，主要是以政治宣传、政治教育、政治实践和社会交往等方式开展新媒体代表人士政治引导工作，取得了一定的成效，但是在这一全新领域也还存在一些突出的问题。

（一）开展新媒体代表人士政治引导工作的探索与成效

前期通过调查研究了解基本情况后，相继开展政治宣传、政治教育，探索政治实践和社会交往活动。

首先，调研掌握新媒体代表人士的相关信息和定位特性。一是开展全国大调研，掌握基本数据。从2012年开始，中央统战部以"新媒体从业人员统战工作"为重点课题，分组到湖南、福建、上海等省市开展实地调研，随后拉开了全国各地对新媒体从业人员统战工作展开研究的序幕。2015年中央统战工作会议召开，明确新媒体的代表性人士作为"新的社会阶层"纳入统战工作范围，成为新的统战对象。此后，各级统战部门就新媒体从业人员和网络"意见领袖"的基本情况，以所辖地区为范围，采取实地调研与书函调研方式，通过座谈会、走访行业主管单位和发放抽样调查问卷等形式，充分利用网络技术开始搭建新媒体从业人员及网络"意见领袖"的数据库，分类别掌握基本人员信息。而理论界对于新媒体从业人员从政治引导的层面来关注，源自2015年《中国共产党统一战线工作条例（试行）》中首次把新媒体从业人员纳入统战工作范围，后来在修订后的《中国共产党统一战线工作条例》中也再一次明确了这一点。二是在调研基础上，学界进一步研究分析了新媒体从业人员和网络意见代表人士统战工作面临的困难和严峻挑战。如，由于对新媒体的管理和监督体制机制尚未建立健全，新媒体从业人员和网络意见人士还存在底数不清、情况不明的情况，给新媒体从业人员和网络意见代表人士统战工作带来了较大困难；统战系统缺乏熟悉统战工作而又掌握现代信息技术的人才队伍和经费保障，也给新媒体从业人员和网络意见代表人士统战工作的有效开展带来一定影响；等等。各级统战部门开始研究分类别制定并开展针对性教育引导工作，根据"充分尊重、广泛联系、加强团结、热情服务、积极引导、发挥作用"的工作定位,对新媒体从业人员进行规范性管理。

其次,政治宣传与政治教育的直接正面引导。政治宣传是政治体系通过教育机构和宣传媒介,公开向个人宣传主流政治思想观念。政治教育在于培养符合政治体系要求的社会成员,按照主导政治文化的要求使他们具备参与社会政治生活的政治素质与能力。2017年5月,时任中共中央政治局委员、中央统战部长孙春兰在湖南调研时召开网络统战工作座谈会,要求关注网络舆情动态,支持新媒体代表人士发挥专业优势和身份特点,加强正面舆论引导。[①] 时任中共中央政治局常委、全国政协主席俞正声提出,要坚持信任尊重团结引导,寓思想引导于服务帮助之中,充分调动新的社会阶层人士的积极性,发挥他们的聪明才智。[②] 主导者和主导部门要以信任、包容的态度开展新媒体代表性人士统战政治引导工作,对他们的身份地位给予充分尊重。总体而言,大部分省市已经形成了市委市政府统筹、统战部门协调、行业部门和乡镇(街道)主管联动机制,加强对涉及行业管理的新媒体从业人员和辖区新媒体从业人员开展政治引导、教育培训和参政议政等统战业务工作。如将新媒体从业人员代表人士的学习教育培训纳入各级党外代表人士教育培训总体规划,组织新媒体代表人士参加中共十九大及十九届三中、四中、五中全会精神专题辅导班、新的社会阶层人士专题培训班、网络骨干宣传员培训班,系统学习习近平新时代中国特色社会主义思想等。2015年3月中央社会主义学院举办了"新的社会阶层人士理论研究班",这个班中近20位来自互联网行业。根据学员填写的教学质量评估表统计,对本期培训班的整体满意率达到100%,其中94%的学员表示"非常满意"[③]。

最后,积极探索政治实践和社会交往活动。政治实践是政治主体利用政治中介,能动地改造政治关系的过程,实践教育就是鼓励人们通过组织活动获得

[①] 孙春兰:《不断增进政治共识 为党的十九大召开营造和谐稳定环境》,载新湖南 https://www.hunantoday.cn/news/xhn/201705/14391191.html,最后访问日期:2017年5月10日。

[②] 《全国新的社会阶层人士统战工作会议在京召开 俞正声出席会议并讲话》,载《人民日报》2017年2月25日,第1版。

[③] 郑永丰、宋畅:《新媒体从业人员政治引导问题研究》,载《辽宁省社会主义学院学报》2018年第1期,第23页。

关于政治文化的认同感和政治价值的认可度。社会交往作为一种间接的政治社会化方式，交流政治文化和政治思想，促进相互的再理解和再消化，实现共同发展。一是在企业探索"党建+统战"模式，打造文化创意产业园并创建为新的社会阶层人士统战工作创新实践基地，不定期开展新媒体文化讲座、发展论坛等。二是各级部门在加强新媒体代表人士统战工作中，指导成立社会组织为政治中介，加强与新媒体代表人士的线上线下联系，引导他们进行思想交流、政治活动，增进政治认同，推动新媒体行业健康发展。如健全组织团聚青年，通过互联网团建使新媒体及相关行业青年从业人员"聚"起来，将一些主要网站和论坛负责人、新闻记者、"网红"主播、自媒体达人等组成青年网络宣传联盟等。三是搭建统战载体发声渠道。如四川泸州市江阳区委统战部组织新媒体青年李子西等人，创作一批导向正、质量好的文化产品，其中疫情抗击短片《团战》于2021年1月在"学习强国"平台刊登，《绘声》获国家级大奖。

（二）开展新媒体代表人士政治引导工作的问题与现状

在2017年2月召开的全国新的社会阶层人士统战工作会议上，时任中共中央政治局常委、全国政协主席俞正声提出要通过团结引导、联谊交友等方式，抓住网络这个重要途径，形成工作合力，这也是中央关于加强新媒体代表人士统战工作的最新要求。在加强新媒体代表人士政治引导中，目前主要存在三个方面的问题。

首先，运行机制上的问题。要形成良好的运行机制保障政治社会化整个系统的正常运转，保障政治引导工作的良好成效，所以需要一套完整的制度体系。目前来看，一方面，2015年中央统战工作会议召开以后，各地及时传达学习贯彻会议精神，召开了省委、市委统战工作会议。《中国共产党统一战线工作条例》正式颁布后，各地又印发了贯彻《中国共产党统一战线工作条例》的《实施意见》，但是在形成"全党共同来做统战工作"的工作机制和合力上还须进一步加强。对于新媒体从业人员和网络"意见领袖"的统战工作，如何做好政治引导，目前还未明确引导主体的职责，没有形成具有可操作性的规划与措施。另一方面，新媒体从业人员虽然有了解统战工作的愿望，但是接触度不高，对统战工作的态度和认同度也并不高,"新媒体从业人员对统战信息接触的频率并不高,统战工作传播效果并不佳"①,没有主动参与的条件和意愿。

其次,组织形式上的问题。由于新媒体代表性人士自由择业性质明显,流动性强,以单个人的形式开展政治引导工作较为分散,效果也不明显。"许多新媒体从业人员工作于私营企业、外资企业,归口管理欠缺,很难依靠党派、工会等传统的组织依托,政治引导缺乏覆盖面宽、渗透力强的有效载体。"② 而对于如何利用好新媒体从业人员参与的非政府社团组织作为开展政治引导工作的组织载体,同时搭建新的平台和载体,也有待进一步提升。

最后,实现路径上的问题。各部门对新媒体这个新领域的调查研究还不够深入,联系还不够紧密,工作方法、途径也仍在探索当中,现阶段采取的举措往往过于老化、单一,其实效性也难以确定,各级领导干部对互联网技术手段、对新媒体代表人士的重视程度也参差不齐,在探索方式方法上着力不够。在政治引导方面,有学者认为:"新媒体从业人员政治引导工作从内容到形式往往强调单向灌输,主要采取上政治课、下达文件、召开座谈会、组织讨论和撰写学习体会等形式,基本还是统战部门向统战成员实施'灌输式'教育,某些工作流于形式化、表面化,往往缺乏实效。"③

第三节 新时代新媒体代表人士政治引领面临的挑战

一、社会转型带来的新的社会阶层价值冲突

作为一个社会范畴,利益在本质上是主体为了满足自身的需要而与需要对象之间建立的一种对立统一关系。由于每一个社会的经济关系首先是作为利益

---

① 李雯:《新媒体从业人员政治引导问题探究》,载《中央社会主义学院学报》2015 年第 3 期,第 67-68 页。

② 李雯:《新媒体从业人员政治引导问题探究》,载《中央社会主义学院学报》2015 年第 3 期,第 67-68 页。

③ 李雯:《新媒体从业人员政治引导问题探究》,载《中央社会主义学院学报》2015 年第 3 期,第 67-68 页。

关系表现出来的，因此，利益分化表明一种既定的利益关系被打破，也表明一种新的利益关系和格局的形成，更内在地和必然地表明利益差别的迅速扩大。利益分化是社会分化的一个重要方面，从某种程度上说是社会其他方面分化的基础。

(一) 社会转型导致利益和阶层之间的多元分化

改革开放以来中国社会关系的重大变化是利益日趋分化与多元化。我国的改革是从利益分化开始的，改革的过程，实质是资源的重新分配、利益的重新调整过程。

首先，高度的整体性的一元化利益格局转向多元化、多样化的利益格局。改革开放前，中国社会的利益格局表现出一种高度的整体性的一元化利益格局。这种格局根源于靠行政权力的强力控制来实现的单一的公有制和高度集中的计划经济。改革的基本思路是通过利益的差异激发人们追求利益的积极性。不论是"让一部分人先富起来"，还是"以经济建设为中心"，还是社会主义市场经济，其着眼点均是通过利益机制，鼓励社会成员追求利益，来实现社会及其个体利益的全面增长。在利益的适度分化的改革理念的作用下，公民的利益意识开始觉醒，利益来源变得多元化，传统的利益关系发生了巨大的变化。在计划经济时代，一切按照国家的计划去生产、分配，在住房、医疗、教育、物资供应等方面都依靠政府，人们对政府具有普遍的依赖感，虽然生活清贫，但是安全和稳定。但随着社会主义市场经济的建立，市场成为资源配置的主要方式，社会竞争加剧，分化加大，社会矛盾凸显，住房、医疗、教育、物价、社会治安、社会公平等成为当今人们关注的主要社会问题。

其次，社会阶层的分化越来越细。一是原来单一性的社会结构发生了侵蚀性的变化，出现了众多的亚阶层和亚群体；二是众多社会成员从原阶层中分离出来，衍生了介于原阶层之间的边缘阶层和群体，以及不同于原阶层的新生阶层和群体；三是不同阶层之间的身份原则被打破，社会成员的垂直性移动日益增多。[1]

---

[1] 俞可平：《社会和谐与政府创新》，社科文献出版社2008年版，第134页。

(二) 利益分化引发多元价值观之间的张力与冲突

利益分化是一把"双刃剑",它既带来经济发展、政治发展和社会发展的动力,又可能带来利益冲突、思想观念的冲突以及政治认同的消解。一方面,利益分化为经济、政治、社会等的发展提供了激励机制,有助于推动我国社会主义政治的民主化进程;另一方面,利益分化引发利益冲突,当人们把个人和家庭的利益放在优先地位来考虑和处理,而利益的资源又非常有限的时候,这样便产生了人们相互之间在利益追求的目标和内容方面的强烈的冲突性。当前因个人利益、小集团利益恶性膨胀导致其与公共利益的社会冲突也经常出现,而且愈演愈烈。

利益冲突往往蕴含着价值冲突或者表现为价值冲突。冲突包括物质性冲突和非物质性冲突。其中,物质性冲突是指权力、地位和资源分配方面的不均;而非物质性冲突是指价值观念和信仰的不一致。[1] 价值冲突本质上是利益冲突,因为"利益冲突是人类社会一切冲突的最终根源,也是所有冲突的实质所在"[2]。价值冲突最终根源是利益的冲突,是阶级、集团、社会、个人的利益需要之间的冲突凸显。而且,社会结构的深度转型使得社会进入了利益博弈时期。不同群体在日益市场化的社会交往关系中,由于彼此博弈所依赖的资源条件带有先天的不平等性或差异性,致使社会公正或公平问题由隐而显,致使底层社会现象开始蔓延。这不仅使价值观的规模性冲突具备了社会能量,也使以往建立在"解放政治"理想之上的国家价值观,逐渐被以自我利益关注为主题的"生活政治"诉求所替代。因此,价值观念的冲突是主体不同利益的冲突。

(三) 价值冲突的主要焦点及其在意识形态领域的反映

价值冲突中的焦点问题主要集中在效率与公平、个人与社会的关系问题、民主与秩序、社会思潮等方面。

---

[1] [美]科塞:《社会冲突的功能》,孙立平译,华夏出版社1989年版,第7-8页。
[2] 张玉堂:《利益论——关于利益冲突与协调问题的研究》,武汉大学出版社2001年版,第56页。

首先,效率与公平问题。改革开放初期,对平均主义的结果公平观的否定,强调经济发展中的效率,出现了"公平与效率对立论"和"效率决定论"之争,造成了平均主义的价值取向,社会上不公平的现象也开始凸显。这一阶段主要关注公平与效率的对立性,否认它们之间内在的统一性,公平与效率具有不可通约性。随着中共十四届三中全会提出的"建立以按劳分配为主体,效率优先、兼顾公平的收入分配制度,鼓励一部分地区一部分人先富起来,走共同富裕的道路","效率优先、兼顾公平"的价值理念,公平优先论和效率优先论开始盛行。这一阶段人们从公平与效率的对立思维中解放出来,进行辩证思考,但仍然没有跳出"效率优先、兼顾公平"的模式。进入新时期,中国的改革开放向"后改革时代"过渡,"黄金发展期"与"矛盾凸显期"同时并存,"改革成果"与"改革问题"同时并存,社会的价值取向由利益向权力倾斜。在构建和谐社会、坚持科学发展观的框架内,对当前发展过程中出现的贫富悬殊状况及各种利益冲突的现实状况进行反思引发的关于公平与效率的关系主要集中在"统一论"和"重新组合论"上,如"公平与效率对立统一论""公平与效率完全一致论""公平与效率统一于人的全面发展论""重新组合论""逐步并重论"。对公平与效率的价值冲突导致社会对公平与效率的关系的认识更加辩证、科学。这一阶段的认识更加辩证,大家不再争论效率与公平谁先谁后,而是强调依据我国经济和社会的发展现状,学会在对立统一中把握公平与效率的关系,提出对"公平与效率"进行"逐步并重",达到"公平与效率"相互协调发展的目的,从而把对公平与效率的认识提高到一个新的层次。[①]

其次,个人与社会的关系问题是社会的基本问题。社会生活过程本质上就是个人的"自主"与社会的"规范"不断进行相应的自我调适的过程。当然,本研究无意梳理社会转型过程中有关个人与社会的相关争论与冲突,而是立足于公民个体实际,通过实证分析转型中国自我与社会关系的变化,从而为政治认同危机的考察和价值重构提供经验基础。比如个人与社会关系的多维论争,

---

① 傅如良:《综论我国学界关于公平与效率问题的研究》,载《湖南师范大学社会科学学报》2005年第1期,第15-18页。

包括自由主义的个人与社会的关系①，社群主义的个人与社会的关系，社会主义的个人与社会的关系，儒家的个人与社会的关系等。

再次，民主与秩序的问题。在转型中的中国政治中，所谓对于秩序（稳定）的冲击，主要是来自民主的挑战。西方定期上演的选举乱象表明，西方选举政治制度存在固有缺陷，其不仅割裂了民主作为价值和工具的二元属性，混淆了形式平等与实际公正的根本差异，而且直接嫁接了选票与政治合法性、治理高效性的线性关系，而非以公共利益为旨归。相比之下，中国的政治秩序是民本秩序，我国实行改革开放也是发展市场经济，市场经济导致社会分化。但是在社会分化的情况下，我们依然坚持了中国共产党的领导，实现党的领导的方式就是民主政治，它的结果是以人民为中心。人民当家作主是社会主义民主政治的本质和核心，人民民主是社会主义的生命。② 新中国成立后，我们建立了人民当家作主的人民政权，使民主成为广大人民群众都可以真正享受的社会主义民主。中共十八大以来，中共中央高度重视人民政协工作，充分发挥人民政协作为协商民主重要渠道作用，围绕团结和民主两大主题，推进政治协商、民主监督、参政议政制度建设。③ 应当承认，在我国，人们的富裕程度和其他许多情况是存在差别的，但这并没有成为人们独立、自由、平等地行使民主权利的障碍，因为中国特色社会主义是坚持以人为本的，也就是说是以最广大人民群众为本的。但是涉及民主价值的认可问题、民主的操作程序问题、民主化进程的急缓问题等仍是当下思想界争论的一个焦点。从国家治理的政策逻辑上看，民主和秩序之间的关系总是在动态调整，不变的是我国宪法规定的民主集中制，变的是各个领域的结构性变革。"民主不是装饰品，不是用来做摆设的，而是要用来

---

① 个人主义包括三个重要的规定："一切价值均以人为中心，即一切价值都是由人体验的""个人本身就是目的，具有最高价值，社会只是达到个人目的的手段""一切个人在某种意义上说道义上是平等的"。参见《简明不列颠百科全书（第3卷）》，中国大百科全书出版社1985年版，第406页。
② 习近平：《在庆祝全国人民代表大会成立六十周年大会上的讲话》，载新华网 http：//www.xinhuanet.com/politics/leaders/2019－09/15/c_1124998129.htm，最后访问日期：2019年9月15日。
③ 习近平：《在庆祝中国人民政治协商会议成立65周年大会上的讲话》，载新华网 http：//www.xinhuanet.com/politics/2014－09/21/c_1112564804.htm，最后访问日期：2014年9月21日。

解决人民要解决的问题。"① 民主政治离不开权威和秩序，如果没有秩序，民主政治就会被无理性的民粹势力所俘虏，甚至变成暴力政治。因此，无论是民主还是权威，都离不开法治，法治主义就是一切以法律为准绳。当下，如何构建中国特色社会主义民主政治的国际话语权，如何进一步扩大人民民主，健全民主制度，丰富民主形式，拓宽民主渠道，从各层次各领域扩大公民有序政治参与，发展更加广泛、更加充分、更加健全的人民民主，仍有待进一步的研究。

最后，社会思潮问题。当代中国的思想文化界犹如"万花筒"，世界上所有的社会学说、思想流派几乎都能在中国找到其踪迹。其中，围绕中国的政治社会发展的现状，先后出现全盘西化与反自由化（激进自由主义与社会主导价值观）之争、新权威主义与自由主义之争、新左派与自由主义之争、新民族主义与自由主义之争、民主社会主义与自由主义之争。从总体上讲，中国政治的现代变迁，在外在形式上经历了一个从疏离政治到回归政治的过程，而在内在构成上则经历了从革命政治到发展政治的变化。但改革开放以来，真正能在中国社会形成广泛影响、构成社会思潮的思想意识却并不多，其中自由主义、民族主义和"新左派"最具影响，是值得人们关注的三大社会思潮。

二、新时代新媒体代表人士政治认同面临的挑战

政治认同的危机可以表述为存在于文化、心理决定意义上的个人—群体认同和政治意义上的共同体认同之间的紧张，从根本上说就是现存的政治体系难以在其成员之中建构起情感、意识上的归属感，或是对政治共同体所拥有的集体意识或共同意识难以达成，其实质是政治权威的弱化或者缺失。

首先，公共性和正当性的缺失消解着制度的认同基础。制度是社会基本价值的凝结，也是基本价值社会化的重要途径。制度认同的挑战来自对其价值基础、形成和运行机制、效能的质疑，分别对应的是正当性、有序性、有效性。从具体制度上看，我国在经济、政治等方面虽然创立了许多制度，但人们似乎并不去遵守制度。而人们在实际生活中往往认同的是"潜规则"。这是因为，虽然有各种各样的制度，但人们并不能从制度中获得利益，或从制度中获得一种

---

① 《习近平谈治国理政》（第二卷），外文出版社2017年版，第296页。

情感上的满足感。制度分为经济制度与政治制度，在一定程度上，分配制度上的不公正和政治制度的不规范影响公民对制度的认同。经济制度中主要是分配制度，在实际中存在分配制度的非公正性，贫富差距、地区差距、城乡差距、行业差距突出，这些问题影响社会制度的公正和权威，削弱国家的凝聚力，引发政治认同危机。同时，现存政治制度的运行机制还不太规范，政治体制改革的滞后导致人民当家做主的民主权利的实现途径、方式和方法还不健全，当家做主的权利没有得到很好的实现，从而影响了人民对现有政治体制的认同、对"主人翁"的意识形态定位的怀疑，这样，制度在公民心目中的正当性大大降低。一旦制度被公民认为不再是正当的，那么，公民对制度就不再认同，制度也就失去了其权威性。

其次，政府官员腐败、特殊利益集团的存在、社会贫富差距越来越大、社会环境的严重破坏和资源浪费、管理低效等，这些都影响公民对政府的政治认同。调查显示，干群关系被认为是最容易出现矛盾和冲突的方面。被试者的体制热爱，应主要来自对"政党权威"的认可，这样的认可应该得益于执政党能够为民众提供重要的权利保障，能使民众认识到与党和政府沟通的重要性，并且在沟通中带有较强烈的公民利益取向。恰是由于中国共产党的地位重要，被试者对中国共产党应该做的事情，排序前两位的是"坚持反腐败"和"保持党的先进性、纯洁性"，表明这两件事情如果做不好，将可能降低新的社会阶层人士对"政党权威"的认同程度，甚至对现有体制产生"疏远"感。由此显现的基本逻辑关系应该是，新时期新的社会阶层人士对中国共产党的领导既有高度的肯定，也有一定程度的担心，前者应该是主要的，后者虽然居次要地位，但显然应尽量避免担心变为现实。新时期新媒体代表人士尽管存在较高水平的"体制热爱"和一定程度的"体制疏远"的矛盾性问题，但是就总体而言，一方面政党认同的现有水平，尤其是对执政党领导地位重要性的高度认可，对于避免出现"丧失对当局信任"的危机具有重要意义；另一方面体制认同的现有水平，尤其是对体制有效性和制度优越性的高度认可，对于避免出现"丧失对当局信任"的危机具有重要意义。

最后，尽管被试的新媒体从业人员对社会主义核心价值观的教化作用认同程度不是很高，但是对社会主义核心价值观本身的认同程度在五种态度中达到最高水平，显示的应是价值观或世界观危机距离我们相对较远，至少在当前还没有形成社会主义核心价值观得不到认可和支持的思想基础。被试的新媒体从业人员对多元文化的认识水平不高，既可能是新的社会阶层人士对文化不关心或不理解的表现，也可能是不认可文化现代转型的表现，但无论是哪种表现，都带有一定的对当代文化发展的迷茫情感。这样的情感，可能对中国当代文化的发展带来不利影响，因此，"现代文化危机"距离我们相对较近。

第四节 新时代新媒体代表人士政治引领的动力与条件

新形势为湖南新媒体代表人士政治引领能力的发挥创造了许多机会，如"一带一路"经济先行，助力了"两型"新湖南建设；"依法治省"法治护航，还原了互联网的民主属性；"湘字品牌"媒体领军，发出了"湖南声音"；"服务'十四五'行动"凝心聚力，筑牢了群众基础。

一、"一带一路"经济先行，助力"两型"新湖南建设

新时期，以习近平同志为核心的党中央积极发展与周边国家合作共赢的关系，根据世界经济发展和国内经济结构转型的需要，提出了"一带一路"倡议，发布了《推动共建丝绸之路经济带和21世纪海上丝绸之路的愿景与行动》，得到了国际、国内各界人士的认可与支持。在推动"一带一路"倡议实施的过程中，中国共产党始终注重发挥统一战线的法宝作用，2015年5月，中央统战部发布《关于统一战线服务"一带一路"倡议的意见》，要求广大统一战线成员团结一致、汇聚力量投身"一带一路"建设。实际上，"一带一路"倡议的稳步推进就是发挥社会主义集中力量办大事巨大优势的表现，而统一战线的积极参与，使这个优势作用得到了更大程度的发挥。中共中央高度重视"一带一路"系统工程建设，积极推动中国与沿线国家和地区的合作，积极协调力量促进

"一带一路"倡议实施，习近平总书记多次演讲提出与周边国家共同发展"丝绸之路经济带"和"21世纪海上丝绸之路"。党的中心工作就是统一战线工作的指向标，从中央到地方各级统战部门不断为"一带一路"建设凝聚人心和力量。

中共中央提出"一带一路"倡议以来，引发了国际社会的高度关注，在一定程度上得到了世界各国的理解和支持。尤其是"一带一路"涉及的许多沿线国家与我国签订了双方平等合作的备忘录，相互之间开展了深层次、宽领域的经济合作和交往。但是，因为各国家地区文明的差异性，也因为发展的时间基础还不够深厚，"一带一路"建设面临着一定的困境和质疑，需要发挥文化统战工作的作用破解难题、消除质疑。"一带一路"是改革创新和对外开放的重要举措，将为我国互联网、金融、通信、交通等多个行业带来良好投资机遇，从而加速经济转型。统一战线的主体是国家、人民和同盟者，具有极大的包容性和影响力。从国家层面来看，统一战线凝聚力量支持国家发展大局。在如何做好有效支持上需要清楚认识到，"一带一路"建设是经济发展新常态下国际经济合作的新模式，是应对我国经济体制改革动力不足和国际经济发展疲软的新举措，对此，统一战线发挥优势作用服务"一带一路"建设也需要不断探索新的方式方法，应对新的要求和挑战。当前，网络统战是适应新时期统战对象范围变化而开展统战工作的新方式，也是文化统战的一种新模式，这就需要充分发挥新媒体从业人员中的代表人士的作用，扩大"一带一路"的国际影响力，加强对"一带一路"的正面宣传引导作用，引领新媒体代表人士围绕中心大局发挥作用，引领新媒体代表人士发挥协同作用。

如今是信息时代，各种新媒体层出不穷，如第二代互联网传播业务、手机媒体业务、数字技术下的电视媒体以及公共场所的视频，等等。每一种新媒体都是新技术的产物，是先进的文化生产力，具有蓬勃的生命力。

这些媒体具有十分显著的特征，比如分散化、草根化、个性化、即时性、互动性、族群化等。新媒体的广泛运用，给人们生产、生活带来了极大方便，拓宽了人们的视野和信息渠道，丰富了人们的精神文化生活，成为思想文化的新阵地以及宣传工作的新渠道和新手段。同时，新媒体的广泛运用也带来了信息传播领域的巨大变革，对新闻媒体的格局和社会舆论的态势产生着不可估量的影响,并对传统宣传方式和管理手段提出了新的挑战:用户主体地位大大提升,可以根据自己的喜好或需要选择、订制信息,可以在任何时候、任何地点接收或发布信息,可以通过"社区""群组""圈子"等非正式群体进行群聊、评论和话题分享。"自媒体"时代,每个人都是记者、都是编辑。一幅"人人都是通讯社""个个都是麦克风"的社会图景已经呈现在我们面前。当下,网络平台容量最大、流动性最强、影响力最广,网民已经成为具有相当话语权和社会影响力的群体。利用网络空间的工具,向网络空间的"居民",以网络空间信息传递的方式进行"新媒体宣传"是先进且顺应时代发展潮流的。无疑,竞争网络空间,开展新媒体宣传是时代赋予宣传工作的新机遇、新平台。

　　正如习近平总书记所说,做好党的宣传思想工作,必须创新宣传方式,"着力打造融通中外的新概念新范畴新表述,讲好中国故事,传播好中国声音"①。"要不断提升中华文化影响力,把握大势、区分对象、精准施策,主动宣介新时代中国特色社会主义思想,主动讲好中国共产党治国理政的故事、中国人民奋斗圆梦的故事、中国坚持和平发展合作共赢的故事,让世界更好了解中国。"②要站在现代信息传播技术发展的前沿,着眼于新时期网络宣传的战略需要,根据当前经济、政治、文化、社会特别是人们对网络文化的实际需求,集中人力、财力、物力办好重点网站。要在全面提升新闻媒体网站水平的同时,切实办好党委政府网站,创新形式、丰富内容,进一步提升影响力、权威性;要加强重点门户网站的整合、重组和提高,使之成为信息量大、覆盖面广、服务功能强、在国内外有一定知名度的多媒体网站。同时要抓好媒体资源的整合,建立完备、系统、有张力、有合力、高质量、高品位的纸质、广播、电视、网络相联结、相配套、相协作、相照应的宣传舆论体系。培养既懂新闻业务又懂新媒体技术的新型宣传报道队伍。传统媒体经过多年的培育,有一批非常在行的新闻能手,从事着党的宣传报道工作。但这些行家里手,多数对新媒体不熟悉,即便进入新媒体担当重要岗位,也需要一定的时间磨合,才能真正发挥作用。当前新媒

---

　　① 《习近平出席全国宣传思想工作会议并发表重要讲话》,载《实践(思想理论版)》2013年第9期,第4页。

　　② 《举旗帜 聚民心 育新人 兴文化 展形象 更好完成新形势下宣传思想工作使命任务 习近平出席全国宣传思想工作会议并发表重要讲话》,载《时事报告》2018年第9期,第4—6页。

体的从业者以年轻人为主,他们对党的宣传工作相对陌生,甚至不了解宣传工作的重要性,从内心反感或排斥党的宣传工作,在工作中往往以应付为主。因此,在当下,要把培养既懂新闻业务,又懂新媒体技术的新型宣传人才放在至关重要的位置。

中国共产党和国家事业发展到哪里,统一战线就跟进到哪里,法宝作用就发挥到哪里,以最大限度地凝聚共识、智慧、力量。在富饶美丽幸福新湖南建设的伟大征程中,新的社会阶层人士成为一支不可忽视的力量。一是促进创新开放。着力发挥统一战线要素富集和联系广泛的优势,围绕五大开放行动,实施"湘商兴湘"三年行动,召开"迎老乡、回故乡、建家乡"推进会和东北、西南、西北、华中片区湘商代表座谈会,积极参与"港洽周"活动,举办或承办"湘商大会暨湘南投洽会""湘台会""海峡两岸(长沙)电博会""海联三湘行""侨商侨智聚三湘"等活动,参与引进湘商回归投资项目700多个,其中湘商大会参会客商达2063人、签约项目196个、合同投资1798亿元。引导民营企业参与"一带一路"建设,推动省工商联与73家境外商会组织建立友好合作关系,组织4批次60多家企业参加中博会、中俄博览会、投洽会等经贸活动,促成三一重工、楚天科技、爱尔眼科、蓝思科技等一批湘企拓展海外市场。如,2017年中共湖南省委统战部承办了"全国知名民营企业携手湖南助推中部崛起大会",来自全国24个省市区的350多家全国知名民营企业应邀参会,签署75个投资项目合同,投资总额达1198.36亿元。二是聚力脱贫攻坚。着力整合新的社会阶层人士的资源力量,协助党委政府打好脱贫攻坚战,制定聚力脱贫攻坚四年规划,召开推进大会,实施系列扶贫活动。如以"万企帮万村"为重点推进产业扶贫,新引导588家民营企业对接贫困村506个,累计组织6139家民营企业结对帮扶7253个贫困村,实施项目12633个,投资108亿元,帮扶贫困人口87.06万人,等等。三是促进"两个健康"。湖南出台了《关于促进民营经济高质量发展的意见》,推动10多个省直部门和多数市县制定支持民营经济做强做优的政策举措,举办了首届"三湘民营企业家论坛",将非公有制经济发展纳入绩效评估体系。通过一系列举措进一步增强了湖南新的社会阶层人士围绕大局发挥协同作用的信心,也使他们在创新创业、维护意识形态安全等方面的积极作用得到较好发挥。

二、"依法治省"法治护航，还原互联网的民主属性

（一）依法维护网络秩序，形成自觉、自主、自治的网络舆论平台

在大力推行依法治国的背景下，切实维护网络秩序、公共安全和人民群众的合法权益，对于维护社会稳定、建立法治湖南具有重要意义。在互联网时代，我们中国共产党也在过大关——互联网条件下的执政大关。"互联网是我们这个时代最具发展活力的领域，也是我们面临的最大变量。"① "党中央明确提出，过不了互联网这一关就过不了长期执政这一关。"② 互联网已经是我们宣传的一个主阵地。群众在哪里，我们的工作就必须做到哪里。首先，加强对互联网违法行为和不良信息的整治。湖南省网络举报部门着力打造"湖南省互联网违法和不良信息举报中心"，畅通举报渠道，及时受理处置网民举报，维护公众合法权益，建设清朗网络空间。仅 2019 年 6 月，湖南省违法和不良信息举报中心、各市州委网信办、属地各网站采取有力措施，积极推进网络举报工作，共受理社会公众举报信息 63654 件，其中有效举报信息 61254 件。其次，推进"互联网＋监督"平台，进一步加强网络民主监督。为了推进全面从严治党，加强权力制约监督，按照"统一平台、统一标准、统一实施、三级运维、基本功能、各具特色"的思路，中共湖南省委、省政府着力打造了湖南省"互联网＋监督"平台，依托省电子政务外网云平台总体框架，利用现有基础设施、应用环境和系统资源进行建设。该平台围绕"钱从哪里来、花到哪里去、干了什么事、效果怎么样、有没有问题"这条主线，将各类民生资金特别是扶贫资金的拨付、发放和使用情况全面公开，实现对每笔资金从上至下、从部门到农户到个人到项目的全程监督。群众可通过平台门户网站、移动 APP、微信公众号等途径，足不出户地对民生、扶贫资金使用、发放情况进行实时监督，倒逼职能部门及

---

① 《引领网信事业发展的思想指南——习近平总书记关于网络安全和信息化工作重要论述综述》，载《人民日报》2018 年 11 月 6 日，第 5 版。
② 《中共中央关于党的百年奋斗重大成就和历史经验的决议》，载《人民日报》2021 年 11 月 17 日，第 1 版。

时发现、纠正问题。新媒体从业人员的引导工作要以还原互联网的民主属性，形成自觉、自主、自治的网络舆论平台为搭手。

（二）倡议网信精神，引领新媒体代表人士建设网络强省

首先，要及时、准确地宣传中国共产党的理论、路线、方针、政策和重大决策，真实反映改革发展中出现的困难、矛盾和问题，客观报道各行各业涌现出的典型事迹和先进经验；要把握群众脉搏、反映群众诉求、体现群众意愿、代表群众利益，使互联网成为人民倾诉心声、反映意愿、体现权利的有效平台；要积极、有效地进行网上舆论监督，帮助党和政府改进工作，解决实际问题，维护社会稳定，促进社会和谐；要贯彻"三贴近"的要求，使各种媒体的宣传内容更加生动活泼、入情入理、充满生活气息、富有吸引力；要通过灵敏准确、新鲜活泼的新闻信息以及形式丰富、内容生动、群众喜闻乐见的优质文化产品，占领文化传播制高点，掌握舆论引导的主动权，积极引导社会热点，更好地满足人民群众的信息需求和文化需求；要紧密结合社会热点，用大量鲜活、贴近群众、富有生命力的宣传报道吸引读者，力求让党的新闻报道动起来、活起来。

其次，要建立一套具有快速反应能力的网络舆情监控机制，及时掌握网上舆论动向，密切关注可能引发思想混乱和可能诱发社会动乱的信息源，切实当好网络信息传播的"监管人"；对那些没有依据的假新闻，应及时用事实澄清，并开展有效的正面宣传教育，将不良信息的负面影响降到最低；要稳步实施网络伦理道德教育，倡导网络文明，引导新媒体从业人员加强自我修养，提高慎独、自律、共存意识，使网络空间成为既高度开放又高度文明的宣传阵地。

三、"湘字品牌"媒体领军，发出"湖南声音"

（一）弘扬"湖湘精神"，引领新媒体代表人士弘扬正能量发挥带动作用

要做好湖湘文化的宣传工作，不断弘扬"湖湘精神"，提高新媒体代表人士舆论引导能力，这也是宣传工作的关键。要多在提高正面宣传质量和水平上下

功夫，多在增强吸引力和感染力上想办法，注重研究宣传规律，不断提高宣传技巧，及时掌握新的话语方式，避免模式化、概念化、套路化，让群众爱听爱看，产生共鸣。特别要把握好时、度、效，研究透怎么报道、什么时候报道、报道什么，注意不要把简单的问题复杂化，不要把个别现象说成普遍现象，引导广大群众明辨是非，分清主次，区分本质和表象。比如说，近年来新媒体代表人士围绕常德发展大局，在创新创造、对外宣传、社会舆论引导、当好中国共产党的方针政策的"传声筒"和"扩音器"等方面，发挥了很重要的作用。如2017年常德市举办了柳叶湖国际马拉松赛，尚一网、常德电视台、常德融媒、常德发布微信公众号对其进行了转播，让柳叶湖优美的风景、常德最美的赛道直达全球网民。在"网友眼中的新常德"系列网友体验活动中，恩施、宜昌、潜江、荆州、岳阳、湘西、张家界、怀化、益阳、铜仁周边十市州的知名网友来常德参观，感受常德经济社会发展新成就，网友纷纷利用各自的网络平台大手笔报道大小河街、老西门、常德湘雅医院、桃花源等地日新月异的变化，极大地扩大了常德的知名度和影响力。"网友眼中的新常德"微博话题浏览量达137万人次，连续三天位列全国旅游榜前五。2017年，新媒体平台共推出各类宣传推介常德的报道70多篇，累计阅读量超200万人次。

（二）打造"文化统战"品牌，引领新媒体代表人士为促进和谐稳定发挥黏合作用

文化统战的内涵主要是四个方面，即合文化、义文化、和文化、根文化。统一战线是会聚高级知识分子和社会精英的"智囊团"，在人才、智力、资本、技术等方面都具有独特的优势。中共湖南省委统战部在加强党外知识分子和新的社会阶层人士工作方面，推进"跟党迈进新时代，同心共筑中国梦"等主题教育活动；指导省知联会成功换届，支持有关市县成立知联会和新的社会阶层人士联谊组织；推进新的社会阶层人士统战工作实践创新基地建设，长沙市被列为全国新的社会阶层人士统战工作创新推广城市，如位于湖南长沙岳麓区的

"58 众创"① 就被打造成为新的社会阶层人士统战工作示范基地，为建设富饶美丽幸福新湖南凝心聚力。其中，58 到家通过培训农村劳动力，目前众创空间入驻企业达 80 余家，70% 为互联网及关联行业，为 40 余万劳动者提供了工作机会，其中湖南籍占 10%，部分来自贫困县；58 农服与益阳市合作，共同开发出"益村"平台为当地农民提供党建、便民服务。

首先，新媒体要讲好富饶美丽幸福新湖南故事。统一战线的工作对象在不断变化更新、成长壮大，中央统战工作会议提出了新社会阶层中的新三类人员，即新经济组织和新社会组织从业人员、新媒体从业人员和归国留学人员，这些同样是文化统战工作的着力点。新媒体发展迅速，新媒体代表人士的地位和作用也越来越大。目前湖南省有网站 9 万家、网民 2685 万（截至 2015 年底），政务微博 1850 个，微信公众号 72 万个，新媒体企业从业人员 8 万多，网络意见人士 200 多。中共湖南省委常委、统战部长黄兰香在 2016 年 12 月 7 日全省新媒体代表人士学习贯彻省第十一次党代会精神座谈会上就专门强调"新媒体要讲好富饶美丽幸福新湖南故事"，"新媒体在建设富饶美丽幸福新湖南中发挥作用，要同频共振，讲好湖南故事，传递正能量，传播好声音，增强全省人民的文化自信。做强做大新媒体产业，打造一支响亮的新媒体湘军，打造移动互联网产业的新高地。把握方向，引导舆论，为建立清朗的网络空间、为和谐湖南做贡献。要当好党的方针政策的'传声筒'和'扩音器'，当好网民与党委政府沟通的桥梁和纽带，当好行业健康发展的'导航仪'和'风向标'，当好新湖南建设的'打鼓手'和'助推器'，做有温度、有担当、有影响力的新媒体"。在这次会议上，中国名博沙龙主席一清，湖南红网总编辑助理、舆情中心主任胡江春等新媒体从业人员和网络意见人士，围绕"凝心聚共识、助力新湖南"主题踊跃发言。2019 年 4 月 29 日，湖南红网新媒体集团副总编辑周珞在 2019 年湖南统一战线宣传工作座谈会上谈道："2018 年以来，红网刊发统战宣传工作原创稿件 1000 余条，转发其他媒体稿件 3000 余条，对民营企业、非公经济进行了浓墨重彩的宣传报道。如《民营企业有力量》、《统一战线'迎老乡回故乡建家

---

① "58 众创"是 58 集团旗下的全国性创业创投平台。58 集团在湖南的投资项目包括 58 到家、58 众创、58 农服和长银 58。

乡'》专题、《新时代同绘最大同心圆》视频访谈节目，等等。"

其次，要进一步打造"文化统战"品牌。如，2018年浏阳统一战线契合新时代要求，围绕"和"的核心理念，推出"浏阳和"统战符号，用品牌运营和文化赋能推动统一战线工作全面发展，凝聚统一战线成员及社会各界力量同心同行，构建大统战工作平台。作为"浏阳和"子品牌，"公益同心汇"是浏阳统一战线契合新的社会阶层人士服务要求，以浏阳59家社会公益组织为参与主体，由政府部门和统一战线团体相关部门共同参与的跨界合作平台。

最后，重视运用好传统媒体，充分发挥"一网一微两端两号"（三湘统战网、三湘统战公微、新湖南客户端、时刻新闻客户端、今日头条号、腾讯企鹅号）等"湘字品牌"新媒体优势。在中共十九大召开之前，开展第二届湖南"十大同心人物"评选表彰，举行迎接党的十九大统一战线新闻发布会，开展"统战部长共话同心圆""喜迎十九大·喜看统战新变化"等主题宣传，为迎接中共十九大胜利召开营造良好氛围。中共十九大召开后，推出"全省统一战线热议十九大报告""涉及统战的问题你要搞懂"等学习中共十九大系列专题，协调《湖南日报》刊发各民主党派省委主委、省工商联主席、无党派人士署名文章，对全省统一战线学习中共十九大精神情况进行立体式、全方位宣传，做到荧屏有影、报刊有文、网络有言，广泛凝聚了社会共识。开展好文化统战工作，就是借助新媒体代表人士宣传好中华传统文化，发挥好国家方针政策的正面宣传作用，鼓励新的社会阶层人士在国家建设中积极参与、作出贡献，为国家正声、正形，为促进社会和谐稳定发挥好黏合作用。

四、"服务'十四五'行动"凝心聚力，筑牢群众基础

中共二十大召开之后，湖南省委统战部始终把学习宣传贯彻中共二十大精神特别是习近平新时代中国特色社会主义思想作为首要政治任务，及时研究并下发《关于全省统一战线认真学习宣传贯彻党的十九大精神的通知》《关于深入学习宣传贯彻党的二十大精神 为全面建设社会主义现代化新湖南而团结奋斗的决定》，精心组织、扎实推进，完善了民族、宗教、新的社会阶层人士、港澳台及海外等各领域统战工作联席会议制度，锚定"三高四新"美好蓝图，加快推

动湖南高质量发展。

(一)"四同创建",夯实统一战线共同思想的群众基础

近年来,湖南各级统战部门按照省委统战部的统一部署,深入开展"四同创建"活动,探索了一条基层统一战线服务科学发展、实现自身科学发展的新路子。省委统战部和 11 个市州委统战部增设新的社会阶层人士工作处(科),各市州委统战部均设立知工科、成立党外知识分子联谊会,着力加强党外知识分子和新的社会阶层人士的团结引导。认真学习贯彻习近平总书记 2017 年 3 月 4 日重要讲话精神和全国新的社会阶层人士统战工作会议、全国党外知识分子座谈会精神,推动出台加强高校、新的社会阶层人士统战工作的实施意见,召开全省新的社会阶层人士统战工作会议和常德推进会进行全面部署。建立全省新的社会阶层人士统战工作联席会议制度,组织召开系列座谈会,举办无党派人士、归国留学人员、新的社会阶层人士等专题培训班,物色培育 30 名党外网络评论员,推动各地落实党政领导干部和有关部门列名联系新的社会阶层人士制度,支持成立省新媒体协会、省新媒体同心联盟、省网络作家协会等联谊组织,支持长沙、株洲、常德、邵阳等地创新方式方法、做实阵地平台、健全联谊组织,推动开展"知识力量""我新故我行""传递正能量·喜迎十九大"等系列活动,党外知识分子和新的社会阶层人士在创新创业、教学科研、维护意识形态安全等方面的积极作用得到较好发挥。

新媒体不仅是宣传,还可以与科技创新、公益事业结合起来,激发更多的正能量。如在第二届常德市党外知识分子"科技创新·贡献常德"活动成果展中,新媒体利用自身优势,推介了由党外知识分子主持或为主参与的科研项目成果 15 个,涉及工业、农业、教育、医疗、生物医药、环保节能等多个方面,其中国际先进以上技术 5 项,国内先进以上技术 8 项,国家发明专利 8 个,国家实用新型专利 8 个,绝大多数项目已经投入生产,并产生了显著的经济社会效益。新媒体代表人士还开展了脱贫攻坚、金秋助学、"同心励志"夏令营等活动,在 30 个社区、18 所学校开展线下与线上心理健康咨询服务,直接受益人群达 7 万人。近心帮、微善风爱心联盟等多家新媒体组织已成为奉献社会事业、

助力脱贫攻坚响当当的品牌。2016 年,"近心帮"获评全省统战工作实践创新奖。近两年,常德市新媒体代表人士通过网络渠道开展公益事业,累计捐款捐物超过 8000 万元。新形势下,要将思想认识再深化,将推进举措再强化,将工作责任再实化。全省各级党委统战部要夯实组织统筹的责任,统一战线各单位要落实推动参与的责任,相关市直部门要抓实服务扶持的责任,通过创建工作充分彰显统一战线围绕中心、服务大局的独特优势和重要作用。

(二)"五学两助",夯实统一战线共同思想的政治基础

湖南省委统战部坚持把用中共十九大、二十大精神教育引导统一战线广大成员作为重要责任,出台了《关于协助我省各民主党派加强思想政治工作的意见》,加强思想政治建设;从中共十九大后深化党外代表人士"两学一助"(学系列讲话、学优良传统、助力新湖南)学习教育,支持各民主党派、无党派人士深入开展"不忘合作初心、继续携手前进"主题教育活动,到中共二十大后全省统一战线开展的"五学两助"(学思想、学精神、学嘱托、学统战理论政策、学统一战线历史和优良传统)活动,助推统战工作高质量发展,助力现代化新湖南建设。在党外知识分子和新的社会阶层人士中开展坚持和发展中国特色社会主义、践行社会主义核心价值观主题教育活动,引导各领域统战成员认真学习、深刻领会中共十九大、二十大精神实质。统一战线广大成员"四个自信"更加坚定,跟党走的政治共识达到了新高度,夯实了习近平新时代中国特色社会主义共同思想政治基础。

近年来,湖南新媒体代表人士政治引领工作取得了一些成绩,但也存在一些差距和不足,如学习宣传贯彻习近平新时代中国特色社会主义思想和中共十九大、二十大精神有待进一步深入,对新媒体代表人士思想政治引领还须更进一步提高针对性、科学性、实效性,推动中央和省委关于新的社会阶层人士决策部署在各领域落地落实还需要进一步解放思想、创新举措,以政治建设为统领的党的建设还需要进一步落细落小落实等,在今后工作中要改进和加强。

第五节　新时代新媒体代表人士政治引领的路径选择

习近平总书记明确指出：必须把意识形态工作的领导权、管理权、话语权牢牢掌握在手中，任何时候都不能旁落。① 他在中共二十大报告中强调"牢牢掌握党对意识形态工作领导权，全面落实意识形态工作责任制，巩固壮大奋进新时代的主流思想舆论"，"增强实现中华民族伟大复兴的精神力量"。② 新媒体已然成为主流媒体，其代表人士的作用不容小觑，引导其政治观点，增进其政治认同，从而团结引领新媒体从业人员和广大网民凝聚在党和政府周围，为实现中华民族伟大复兴中国梦贡献力量。当前，增进新媒体代表人士的政治认同，发挥其政治引领作用，应在构建增进新媒体代表人士政治引领机制"大网络"上着力。

一、创新"理念"，构建思想引领"大网络"

（一）坚持以党的政治主张引领新媒体企业党组织思想建设

党和政府作为新媒体企业党建制度创新的供给主体，对宏观制度层面上的创新具有决定性作用。要继续加强全面从严治党，加强党性党风建设，加强反腐倡廉建设，建设学习型、服务型、创新型、引领型党组织。不断强化共同信念、认知模式、价值观、身份感等。执政党运行在非公有制企业中，其行为的有效性并不完全是由刚性化的制度影响力所决定的，还需要有相应的价值理念和文化支撑。要建立中国特色的非公有制企业文化，以马克思主义为指导，弘扬社会主义核心价值观，引导群众，塑造企业精神；紧紧抓住思想教育这个根本，提高新媒体代表人士思想境界，进一步培育党建参与主体的党建意识。推动新媒体企业、党组织、公司法人、党员、普通员工等组织与个人之间的信任

---

① 《习近平在中共十八届三中全会第一次全体会议上的讲话》，载《论党的宣传思想工作》，中央文献出版社 2020 年版，第 21 页。

② 习近平：《高举中国特色社会主义伟大旗帜　为全面建设社会主义现代化国家而团结奋斗——在中国共产党第二十次全国代表大会上的报告》，人民出版社 2022 年版。

与互动，进而产生制度化信任，营造良好的党建工作氛围。这对增强党组织的感召力、凝聚力和战斗力具有重要作用。

新媒体代表人士首先要当好党的方针政策的"传声筒"和"扩音器"。新媒体代表人士粉丝很多，影响很大。可以说，新媒体代表人士的素质决定网络的气质，新媒体代表人士的声音影响舆论的方向。新媒体代表人士要充分发挥自身优势，在引导社会舆论、维护意识形态领域安全等方面身体力行、发挥作用，引导广大网友和粉丝，弘扬主旋律，释放正能量。其次，新媒体代表人士要当好网民与党委政府沟通的"数据线"和"Wi-Fi"。新媒体代表人士在收集社情民意、建言献策、参政议政方面具有渠道便捷的优势，可通过各种途径将党委、政府的决策部署更加精准、更加快捷地传导到基层，传导给广大网民，同时将工作和生活中掌握的社情民意、较为普遍的合理诉求，及时向党委、政府及其有关部门反映。再次要当好行业健康发展的"导航仪"和"风向标"。新媒体代表人士联系着大量网友和粉丝，能量越大，责任越重，引导新媒体代表人士把握新媒体发展规律，遵循市场经济规则，遵守国家法律法规和行业规范，针对网上出现的错误思潮，要敢于亮剑、勇于发声；关切社会热点问题，发挥自身效应应对网络舆论，做好正面引导，积极推动行业的健康发展。最后要当好社会建设的"打鼓手"和"助推器"。新媒体代表人士与外界接触多，思想活跃、影响面广，往往站在时代前沿，引领风气之先。做强做优做大新媒体平台，要在新技术、新产品、新业态、新模式上下功夫。同时，团结引领广大新媒体代表人士立足本职岗位建功立业，多下基层调研人民反映最强烈、最需要解决的问题，多献务实之策，努力为推进全面建设社会主义现代化国家、实现中华民族伟大复兴提供更强大的力量支持。

（二）坚持以社会主义核心价值观引领新媒体企业文化建设

企业文化是企业凝聚力和活力的源泉。社会主义核心价值观作为当今社会的主流价值观，是最能团结广大人民群众的价值观。用社会主义核心价值观引领企业文化建设，可以正确把控企业发展的方向，同时使员工有着坚定上进的精气神，让企业发展更加科学有力。那么，如何把社会主义核心价值观融入新媒体企业文化建设？一是培育企业文化。积极推进社会主义核心价值观教育进企业，纳入理论中心组学习、中层干部学习、班组学习的重要内容，经常学、学经常，做到常学常新。以社会主义先进文化指导新媒体企业的文化建设，推进以企业文化为主要内容的理想信念教育，增强"四个意识"，树立新时代企业发展方向、主动践行社会责任和员工的正确道德观。把社会主义核心价值观为引领的企业文化延伸到新媒体企业管理的各个环节、各个部门和各个领域，融入企业管理和员工日常工作，努力营造一种务实、敬业、敢于担当的新媒体企业文化。通过建立法治企业，组织普法活动，以"依法经营、守法管理"等活动为载体，不断增强新媒体从业人员的守法意识，构筑意识形态"防火墙"，把守法纳入精神追求，付诸实际行动。二是党建工作融入企业文化建设。如通过开展道德实践活动、开展志愿服务活动、开展文化传承活动、开展各类竞技活动等方式，把企业的"理念文化"与党的思想建设、企业的"学习文化"与党的学习型组织建设、企业的"执行文化"与党的作风建设、企业的"管理文化"与党的制度建设结合起来，充分发挥党的政治优势和社会主义核心价值观体系的指导作用，把新媒体企业党建融入企业文化建设的全过程。三是打造网络载体。在互联网平台的助力下，通过微博、微信、微电影、手机视频等形式传播正能量，以正面声音和先进文化加大社会主义核心价值观在网络空间的传播力度。打造活动载体，新媒体企业可以建设自己的展览馆、图书馆等文化设施，在员工心目中打造"文化地标"，同时适时前往爱国主义教育基地等开展各种社会主义核心价值观教育活动。

（三）坚持以社会管理创新理念引导新媒体企业积极参与社会建设

信息的海量化和碎片化已经成为新媒体时代不可避免的一个现实趋势，如何积极应对海量信息和碎片化知识的挑战，提升主流意识形态话语的权威和传播影响力，已成为新媒体时代亟待解决的重要问题。要尽量从枯燥的理论讲授向视频、文字、符号、图片融合呈现转变，让主流意识宣传也能具有通俗性和趣味性。现在有一些新媒体做得很好的例子，譬如，非常流行的"一张图看懂十九大""一张图看懂二十大"等，在广大网民中间广为流传。因为它将深奥冗长的文字转化成了简单易懂的图片和数据，让人眼前一亮又容易记忆，可读性非常强。同时，新媒体代表人士可积极参与多种形式的社会讲学、办学、培训、科技咨询服务、慈善等活动，围绕产业转型升级、生态环境保护及乡村振兴等中心工作多出成果，提升社会服务能力和水平，并积极争取多方支持，切实发挥好"举旗手"的作用，努力成为"同心圆"中重要的一环。

二、全面掌握动态，构建资源整合"大网络"

（一）要树立新媒体理念，借助新媒体手段，搭建新媒体平台

建立一支符合新媒体特点、熟悉新媒体运作、拥有同新媒体代表人士沟通的共同话语环境、熟悉统战工作业务的工作队伍，是新媒体代表人士统战工作的基础性工作。当前统战部门无论是在新媒体使用意识、新媒体使用能力还是新媒体人员配置上，都存在一定的欠缺。在大统战工作格局的建立中，应充分利用新媒体形式，实现资源和信息的共享，各部门要及时建立统一的新媒体平台，实现数据信息网络化。统战工作部门要熟悉、了解新媒体在社会发展中的重要作用及其运行规律，并学会熟练使用新媒体。通过建立相关工作网站和信息管理，及时发布国家和社会事务、政府公务信息等。让每个人都能及时有效顺畅地了解到各部门的政策、工作流程等各方面信息，提高解决问题、服务管理的水平和效率。

（二）确定动态跟踪的调查统计工作机制

新媒体领域分布较为分散，流动性大，变化快，人员构成复杂，要增加对网络"意见领袖"的摸底调查，完善相关人员的档案资料，以便及时、准确、全面地掌握新媒体代表人士的各种情况。本次调研未着重分析网络"意见领袖"这一特殊群体，原因主要在于这一群体的真实信息短时间内难以掌握和追踪。课题组认为，下一步应加强对影响较大的网络"意见领袖"的了解，如网络编辑、新闻记者、社区版主等，了解他们的价值观念、利益诉求和思想动态。

（三）以省级为单位建立省级新媒体代表人士基础数据库

做好新媒体代表人士的统战工作，了解基本情况是前提与基础，这是进行

科学研究和决策管理的前提条件。统战工作部门有必要花大力气做好这一基础性工作，建立省级新媒体从业人员及其代表人士数据库，除了基本信息（姓名、性别、民族、籍贯等）外，更重要的是要了解其履职情况、政治表现、思想状况。尤其是对一些重大原则立场上的政治立场与态度，数据库还要专列一个链接栏，方便点击、浏览其工作平台的微博、微信、公众号等。

三、搭建交流平台，构建互动沟通"大网络"

牢固树立"大网络"的统战工作理念，将虚拟网络社会纳入视野，把新媒体从业人员和网络意见人士两大重点作为突破口，不断扩大团结面。联谊交友是统战工作的重要内容，也是统战工作的重要方式。

（一）"大统战"联谊平台的建立

由地方党委、统战部门牵头，加强与新媒体代表人士相关部门、单位的联络，协调机制建设。应建立新媒体代表人士工作联系制度，建立人员联系点，聘请联络员，定期或不定期召开联络员会议。如党派处、经济处、知工处加强与宣传部门、广电集团（公司）、文化广播新闻出版局、各种全媒体运用与管理单位、报纸杂志的新媒体平台运营管理机构等的联络，建立专员联络制度、定期情况通报制度、定期例会制度、联席会议制度、联合培养制度等。

除了宣传部负责新媒体人士业务方面的指导，统战部负责思想引导与政治安排，大统战工作格局的建立还需要经信、民政、公安、人社、商务、科技、文化传播等与其息息相关的部门的配合和参与。加强统战部门与相关部门的沟通、配合，建立多边的信息、资源共享机制，明确各部门职责和在统战工作中的角色，需要上级党委予以高度重视，从上到下统筹协调和安排，使大统战意识深入每个部门的工作中，共同下好新媒体代表人士统治工作这盘棋。

（二）丰富经常性联系渠道，加强线上互动、线下沟通

首先，要通过集体活动广泛联系，了解掌握其思想动态和意见诉求，帮助其解决实际问题。可以定期组织进行心理体检，不定期组织参加心理健康知识培训，

或者参加心理健康促进活动；定期选派干部赴新媒体企业挂职锻炼，或邀请他们来统战部门参观、挂职，从而最终达到双方互相熟悉、尊重、认同的目标。

其次，要建立健全新媒体代表人士联系群众、反映社情民意的工作机制。使他们更好地发挥政府与群众之间的桥梁纽带作用，准确表达社情民意，做好政府与人民的通讯员，有利于构建和谐的社会民主关系，增强人民群众对社会主义民主政治建设的共识。

最后，通过直接对话密切联系。具体统战部哪个科（处）室专门负责统战新媒体代表人士这块工作，需要从省到市再到县区进行统一安排，尽量保证对接部门的统一性，以落实联系交友的范围和分工，以座谈会、恳谈会、茶话会、谈心交流、走访慰问等方式，建立双向沟通管道，密切双方关系，增进相互了解。

四、净化网络空间，构建综合施治"大网络"

虚拟网络空间环境的净化，离不开新媒体代表人士的参与，相关部门应联起手来齐抓共管，由唱独角戏转变为综合管控。

（一）建立联动机制

积极构建党委统一领导、统战部门牵头负责、各相关方面相互配合的协调联动机制，联合宣传、文化、网管、新闻出版、民主党派、工商联等机关事业单位和社会团体，实行综合施治。以街道、社区和"两新组织"为支撑点，建立纵横交叉的新媒体代表人士工作运行机制，横向与组织、宣传、政法、人力资源、民政、工商联等部门实现协同，纵向实现县（市、区）、街道、社区三级协同。

（二）加强法治管理

自 2014 年 7 月出台"微信十条"后，2015 年 2 月网信办出台"昵称十条"（《互联网用户账号名称管理规定》），同年 4 月出台"约谈十条"（《互联网新闻信息服务单位约谈工作规定》），新媒体传播立法在提速，并进入精准化发展阶段。下一步要继续加强有关市场秩序、社会公共利益等方面的监督管理，推进政府运用新媒体进行政务公开和信息公开的进程。因此，要严格执行《互联网用户账号名称管理规定》《互联网新闻信息服务单位约谈工作规定》，对新媒体传播进行立法，完善政治理论发布、利益诉求、公开听证等各项流程，进一步完善法制、行政、职业操守和舆论监督等外在约束机制。积极构建新媒体自律管理体系，建立起网站管理、政策规范、公众道德等层面的自律机制。

（三）坚持正向引领

改变以粉丝数、关注量为衡量标准的传统评价方式，而是从其是否真正站在公众角度出发问政于民，是否真正有效化解社会矛盾、为公众创造公平、正义的网络环境来评判。建立规范的工作流程和标准，引导新媒体代表人士在各自平台上正面发声，真实反映公众诉求，打造健康的、去功利化的新媒体。实时跟踪、研判新媒体代表人士的思想动态、政治诉求和利益需求，从理想信念入手，引导他们加强政治理论学习，增强其对中国特色社会主义的道路自信、理论自信、制度自信、文化自信。坚持"不抓辫子、不打棍子、不戴帽子"的原则，引导他们恪守职业道德、践行职业精神，增强其政治鉴别力，最大限度地调动其服务党和国家工作大局的积极性。

五、支持参政议政，构建政治参与"大网络"

帮助新媒体代表人士找到组织、找到"家"、建立归属感是亟待做的工作。应引导新媒体代表人士有序政治参与，支持他们参政议政，积极满足新媒体代表人士的政治参与意愿。

（一）积极稳妥吸收优秀分子入党

用党建促进新媒体代表人士政治认同的升级，对那些在新媒体岗位上政治、思想和技术表现突出的优秀代表，本着"个人自愿"的原则，由党委统战部门牵头，优先做好他们的入党推荐工作，以增强其政治责任意识。在有条件的新媒体企业中建立中共党组织；在未建立中共党组织的新媒体企业中，可考虑建立党建联络站，物色合适人选担任联络员。

（二）稳步充实民主党派组织

把新媒体代表人士当中的一部分拥护党的领导、承认民主党派章程、符合民主党派成员条件的有代表性的进步知识分子适当吸收到民主党派中来。民主党派可根据自身特点和协商确定的重点分工，适当、相应地吸收新媒体中的代表人士，为更多的新兴社会阶层人士提供稳定而制度化的政治参与通道，将其参政活动安排到现有的政治框架和体制中来。

（三）引导加入各种社团组织

可以通过加入由中国共产党直接领导的人民团体、由统战部直接联系和指导的社团、官方或半官方行业协会、民间组织、职业性社团等组织，找到自己的群体和队伍，获得组织依托和社会归属感，并通过组织的桥梁更好地参与社会管理，维护自身权益，实现自己的政治理想。如帮助建立省级新媒体代表人士联谊会，既可以让他们产生归属感，方便进行业务交流和感情建设，也方便统战部门与他们搞好团结，加强沟通。

（四）加大政治安排力度

首先，拓宽安排渠道，做好政治过硬、管理能力强、社会影响大、群众口碑好的新媒体代表人士的政治安排工作。增加一定比例，做好部分有政治发展意愿、社会活动能力强的新媒体代表人士的挂职锻炼、轮岗锻炼工作，让他们接受历练，砥砺成长，提高整个新阶层对政治安排的满意度。

其次，在党委和政府内部选拔培养一批体制内的新媒体代表人士。如加大在各级人大、政协、工商联、妇联、共青团及青联等组织中新媒体代表人士的比例；鼓励党内人士成为网络"意见领袖"，使之在面对一些热点问题时既能明辨事实真相，又能发表客观实际的看法，引领正确舆论的传播。

六、完善政策体系，构建引导机制"大网络"

加强对新媒体代表人士政治认同的引导是一项系统工程，完备的政策、健全的机制是重要保障。

(一) 完善领导机制

中共十九大报告指出，东西南北中，党是领导一切的。加强党的领导，充分发挥各级党委总揽全局、协调各方的作用，进一步强化各级统战部门的牵头职能，明确有关党政部门、工会、共青团、妇联等社团组织的责任分工，研究建立各有关部门与统战部门相互协调配合的工作联动机制，完善新媒体代表人士联席会议制度。把新媒体代表人士政治认同纳入街道、社区党组织工作范围，建立基层全覆盖的工作网络。

(二) 创新引导机制

新媒体代表人士大多受教育程度高，政治参与意愿较强。应针对新媒体代表人士的特点，通过举办行业论坛、开展学术交流等活动，组织专题讨论，引导这一群体加强自律，增进政治认同。加强教育培养，发挥各级党校、干部学院、社会主义学院的功能，定期选送新媒体代表人士代表参加培训，并从中发现培养"举旗手"。

(三) 落实服务机制

新媒体代表人士多为企业家，具有一定经济实力，引导他们在围绕中心、服务大局方面展现作为，积极参与国家发展战略实施，积极参与统一战线品牌服务，引导广大新媒体代表人士更好地体现优势、发挥作用、推动发展。

(四) 强化保障机制

设置专门工作机构，配备好编制、人员、场地、设备、经费等，确保有人管事做事。建立工作运行机制，完善信息交流、考察评价、表彰奖励等机制，充分发挥党报、党刊、党台、党网的宣传主阵地作用，大力宣传新媒体先进人物及其事迹。建立利益协调机制，畅通新媒体代表人士的利益诉求渠道，定期组织召开新媒体代表人士座谈会，完善维护新媒体代表人士合法权益的法规条例，及时进行维权反馈，保障新媒体代表人士能公开公平地投身市场竞争，确保其能和其他阶层人士一样共享改革发展的成果。

总之，新时代新媒体代表人士政治引领是统战工作的新领域，没有现成经验可以借鉴，且这一阶层仍处在变化发展之中，因此需要不断明确责任，加强新媒体代表人士政治引领的职能完善；创新方式，建立新媒体代表人士信息获取机制；拓宽平台，优化新媒体代表人士政治参与机制，从而不断引导和帮助新媒体代表人士健康成长，支持和推动新媒体行业健康发展。

第五章
新时代党外知识分子规律特点与工作对策研究

党的十八大以来，党外知识分子工作开启了新时代。以习近平同志为核心的党中央高度重视知识分子工作，就此提出了一系列新思想新观点新论断。中共中央颁布的《中国共产党统一战线工作条例》，将统战工作范围和对象界定为民主党派成员、无党派人士、党外知识分子、少数民族人士、宗教界人士、非公有制经济人士、新的社会阶层人士、出国和归国留学人员、香港澳门同胞、台湾同胞及其在大陆的亲属、华侨归侨及眷属、其他需要联系和团结的人员12大类，其中大部分都是党外知识分子。可以说，新时代党外知识分子人数多、分布广、层次高、作用大，是建设中国特色社会主义事业不可或缺的重要力量，在实施科教兴国、人才强国、创新驱动发展战略、维护意识形态安全等方面发挥着不可替代的作用。如何开展好这个群体的统战工作，把他们紧密团结在党和政府周围，是摆在各级统战部门面前的重要课题。

党外知识分子工作是统一战线的基础性、战略性工作。随着社会的发展和时代的变革，传统的党外知识分子统战工作出现了一些现实问题和短板。根据新时代党外知识分子的专业理论和能力较强、价值取向多元化、政治认同度高、政治诉求增强等新特点，需要从切实增强党外知识分子工作主体责任、全面认识新时代党外知识分子的特点、着力创新党外知识分子工作方法、探索增加党外知识分子工作载体等多个方面，对党外知识分子工作进行新的调整。

第一节　新时代党外知识分子的思想特征与工作要求

一、新时代的党外知识分子及其思想特征

（一）党外知识分子

知识分子是具有较高文化水平的，主要以创造、积累、传播、管理及应用科学文化知识为职业的脑力劳动者，分布在科学研究、教育、工程技术、文化艺术、医疗卫生等领域。随着高等教育水平的不断提高，具有高学历的人才越来越多，知识分子如科学家、艺术家、学者等越来越多，在我国政治、经济、文化、社会各个领域发挥了重要作用。习近平总书记在2017年两会期间对知识分子工作进行了集中阐述，指出做好知识分子工作要识才、爱才、用才、容才、聚才，各级领导干部要善于同知识分子打交道，做知识分子的挚友诤友。[①]

党外知识分子特指没有加入中国共产党的知识分子，其中包括参加各民主党派的知识分子和没有参加任何党派的无党派知识分子。党外知识分子是党和国家的人才、社会精英。中华人民共和国成立以来，学界对党外知识分子的内部结构划分有不同的认识：一是根据劳动的复杂程度、技能等级与报酬划分，党外知识分子可分为受过中等专业教育的工作人员、受过高等教育的工作人员、从事科学、技术、政治理论、政治和经济领导工作的最有经验和创造性、积极性的工作人员。二是根据社会职业划分，党外知识分子可分为在物质生产部门工作的生产知识分子、在劳动人民保健部门工作的医务知识分子、教育知识分子、文化教育知识分子、艺术知识分子、行政知识分子、科学知识分子、军事知识分子。三是新时代党外知识分子的内部构成，其中又可分为三类：第一类是直接从事物质资料生产的党外知识分子，包括企业管理人员中的党外知识分子、工程技术人员中的党外知识分子、农业技术人员中的党外知识分子；第二

[①] 习近平：《我国广大知识分子要主动担当积极作为 为国家富强民族振兴人民幸福多作贡献》，载《人民日报》2017年3月5日，第1版。

类是从事精神产品生产的党外知识分子,分布在文化教育、科学研究、文学艺术创作、医疗卫生、体育等领域;第三类是社会事务管理中的党外知识分子,包括党政军机关中从事管理工作的知识分子和社会团体中从事管理工作的知识分子。

(二) 新时代党外知识分子的思想特征分析

整体来看,党外知识分子队伍整体呈现一些新的特征:人数迅速扩张;年轻化,层次越来越高;思想观念更新,民主参政意识增强;党外知识分子的作用和地位提升到了新的高度。课题组通过对民主党派人士、无党派人士、高校、国家机关和企事业单位中的党外知识分子的进一步调研分析,以随机抽样和无记名网络问卷模式了解其对中国共产党的路线方针政策和经济社会发展情况的观点看法、最关心的意愿诉求和对党委统战部门的意见建议等,共收集问卷 600 份,其中有效样本 542 份,有效率为 90.3%。围绕政治认同、价值取向、意愿诉求、作用发挥等方面分析研究,新时代党外知识分子主要呈现四个特征:

一是高水平政治认同,"四个自信"进一步增强。党外知识分子眼界开阔,思想活跃,在主流上认同我国新型政党制度和社会主义制度。调查显示,90.4%的党外知识分子非常认同或认同中国特色社会主义道路;88.7%的党外知识分子不认同中国效仿西方民主形式;90.5%的党外知识分子认同中国共产党领导的多党合作和政治协商制度,认为我国的政党制度符合我国的基本国情,中国不能实行西方国家的多党制和两党制。92.2%的党外知识分子认为中华文化具有自身优势,应树立文化自信和文化自觉。83.4%的党外知识分子不认同社会主流意识形态多元化,应大力宣传和践行社会主义核心价值观,这有利于最大限度凝聚价值共识。大部分被试的党外知识分子高度认同习近平新时代中国特色社会主义思想,对实现中华民族伟大复兴的中国梦充满信心,纷纷表示:习近平新时代中国特色社会主义思想写入中国共产党党章、载入宪法,是全党全国各族人民为实现中华民族伟大复兴而奋斗的指路明灯,党外知识分子应自觉做坚定信仰者、忠实实践者。在回答"如何看待中共十八大以来的高压反腐举措和全面从严治党的决心"时,94.3%的党外知识分子表示坚决拥护(见图5-1)。这表明,绝大多数党外知识分子充分相信中国共产党有自我净化、自我完善、自我革新、自我提高的能力,真诚希望在以习近平同志为核心的党中央领导下,早日实现中华民族伟大复兴的中国梦。

项目	百分比
坚决拥护党的十八大以来的高压反腐举措和全面从严治党的决心	94.3
高度认同习近平新时代中国特色社会主义思想	98.8
认为应大力宣传和践行社会主义核心价值观	87.2
认为应树立文化自信和文化自觉	95.9
认同中国共产党领导的多党合作和政治协商制度	90.5
不认同中国效仿西方民主形式	89.6
高度认同中国特色社会主义道路	98.1

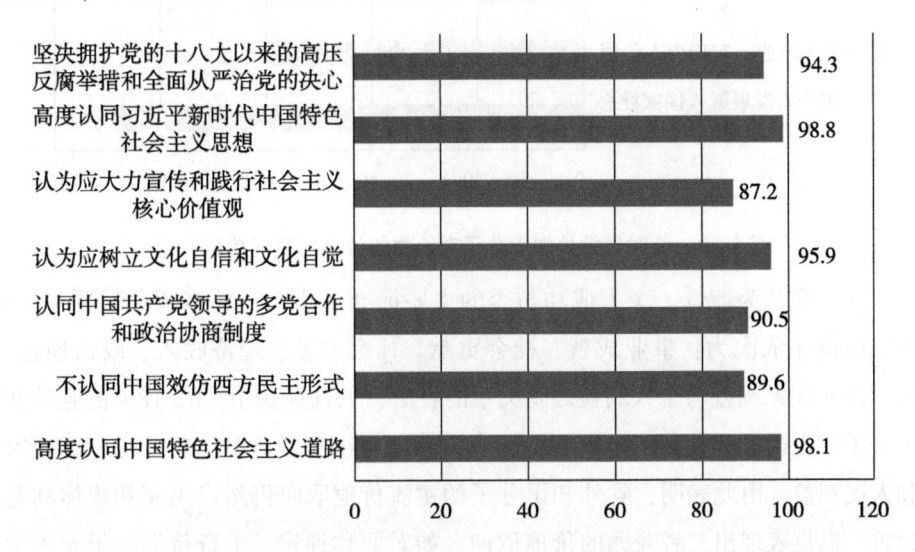

图5-1 新时代党外知识分子政治认同看法(单位:%)

二是价值取向积极,能够将个人发展融入国家发展之中。调查显示,广大党外知识分子认同社会主义核心价值观,价值取向呈现多元化特点,注重个人与社会并重,家庭与事业统一。在有关人生的价值判断的多项选择题中,认为在于"把个人发展融入国家社会发展之中"的占89.1%;认为在于"成就个人事业,实现个人价值"的占59.2%;认为在于"拥有较高的政治、社会地位"的占19.2%;认为在于"享受生活"的占20%;只有10.1%的党外知识分子认为在于"拥有金钱和财富的多少"(见图5-2)。

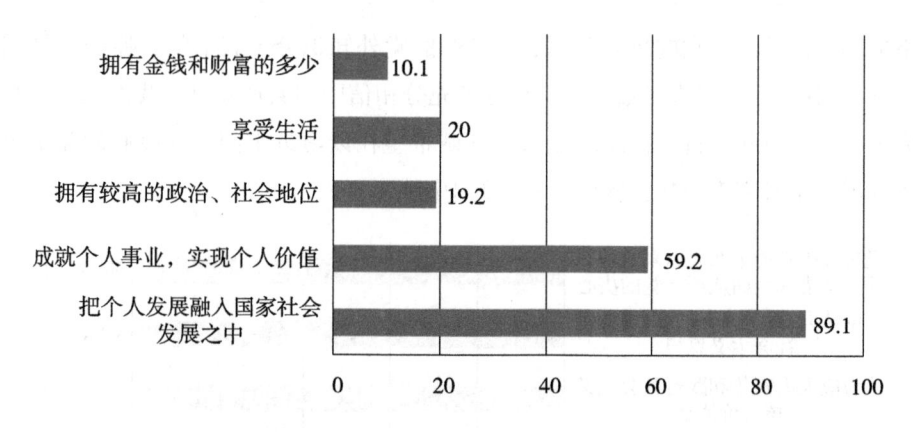

图 5-2 新时代党外知识分子对人生的价值判断（单位:%）

拥有金钱和财富的多少 10.1
享受生活 20
拥有较高的政治、社会地位 19.2
成就个人事业，实现个人价值 59.2
把个人发展融入国家社会发展之中 89.1

在"您认为衡量一个人成功与否的主要标准是什么"的多项选择题中，5个选项排序依次为：事业成就、社会贡献、社会声誉、经济收入、政治地位。在"您对国家利益与个人利益之间关系的看法"的选择题中，81.18%的党外知识分子认为国家利益高于个人利益，当二者之间出现矛盾时，应首先考虑国家和人民利益。由此表明，党外知识分子的主流价值取向仍然以国家和集体利益为重，但也表现出二者兼顾的价值取向，如对职称评定、工资待遇、子女入学等也极为关注。

三是家国情怀强烈，对意识形态领域的理性认识进一步增强。大多数党外知识分子面对国家发展中出现的一些突出矛盾和社会热点问题能够进行独立思考、理性分析，不盲从、不偏激。调查显示，绝大多数党外知识分子认为我国社会发展中出现的一些突出矛盾和问题，不能引入西方政治体制解决，应该立足中国国情认真调研，积极为问题解决提出建设性意见。90.3%的党外知识分子认为"网络新闻舆论自由"没有绝对的自由，只是相对自由。90.4%的党外知识分子对"网络中歪曲历史、抹黑民族英雄等历史虚无主义言论"表示应该坚决抵制，亮剑发声，体现了新时代党外知识分子具有强烈的家国情怀和责任担当。

四是政治诉求较强，期望扩大有序政治参与的机会。从调查看，随着我国民主政治发展进程的推进，党外知识分子的政治参与热情越来越高涨，对民主权利的诉求也表现得更加直接。根据调查显示，近90%的被试认为参政议政是责任，应当积极参与、履行职能、发挥作用；有 87.63% 的被试关注政治安排，认为担任政协委员和人大代表，可以在更宽泛的领域和更高的层次上为国分忧、为民代言。在"您认为党委和政府应着重从哪些方面进一步加强对党外知识分子的关心和支持"多项选择题中，前 4 个选项的排序依次为：提供更多政治参与的机会和平台、畅通意见表达渠道、建立政治诉求表达机制、对参政议政提供更多制度保障。由此可见，必须下大气力做好教育引导工作，确保党外知识分子自身价值在更多有序参与中得以充分展示。

调查显示，近 5 年中，被试者中有 240 人参加过所在单位党组织或各级统战系统组织的教育培训，占比 44.28%；此外还有 25 人参加过一定形式的挂职锻炼，占比 4.61%。参加过培训的 240 名党外知识分子中，有 197 人对统一战线方针政策"了解"或"部分了解"，反映出近 5 年来统一战线开展大规模培训工作取得了实效。在"您喜欢哪种形式的教育培训"多项选择中，6 个选项的排序依次为：社会实践调研、案例讨论、专题讲座、现场实地教学、典型人物现身说法、其他（见图 5-3）。

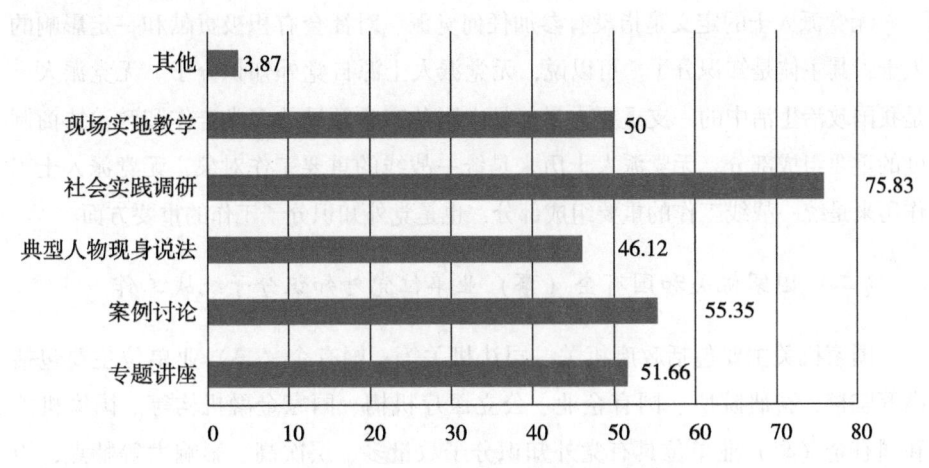

图 5-3　新时代党外知识分子教育培训形式偏好（单位:%）

形式	百分比
其他	3.87
现场实地教学	50
社会实践调研	75.83
典型人物现身说法	46.12
案例讨论	55.35
专题讲座	51.66

由此可见，党外知识分子希望以灵活多样的培训形式，来提高自己的综合能力。在意见建议中，许多党外知识分子也提出希望多给他们学习锻炼、参观考察的机会，以提升自身发挥作用的能力素养。这为今后更好开展党外知识分子政治培训提供了参考依据。

总体来看，新时代党外知识分子的"四个自信"进一步增强，对中国特色社会主义制度的独特优势的认同度进一步提高，走中国特色社义道路的自觉性更加坚定。与此同时，"四个意识"不断增强，对以习近平同志为核心的党中央衷心拥护，坚定不移跟中国共产党走的政治共识达到了新高度。这也从侧面反映出党外知识分子统战工作取得了一定成效。

二、新时代党外知识分子工作的内涵

习近平总书记强调："党外知识分子工作，是统一战线的基础性、战略性工作。"[①] 其基础性体现在：党外知识分子是统一战线各界代表人士的主要来源；其战略性体现在：党外知识分子对推进中国特色社会主义事业"五位一体"总体布局具有重大意义。目前，党外知识分子统战工作主要包括以下四方面内容[②]：

（一）无党派人士工作

无党派人士的定义是指没有参加任何党派、对社会有积极贡献和一定影响的人士，其主体是知识分子。可以说，无党派人士源自党外知识分子。无党派人士是我国政治生活中的一支重要力量，是中国共产党领导的多党合作和政治协商制度的重要组成部分。无党派人士历来是统一战线的重要工作对象，无党派人士工作历来是统一战线工作的重要组成部分，也是党外知识分子工作的重要方面。

（二）国家机关和国有企（事）业单位党外知识分子统战工作

国家机关主要包括政府机关、司法机关等；国有企（事）业单位主要包括高等院校、科研院所、国有企业、公立医疗机构、国家金融机构等。国家机关和国有企（事）业单位具有党外知识分子数量多、层次高、影响大等特点，历来是党外知识分子工作的重点领域。

[①]《习近平在中央统战工作会议上强调 巩固发展最广泛的爱国统一战线 为实现中国梦提供广泛力量支持》，载《党建》2015 年第 6 期，第 4－5＋15 页。

[②]《党外知识分子统战工作包括哪些方面？》，载三湘统战网 https：//www.hnswtzb.org/content/2018/03/15/6286664.html，最后访问日期：2018 年 3 月 15 日。

（三）新经济组织和新社会组织党外知识分子统战工作

改革开放以后，我国出现了包括民营科技企业的创业人员和管理技术人员、受聘于外资企业的管理技术人员、私营企业主、个体工商户、中介组织从业人员、自由职业人员在内的新的社会阶层人士，形成了新的社会阶层人士统战工作。其中私营企业和外资企业管理技术人员、中介组织从业人员、自由职业人员被统称为新经济组织和新社会组织知识分子或自由择业知识分子，与之相适应的统战工作，即新经济组织、新社会组织党外知识分子统战工作，或自由择业党外知识分子统战工作。

（四）出国和归国留学人员工作

改革开放以后，我国留学人员队伍不断扩大，逐渐成为一个重要的社会群体。2000年，中共中央有关文件第一次将出国和归国留学人员纳入统战工作范围。2006年，中共中央有关文件就做好留学人员统战工作提出了明确要求。出国和归国留学人员工作成为党外知识分子工作的重要方面。

三、新时代党外知识分子工作的新要求

党外知识分子统战工作的根本任务就是巩固共同思想政治基础。习近平总书记指出："中国共产党同各民主党派和无党派人士团结合作，是建立在共同思想政治基础之上的。今天，我们的共同思想政治基础就是中国特色社会主义。"[1] 因此，如何更好地把党外知识分子的思想和行动团结到中国特色社会主义事业中来，是新时代党外知识分子统战工作的新要求。

第一，引导党外知识分子热爱社会主义祖国。党外知识分子具有爱国主义优良传统，具有特殊的爱国情怀。在中国革命、建设和改革的不同时期，广大党外知识分子饱含爱国热情为国家作出了积极贡献。进入新时代，引导广大党外知识分子弘扬爱国主义优良传统是统战工作的重要内容，也是党外知识分子思想政治工作的重要任务。爱国主义在不同历史时期有不同的内涵，我们今天

---

[1] 《习近平同党外人士共迎新春》，载《人民日报》2013年2月8日，第1版。

所谓的爱国,就是热爱社会主义祖国,同时热爱领导社会主义事业的中国共产党,因为"只有坚持爱国和爱党、爱社会主义相统一,爱国主义才是鲜活的、真实的,这是当代中国爱国主义精神最重要的体现"①。

第二,引导党外知识分子拥护中国共产党的领导。自觉接受和拥护中国共产党的领导,是党外知识分子与中国共产党团结合作的重要基础。新时期,拥护中国共产党的领导不仅是党外知识分子的政治自觉,更是他们的政治责任,因为,党的领导已经成为我们共同事业取得胜利的根本保证。中共十九大报告指出,"中国特色社会主义最本质的特征是中国共产党的领导,中国特色社会主义制度的最大优势是中国共产党领导"。拥护中国共产党的领导,就是要拥护中国共产党的路线、方针和政策,在思想和行动上自觉与中共中央保持一致,始终保持与中国共产党同心同德。对青年党外知识分子而言,引导拥护中国共产党的领导不能是简单的政治灌输,而是"要强化'大统战''大文化'理念,把中国共产党领导地位的确立放在中华民族伟大复兴的历史进程中来考察和论述,将中国古代思想文化史、中国近现代思想史、中共党史、民主党派史、中国政党制度史融为一体,以史带论,讲清楚'历史选择了党、人民选择了党'的历史合法性,以及'坚持和发展中国特色社会主义'这个最大共识的历史文化基础,进一步明确自身的时代使命,把个人理想融入国家发展、民族振兴伟业当中"②。

第三,引导党外知识分子全心全意为人民服务。全心全意为人民服务是中国共产党的根本宗旨,是党的一切工作的根本出发点和落脚点。中国共产党的事业就是人民的事业,所以必须一切为了人民,充分依靠人民。历史经验表明,只有一切为了人民,中国共产党的事业才能有光明前途;只有充分依靠人民,中国共产党的事业才会兴旺发达。我们任何时候,任何条件下都不能丢掉全心全意为人民服务的根本宗旨。进入新时代,中国特色社会主义共同事业要求我们必须继续坚持以人民为中心,全面贯彻落实好全心全意为人民服务的根本宗

---

① 习近平:《大力弘扬伟大爱国主义精神 为实现中国梦提供精神支柱》,载《人民日报》2015年12月31日,第1版。

② 王娜娜:《新时代青年党外人士统战工作思考》,载《团结报》2017年11月28日,第8版。

旨。党外知识分子是人民的一部分，所以中国共产党的事业既要以他们为对象，实现他们的利益，同时也要充分依靠他们来完成共同目标。党外知识分子实践全心全意为人民服务的宗旨有不同的要求，那些参加国家政权或在国有企业、事业单位担任公职的人员，为人民服务是政治责任，而那些自由职业者或在私企和外企供职的人员，为人民服务具有了特定含义，主要是要求他们树立正确的价值观，在处理个人利益、社会公共利益、国家利益等利益关系时有正确的判断标准。

第四，引导建立并完善相应党外知识分子团体组织，扩大团结对象范围。由于党外知识分子成员规模不断增长，在开展统战工作时，往往采取由点到面的工作方式。① 党外知识分子总体上没有自身的组织系统，难以通过类似途径运行，在了解信息掌握情况方面存在诸多不便。因此，全面摸底以掌握当地党外知识分子全貌，根据实际情况组建党外知识分子联谊会、留学人员联谊会等，可以发挥纽带和枢纽的作用，将党外知识分子团结在一起，形成力量大汇聚。

总之，做好新时代党外知识分子统战工作，既要充分信任，又要加强引导；既要尊重知识，也不降格以求；既要一视同仁，又要分类施策；既要坚持原则，又要适度包容。

第二节 新时代党外知识分子工作存在的问题

进入新时代，随着社会结构变化、利益调整，人们的价值取向日益多元多样。在西方社会思潮尤其是西方政治价值观的影响下，有的党外知识分子在思想上仍然存在一些模糊认识和偏差，成为制约新时代党外知识分子作用发挥的主要思想成因。通过对调查结果的进一步分析，党外知识分子的政治认同呈现代际差异，40岁以下青年一代党外知识分子的政治认同与老一代党外知识分子存在较大差异；部分党外知识分子的政治诉求具有明显的功利性和盲从性；部

---

① 刘凌：《关于新形势下加强高校党外知识分子工作的思考》，载《湖南省社会主义学院学报》2016年第2期，第45－47页。

分党外知识分子认为统战部门的政策落实和服务保障不到位、工作机制和信息渠道尚未理顺,具体表现为党外知识分子工作机制不健全不顺畅、对当前党外知识分子选拔培养使用情况不太满意、作用发挥平台有待拓展。

一、从工作主体来看,党外知识分子工作主体力量薄弱

有学者打破党外知识分子工作主体就是各级党委统战部的相关处室或者党外知识分子所在单位的党组织的传统观念,将党外知识分子工作主体视为一个包含了五个层面的完整体系:决策层面——各级党委;协调层面——各级党委建立的统战工作领导小组或联席会议制度;指导层面——地域性统战部及相关处室;实施层面——党外知识分子相对集中的有关行业、单位党组织;执行层面——直接面对党外知识分子的基层党组织负责人及党员干部。[①] 从总体来说,党外知识分子统战工作主体系统,存在各层面主体权责不明晰,缺乏联动工作机制的问题。从各个层面来说,这个主体体系在各个层面都存在一定的问题,且各层面主体工作协同配合不够,导致党外知识分子统战工作力量薄弱。

(一)决策层面

一些地方和部门党委对新形势下党外知识分子工作的重大意义认识不够,致使仍然有某些党务工作者一心扑在党建和党员工作上,忽视党外知识分子的统战工作;缺乏责任感和使命感,不学习掌握党外知识分子的相关政策,并未将其看作统战工作决策需要优先考虑的维度。

(二)协调层面

各级党委统战工作领导小组事务繁多,而党外知识分子工作联席会议制度化不够,有待改进。在 2015 年中央统战工作会议召开以后,从中央到地方各级党委纷纷开始成立由书记担任组长的统战工作领导小组。各级党委统战工作小组在对贯彻落实重大决策部署和统战重大方针、政策、法律法规情况进行研究,

---

① 刘学军:《新形势下党外知识分子统战工作研究》,载《辽宁省社会主义学院学报》2018 年第 1 期,第 24-28 页。

指导各地各级各部门党委贯彻落实统战方针政策、法律法规，督促检查统战重大方针政策、法律法规的贯彻落实等方面都发挥了重要作用。但是统战工作涉及面广，任务越来越重，领导小组的工作也越来越多，党委与其他各个单位和部门还有其他方面的工作要做，很难再有更多的精力来承担日益繁重的统战工作。在其领导下的党外知识分子工作联席会议在日常运作、各个成员单位职能职责的明确和落实等方面的制度并不完善，不利于日益复杂的党外知识分子统战工作中的实际重大问题的解决。

（三）指导层面

地方各级统战部门的知工处室发挥指导作用不够强。统战部门在党外知识分子工作方面的主要职责是："了解情况、掌握政策、协调关系、安排人事、增进共识、加强团结等。"具体来说，统战部门在党外知识分子工作上主要是负责综合了解、检查督促贯彻执行知识分子政策情况；通过对党外知识分子的基本状况进行调查研究，提出党外知识分子统战工作的意见和建议；负责联系高等院校、科研院所、国有大中型企业党外知识分子的统战工作；负责联系、培养无党派代表人士和党外知识分子代表人士。从这些职能来看，都是宏观上的指导，并非具体工作的实施。而在现实中，这种指导作用并不明显，反而在党外知识分子具体实施上多有行动，造成各级统战部门相关职能的缺位、错位、越位。

（四）实施层面

很多单位和部门并未设立专门的统战机构，如一些高校、科研院所和国有企业等的统战工作都是由宣传部门负责，机构设置不完善。

（五）执行层面

一些基层党组织负责人和党员干部的责任心不强、能力不够、方法不力，所有的统战工作到最后都会落到统战工作者身上，但是从实际情况来看，有的统战工作者是临时抽调过来或者是兼任的，有的是对政策掌握不透的，有的是对工作流程和方法不熟的，所以造成党外知识分子统战工作的开展和推进不尽如人意。

二、从工作对象来看，新时代党外知识分子特点复杂

（一）党外知识分子人员众多且构成多样

"据第六次全国人口普查统计，我国党外知识分子已经达到8900多万，占知识分子总数的75%。"① 进入新时代，党外知识分子群体的数量不断攀升。截至2021年6月15日，中国共产党党员总数已跃升为9514.8万名，其中具有大专及以上学历的党员也有4951.3万名②，而2020年第七次全国人口普查数据显示，中国已有约2.18亿人拥有大专及以上文化程度。③ 诚然，仅用全国具有大学（大专及以上）教育程度的人口数量减去党内具有大专及以上学历的党员数量，并未考虑党外知识分子须有"一定代表性"等相关要求，故所得数值与党外知识分子的准确数量定有出入，但仍可从中管窥党外知识分子群体规模的扩张趋势。除了人员众多之外，党外知识分子的构成也相当复杂多样。党外知识分子队伍结构趋向多元化，职业分布范围广且多重身份叠加。党外知识分子是由统一战线各界中的知识分子构成，根据《中国共产党统一战线工作条例》第五条规定的统一战线工作范围和对象包括了12个方面，因此除了"党外知识分子"之外，还包括其余11个方面的知识分子都属于党外知识分子的范畴。这些知识分子，过去绝大部分分布在教育行业、医疗领域、科研院所以及事业单位，普遍为非生产性岗位和公有制企业。改革开放之后分布更加多元化：除了原来的机关事业单位，还增加了新经济组织、新社会组织以及新媒体。据统计，目前在全国3800万专业知识分子中，约有四分之一的党外知识分子在非机关事业和国有企业单位工作，而且党外知识分子的不少人是归国留学生或者有在西方发达国家访学或培训的经历。据统计，在中央国家机关知识分子中，有出国留

---

① 中央社会主义学院理论学习中心组：《画出最大的同心圆——习近平中央统战工作会议重要讲话精神学习讲座》，中共中央党校出版社2015年版，第85页。
② 刘维涛、孟祥夫：《中国共产党在百年伟大历程中不断发展壮大》，载《人民日报》2021年7月1日，第1页。
③ 宁吉喆：《第七次全国人口普查主要数据情况》，载《中国信息报》2021年5月12日，第2页。

学经历的，中共党员约占12%，党外知识分子占43%；有出国培训经历的，中共党员约占24%，党外知识分子占58.5%；有国外工作经历的，中共党员约占8%，党外知识分子占43%。[①] 其中，不少党外知识分子拥有多种统战对象身份，涵盖社会化、公众化的行业和领域，在反映民生诉求、为民服务过程中逐渐标记社会化特征。由此可见，党外知识分子工作涉及面之广、工作难度之大。

(二) 党外知识分子思想活跃且价值多元

根据课题组调研情况来看，造成这一现象主要受到内外两方面因素的影响：从内因方面来分析，知识分子群体注重人格独立、精神自由，对事物都要经过自己的考虑和分析，提出自己独到的见解，不轻信不盲从，不屈从权威，喜欢以批判者的姿态在精神上离群索居。这些特点除了体现在极少数高校、科研院所中的党外知识分子身上，更多体现在新经济组织、新社会组织中的党外知识分子和留学人员中，也就是体制外的党外知识分子身上。他们在职业选择、职业活动以及政治归属和思想言论上，都有很大的自主性和独立性，除了必须遵守国家有关法律法规之外，其余的束缚很少。部分有着留学经历的党外知识分子，接受过西方教育，对西方政治上所谓的自由民主相当推崇，对西方发达的经济水平和先进技术赞不绝口，甚至完全沿用了西方的生活方式。回到国内，由于缺乏对中国特色社会主义道路、理论、制度、文化的研究，又对国情现状知之甚少，往往从纯学术或者带有偏见的角度出发，对中国社会政治、经济、文化等各方面评头论足，时而颇有微词、大为不满。从外因方面来分析，一是国际形势发展的影响。随着经济全球化及互联网技术的迅猛发展，全世界的各类思想文化交流碰撞频繁显著，一些西方发达资本主义国家在全世界到处宣扬他们所谓的"普世价值"，尤其是中国的崛起被他们视为威胁，经常以"人权民主"问题对中国多加污蔑。西方的各类社会组织以各种途径来传播西方的价值观，夸大西方制度的优越性。还有各种诸如"历史虚无主义""网络民粹主义""极左思想"等错误社会思潮在学术外衣的掩盖之下，通过互联网或以文化交流等方式进行意识形态的渗透，致使一些党外知识分子对以马克思主义为指导地

[①] 谈宜彦、孙柏瑜:《有知识，更有追求和梦想》，载《光明日报》2011年8月9日，第7版。

位的社会主义意识形态立场发生动摇,产生怀疑情绪。二是国内形势发展的影响。一方面,改革开放 40 多年以来,中国大力发展社会主义市场经济,解放和发展社会生产力,增强国家综合国力,提高人民生活水平,也增强了人们的自立、竞争、效率、民主、法治等方面的意识和开拓创新、勇于奋进的精神。当然,市场机制也存在固有缺陷,受市场经济逐利性的影响,传统的知识分子价值观也发生改变,如更加注重物质利益,责任和当代意识淡化;更加注重个体发展,集体意识减弱等。另一方面,随着开放的程度不断加深,人们的思维和视野都更为广阔,对事物的评判角度更为多元。

(三)党外知识分子诉求各异且表达受限

由于党外知识分子所处行业、区域和界别不同,在各个方面的境遇也不相同,利益出发点不同,造成各自的诉求不一。有的党外知识分子自我价值实现意愿强,他们希望能在事业上有所成就,希望能提高自身社会地位,希望能扩大社会影响力。由于我国民主政治发展进程的不断推进,党外知识分子的政治参与热情随之高涨,政治诉求强烈。特别是新的社会阶层中的自由择业型知识分子,随着经济实力和个人财富增多,他们便产生了相应的政治诉求,或是希望加入中国共产党、各个民主党派,或是希望进入各级人大和政协,或者希望进入公务员队伍。党外知识分子开始多方寻求表达途径和渠道,有的通过人大和政协表达,有的通过所属的组织向党委政府提出,有的通过听证会、座谈会等会议形式发声。但是很多党外知识分子处于党外和体制外,有的甚至不属于任何组织,人大代表和政协委员数量有限、很多公务员岗位在设置条件时就要求中共党员身份等制约因素的存在,使得他们表达诉求的途径虽然也有一些,但是实际中受到诸多限制,基本集中体现在缺乏政治参与的机会和平台,缺乏意见和诉求表达的渠道及机制,缺乏参政议政的制度保障。有的党外知识分子在诉求表达受限后,情绪被激化,开始走上非常途径,比如通过网络来误导舆论,在这个过程中很容易造成正当诉求被异化,产生不良社会影响。

三、从工作方法来看,党外知识分子工作方法滞后不力

新时代下,党外知识分子特点的复杂性就要求党外知识分子统战工作方法

适应其特点进行转变和调整。但是从现实来看，目前的党外知识分子工作方法是滞后不力的。统战工作的本质就是做人的工作，党外知识分子统战工作方法不力，其本质就是不能妥善处理与党外知识分子的关系，即不会与党外知识分子打交道。

（一）对党外知识分子政策的掌握和执行不够到位

党的十一届三中全会以来，中国共产党重新确定了以经济作为主要标准，来判定知识分子阶级属性的正确方法，再次在理论上明确了知识分子是工人阶级一部分的科学论断，并提出了"政治上充分信任，工作上放手使用，生活上关心照顾"的知识分子政策。新时期以习近平同志为核心的党中央在坚持原有政策基础上，提出了"政治上充分信任、思想上主动引导、工作上创造条件、生活上关心照顾"[①]，进一步完善了党的知识分子政策。然而在实际工作中，并没有全面掌握和执行这一政策。比如：有些中共党员干部不能正确看待我国的多党合作和政治协商制度的优势所在，也无法接受党外人士作为国家政治生活的重要参与者的身份，认为党外即是"非我"，而"非我族类，其心必异"，很难与中国共产党一条心，甚至有可能影响中国共产党的执政地位，故而始终心存芥蒂，不能在政治上予以充分信任，致使党外人士在国家政治生活中一直处于弱势地位，不能有效发挥其应有的优势和作用。这就进而影响到党外人士的培养使用情况。尤其是在体制内，在一些重要单位、重要岗位、重要任务上不能给予同中国共产党党员一视同仁的安排等，让很多党外知识分子在实现自我价值和干事创业上得不到相应保障。如：党外知识分子中的代表人物的物色、培养、锻炼缺乏制度安排。还有，有规定各级人大、政协、政府部门、司法机关及其他国有企事业单位要配备一定数量的党外干部，但具体岗位和数量并没有明确，这种随意性较大的培养使用方式，让一些有潜力的党外知识分子得不到成长，让一些有能力有水平的党外知识分子得不到合理的安排，造成大量的人才浪费。

---

① 习近平：《在哲学社会科学工作座谈会上的讲话》，载《人民日报》2016年5月19日，第1版。

（二）对党外知识分子态度居高临下

中国共产党是统一战线的领导者和组织者，有些中共党员干部没有准确把握这种领导关系是政治领导，是政治原则和方向以及重大方针政策的领导，而误将中国共产党对统一战线的领导直接等同于行政领导，把同党外知识分子的关系视为行政上下级关系，有种心理上的优越感，认为自己高他们一等，习惯用行政命令的方式对待他们，简单粗暴。这样只会让党外知识分子在心理上产生抵触，让统战工作难以开展，无法让他们紧紧团结在党中央周围。

（三）对党外知识分子利益漠不关心

党外知识分子的利益既包括物质的，也包括精神的。很多与党外知识分子的切身利益关系紧密的问题没有解决，比如收入分配、职称评定、住房医疗等各类社会保障等方面的权益得不到保障，影响到他们发挥作用的主动性和积极性。另外，干事创业的环境也有待改善，很多体制机制都严重制约和束缚着党外知识分子充分发挥自己的才能。这些问题存在并非一天两天，却一直没有引起党和政府足够的重视。如果不能在党外知识分子的正当利益上给予应有的照顾，必然会影响到他们对中国共产党的认同度。

（四）对党外知识分子教育引导有待加强

党外知识分子思想活跃且价值多元，在政治见解、思想认识方面较之其他统战对象更容易出问题。然而，一些地方、单位和部门做党外知识分子的思想教育工作很不得力，认为知识分子最主要是抓业务，思想上的问题不是关键问题，甚至出现了以物质激励替代政治引导；有的虽然也做思想工作，但只是宣读一下文件，念几张报纸，没有什么实效。

四、从工作载体来看，党外知识分子工作载体功能式微

目前，党外知识分子统战工作的专门载体本就不多，且功能日益式微，影响了党外知识分子的统战工作实施和目标达成。统战工作载体，一般来说具有

两项基本功能，一是传递统战信息，二是联系统战工作的主体和客体。由于统战载体的组织形式、活动方式和工具手段方面的原因，这两项功能的发挥都在逐渐减弱。

（一）从组织形式来看，承担党外知识分子统战工作的组织功能不强

党外知识分子统战工作的组织在机构设置和组织运行上存在缺陷。党外知识分子统战工作最主要的组织是"党外知识分子联谊会"，即知联会。然而，知联会虽然是社会组织，但在实际工作中，其管理方式也多是参照行政管理方式，削弱了知联会作为群众性联谊团体的非官方性质，大大打击了一些党外知识分子参与的热情和积极性。另外，很多知联会都没有编制、专职人员、经费，各项工作制度都不够标准化和规范化，导致运行效率低下，故知联会无法将党外知识分子很好地组织起来形成整体合力为中国特色社会主义事业尽责尽力。其他党外知识分子统战工作的组织，如欧美同学会、新的社会阶层人士联谊会等，虽然顺应了党外知识分子不断分化的趋势，做到了更为有针对性地对党外知识分子中不同群体开展工作，但是随着党外知识分子工作日益复杂化，其功能逐渐弱化，还需要成立更多分众化的组织形式，或是依托现有的各类组织来承担党外知识分子的统战任务。

（二）从活动方式来看，开展党外知识分子统战工作的活动方式陈旧

目前，开展党外知识分子统战工作的活动，最常见的就是通过召开各类会议，比如政治学习会、茶话会、报告会等方式。这些方式陈陈相因，毫无新意和吸引力，党外知识分子对这些活动毫无主动参与的兴趣，就算参与了，也是当作任务来完成，导致活动效果不佳。

（三）从工具性手段来看，传递党外知识分子统战信息的媒介狭窄

很多单位和部门依靠传统的诸如报纸、杂志、广播、电视等媒体来充当主要媒介，来传递党外知识分子统战信息，也就是进行知识分子重大方针政策法规、先进典型和先进事迹的宣传。这些传统媒体，传播范围较小且时效性差，

完全适应不了当前这个网络信息时代的新形势。

第三节　做好新时代党外知识分子工作的对策

做好新时代党外知识分子统战工作，需要针对党外知识分子的新思想、新特点、新要求，以创新的思维、科学的方法、有力的举措推动工作深化拓展。要以识才的慧眼、爱才的诚意、用才的胆识、容才的雅量、聚才的良方，广开进贤之路、聚天下英才而用之，扎扎实实做好党外知识分子统战工作。

一、构建统战工作主体体系，切实增强党外知识分子工作主体力量

构建党外知识分子统战工作主体体系，具体应从其构成的五个层面着力。

（一）决策层面

各级党委要牢记习近平总书记所提出的要求："统战工作是全党的工作，必须全党重视，大家共同来做。各级党委要把统战工作摆在重要位置。"① 在这个基础上，要充分认识新形势下党外知识分子工作的重大意义，从基础性和战略性出发，加强对党外知识分子工作的组织领导，纳入重要议事日程，定期认真讨论研究，着力解决党外知识分子工作面临的突出问题；制定和贯彻党外知识分子方针政策，推动与之相关的法律法规的制定，督促检查相关方针政策和法律法规的落实情况，把党外知识分子统战工作作为对党委领导班子和领导干部考核内容的一部分；组织开展党外知识分子统战理论及政策的研究、宣传和教育，把党外知识分子工作纳入宣传工作计划和各级党校、行政学院、干部学院、社会主义学院教学内容；发现、培养、使用、管理党外知识分子代表人士，尊重、维护和照顾党外知识分子利益。

---

① 习近平：《巩固发展最广泛的爱国统一战线　为实现中国梦提供广泛力量支持》，载《统一论坛》2015 年第 6 期，第 3—4 页。

（二）协调层面

各级党委统战工作领导小组要把党外知识分子工作列入工作要点，对各成员单位在党外知识分子工作方面的职能职责进行明确，并建立先调研后规划的日常工作运行机制；必须重视党外知识分子工作联席会议，就党外知识分子工作中的重点难点问题，以领导小组专题会议的形式来协调解决；要以督促检查推动领导小组党外知识分子工作落实，要定期督查，对发现的问题及时处理，对相关的部门和单位给予奖惩。

（三）指导层面

各级统战部门及其知工处室必须将精力重点放在统一战线内部统筹其余各界别涉及党外知识分子的工作和指导其余力量做好党外知识分子工作之上。根据《中国共产党统一战线工作条例》第十九条第二款规定：统战部门应当加强对党外知识分子联谊会的领导。[1] 统战部门应注重宏观指导，而非具体实施执行。

（四）实施层面

各个单位和部门的党委必须高度重视统战工作，设立专门的统战工作机构，拨付足够的统战工作资金，增加统战人员编制，以此增强统战工作力量，条件允许的话，最好由专门的人负责各个界别的统战工作。

（五）执行层面

基层党组织负责人和中国共产党党员干部必须进一步增强责任意识，担当有为，有不断进取的事业心和不计名利的奉献精神，愿意为统战工作尽心尽力；必须做到懂政治懂政策，能坚持原则、守住底线，在大是大非面前坚定立场，勇于和不利于团结的现象做斗争；加强能力建设，提高统战工作能力，善于用艺术性的方法协调各方关系。

---

[1] 《中国共产党统一战线工作条例》，人民出版社2021年版，第16页。

要以制度化明确这五个层面主体权责，避免在实际工作中出现职能交叉重叠，或者真空空白，形成联动工作机制。按照习近平总书记要求，努力形成"党委统一领导、统战部门牵头协调、有关方面各负其责的大统战工作格局"[①]。

二、工作有的放矢，全面适应新时代党外知识分子的特点

（一）建立党外知识分子数据库，掌握党外知识分子的基本情况

首先，各级统战部门要在相关统战专家、信息专家等的帮助下，根据党外知识分子群体特征设计指标体系，并由此制定出既能涵盖党外知识分子基本信息，又能体现不同界别党外知识分子的群体特征的信息项。

其次，由统战部牵头开展深入调研走访，多方了解党外知识分子的基础信息、扩展信息、参政议政、教育培养等方面的情况。还可以利用网络平台或者传统手段进行专门的问卷调查，或者就社会的热点难点问题组织党外知识分子进行专题讨论，以此了解他们的思想状况。

最后，根据了解的情况填写信息项，建立基本数据库，并随时关注各方党外知识分子的情况，及时跟进，动态维护，实现各类信息的添加、修改、删除、导入、导出等。通过数据库的建立，不仅可以对党外知识分子的基本情况形成较为全面的掌握，还可以根据设定条件对党外知识分子信息进行综合查询和统计分析，生成适应不同业务需要的表格和名册。

（二）扩大参政议政机会，有效回应党外知识分子的诉求

各级党委和政府必须正视党外知识分子的诉求，扩大他们参政议政的机会，可以在提供更多政治参与平台、畅通意见表达渠道、建立政治诉求表达机制、对参政议政提供更多制度保障等方面着力。建立政府部门与党外知识分子对口联系机制，推荐专业素质高的党外知识分子担任政府部门、监察委和司法机关特约人员，组织党外知识分子担任政府部门工作评议代表，选派和安排更多有发展潜力的党外知识分子到政府部门、群团组织、知名企业挂职锻炼，这些都

---

① 《中国共产党统一战线工作条例》，人民出版社2021年版，第6页。

是行之有效的党外知识分子政治参与机制，是党外知识分子作用发挥的重要渠道。如：针对很多无党派、无单位、无组织的党外知识分子，可以引导他们加入各类组织，比如知联会，或者推荐加入民主党派，通过组织向党委政府正规表达诉求。针对人大代表和政协委员数量有限的情况，统战部门和组织部门可以考虑酌情提高对党外知识分子中的代表人士政治安排比例，推荐他们担任政协委员，或担任人大代表候选人，让他们有机会成为人大代表，通过政协人大依程序表达。针对一部分党外知识分子利用网络发声表达诉求的现象，统战部门也要顺应时代潮流，搭建统战部官方网络平台，并安排专人管理，让党外知识分子在正规平台渠道发声。针对国有事业单位的党外知识分子方面，高校、科研院所等国有事业单位可以先行先试，在机关和二级学院增设副处级领导岗位，明确岗位待遇和职责，安排单位内部成绩突出、履职积极、潜力较大的党外知识分子挂职锻炼、实岗实训，让他们提前熟悉环境、进入角色，为以后的政治安排、社会安排和实职安排"热身"。在教代会、学术委员会、职称评审委员会、提案委员会等工作机构中，注重吸纳党外专家学者并发挥他们的作用，有序扩大党外人士的知情权和参与度，不断创新纳言问策环境。

此外，在参政议政制度保障建设方面，要建立反馈制度和督察制度等，对于党外知识分子通过正规化渠道表达的诉求一定要及时给予有效的回应，对其中合理的意见建议进行采纳，并以督促检查的方式保障参政议政的实际效果，保护他们参政议政的热情和积极性。

（三）注重培养使用，完善综合评价体系

培养使用是调动党外知识分子积极性、推动其发挥作用的有效手段之一，有必要建立一套科学合理、行之有效的人才培养使用评价体系。可由统战部牵头、有关行业主管部门共同参与，遵循实用性、可操作性、科学性的原则，在评价范围、信息内容、部门评价标准方面设定具体的、相对稳定的指标体系，使用定性分析与定量分析的方法，科学有效地实施评价，根据评定结果建立党外人才库，对党外知识分子进行择优安排，让优秀人才能够脱颖而出、有用武之地。比如，确立以思想表现、参政议政、专业影响、社会服务等为内容的综合指标体系；明确在认定政治面貌的同时开展评价，把参政议政成果计入工作量，纳入各级考核评价体系，增发绩效工资；建立个人修养及公众形象档案记录，进行纵向环比评价，统筹考虑体制内和体制外的党外人才，更加注重从青年中物色人才，这对党外知识分子的选评也是很好的借鉴。

三、学会与党外知识分子打交道，着力改进党外知识分子工作方法

有效的工作方法是事业能否有所成就的至关重要的一个因素。中国共产党历来有一个好办法，就是组织起来。民主党派已有组织，需要加强组织建设，增强工作实效。无党派人士、新的社会阶层人士和归国留学人员在很多单位都缺乏组织归属。党外知识分子集中、没有搭建相关工作载体的单位尤其要加强知联会、新的社会阶层联谊会、欧美同学会等工作载体建设，把党外知识分子广泛组织起来。在专职工作人员不够的情况下，要完善社会化运作模式，探索创新联谊组织的管理模式和运行机制，逐步建立党委领导、依法管理、社会化运作的运行模式，实现从统管包办到服务指导的转变，更好地发挥在团结引导党外知识分子中的积极作用。要按照"尊重人、理解人、帮助人、团结人"的要求，建立并落实党政主要领导干部、统战干部与党外知识分子代表联系交友制度，建立交友名单，特别是加强与有影响、有个性的党外知识分子联系交友，与他们连得上线、对得上话、交得了心。统战部门要发挥"党外人士之家"的作用，通过工作联系、走访座谈、组织活动等形式走近党外知识分子，切实帮助他们解决工作、学习和生活方面的实际困难。只有加强联谊交友活动，找准服务党外知识分子的切入点，维护他们的切身利益，思想政治工作才能深入人心、收到实效。因此，必须在实际工作中不断摸索，找出规律，着力改进党外知识分子统战工作方法，与时俱进，使其与新时代党外知识分子统战要求相适应。

（一）政策推动法

政策是政党的生命线，这在统一战线中体现得尤为突出。习近平总书记曾经强调："要认真贯彻党的知识分子政策，尊重劳动、尊重知识、尊重人才、尊

重创造。"① 首先,各级党委和政府中的工作及决策中的有关问题必须主动与党外知识分子进行民主协商,对于正确的意见和建议,各级党委和政府要认真听取,对于不恰当的也要宽容包容。其次,要为党外知识分子自我价值的实现创造条件。要支持和鼓励党外知识分子充分发挥自身的专业技术优势,人尽其才,才尽其用,为他们干事创业做好各项服务工作,提供各种便利,健全各项体制机制。这其中有个非常重要的任务就是健全党外知识分子培养使用机制。一是要健全选拔机制。统战部门和组织部门可根据党外知识分子数据库,多方了解党外知识分子的情况,配合确定党外知识分子中的重点培养对象。二是要健全培养机制。对党外知识分子中的重点培养对象,制订多方面、多形式、多层次、多渠道的培养计划。除了参加各种培训机构的理论培训提高理论水平之外,还要在实践中锻炼学习,比如岗位交流、跟班学习、挂职锻炼等,增强工作能力。另外,要组织他们参政议政,提高参政议政的能力。三是要健全使用机制。对党外知识分子中进入后备干部队伍的,要将他们选派到各级人大、政协、政府部门、司法机关及其他国有企事业单位任职,还要让他们和党内干部一样具备公开选拔竞聘领导职务的机会。最后,要最大限度地保证党外知识分子政策的贯彻落实效果。一方面,要通过宣传栏、传统媒体及新媒体等平台,宣传党外知识分子统战法律法规,对起带头示范作用的党外知识分子代表人物进行跟踪报道,发挥其积极作用。另一方面,各级统战部门必须履行好责任,做好督察党外知识分子政策的执行落实工作,对调查研究党外知识分子政策贯彻落实中出现的问题和情况,要立即向上级有关部门报告,并提出有针对性的解决措施。

(二)联谊交友法

党外知识分子和其他统战成员一样,是中国共产党的同盟者,必须尽力去团结他们。团结他们最基本的方法就是和他们联谊交友。朋友之间的地位是平等的,决不能以居高临下的态度傲视、轻视党外知识分子。必须坚持平等待人、真情感人、以理服人的原则。要经常关心他们的工作和生活:将上门走访慰问、

---

① 习近平:《在哲学社会科学工作座谈会上的讲话》,载《人民日报》2016年5月19日,第2版。

个别交谈等"一对一"交流与通过建言献策小组、论坛、座谈会等"集体交流"相结合;将"面对面"交流与书面交流、通过现代通信手段交流相结合;将同联系对象"人对人"交流与加强同他们所在单位或者组织沟通相结合。这样,才能广交深交党外知识分子挚友、诤友。

(三) 利益照顾法

不同政治力量在共同利益、共同目标基础上建立了统一战线这个联盟,必须尊重、维护和照顾同盟者利益,才能不断巩固、发展这个联盟。党外知识分子作为有着特殊利益的同盟者,就更需要格外照顾。通过与党外知识分子联谊交友,了解他们的实际情况,对于那些与他们切身利益密切相关的问题要想办法帮助解决。在工作方面,要努力在全社会营造鼓励探索创新、包容挫折失败的宽松环境;要深化各项体制改革,形成有利于党外知识分子干事创业的体制机制。比如完善人才评价机制,在职称评定时,不唯学历、唯资历、唯论文,而是以德为先,以能力体系为评价标准。比如完善按生产要素分配机制,提高对知识分子劳动报酬的比例,改革项目资金管理和使用办法,等等。在生活方面,要帮党外知识分子减轻家庭琐事等生活负担,通过组织各类文化娱乐等活动,使他们获得更多的精神享受,保障他们身心健康。总之,要把工作做到实处,做到党外知识分子心里。

(四) 教育引导法

由于党外知识分子在政治见解、思想认识方面的活跃和多元,必须对其进行必要的教育引导,以巩固共同的政治思想基础。习近平总书记也特别强调了这点:"学会同党外知识分子打交道特别是做思想政治工作的本领,这样才能把党外知识分子这个阵地守好。"[①] 一是要以先进的思想教育人。只有拥有先进的思想,思想政治工作才有正当性、合理性,才能让工作对象认可和接受自己的思想。同时,思想政治工作解决的是涉及政治立场、政治观点和政治态度等内

[①] 《习近平在中央统战工作会议上的讲话》,载《习近平关于社会主义政治建设论述摘编》,中央文献出版社 2017 年版。

容的思想领域中的政治问题，所以思想政治工作必须突出政治性。另外，思想政治工作既然解决的是思想问题，就必须用宣传教育的方式来解决，而不能用强迫的方式让工作对象接受自己的观点。马克思列宁主义、毛泽东思想、邓小平理论、"三个代表"重要思想、科学发展观、习近平新时代中国特色社会主义思想是被实践证明了的最具有科学性和先进性的理论体系和思想体系，党外知识分子思想政治工作就是要用这一思想体系武装他们的头脑。二是要以共同的事业团结人。思想政治工作既要依靠宣传动员的方式来完成，也要将这些理论宣传的内容转化成共同的事业，通过共同的事业凝聚人、团结人。中国特色社会主义是中国共产党和党外知识分子在新时代所追求的共同事业。共同的事业首先意味着共同参与，如果党外知识分子不能享有平等的参与机会和发展条件，没有让他们发挥聪明才智以及实现个人发展的平台和空间，那么党外知识分子就有可能认为这个事业与他们无关，从而很难做到凝心聚力、同心同德、风雨同舟。三是要以远大的理想鼓舞人。思想政治工作以实现一定政治目标为目的，鼓舞人们为之奋斗、为之献身。新时代，中国共产党提出了实现中华民族伟大复兴中国梦的目标。我国党外知识分子历来都有浓厚的家国情怀和强烈的社会责任意识，实现中华民族伟大复兴也是他们的梦想。正因如此，中国梦作为中国共产党的精神旗帜，能够感召和吸引广大党外知识分子积极投身到中国特色社会主义事业中来，鼓舞他们为实现共同目标不懈努力。

（五）分类施策法

密切关注和重视国有企事业单位、新社会阶层、网络人士、出国和归国留学人员、有个性有影响的党外知识分子这"五个群体"，加强对其政治引导工作的规律性研究，在坚持一致性与多样性相统一的前提下，采取灵活的方法区别对待、分类施策。比如，对网络"意见"人士特别是网络"异见"人士，要通过"私人订制"的个性化方案，更多地邀请他们参加一些参观调研、议政建言活动，使他们从"暗处"变"明处"、从"后台"到"前台"，把他们在网络上的影响力延伸到实际工作和生活中来，发挥他们在净化网络空间、弘扬主旋律、维护意识形态安全方面的正能量，增加团结面。

四、多方探索改进，充分发挥党外知识分子统战工作载体功能

党外知识分子统战工作的实施和目标达成，必须在统战工作载体上下功夫。努力探索创新，从多方面着手改进，强化党外知识分子统战载体功能。

（一）不断强化党外知识分子统战工作的组织

首先，完善知联会组织建设和制度建设。一方面，增加知联会专职人员编制，引进专业人才，在人才待遇和运转经费上加大投入。明确权责，统战部与知联会的关系仅是业务指导与规范引导的关系，提高知联会组织自主性和权威性，激发广大党外知识分子的参与热情。另一方面，完善党外知识分子联谊会工作制度，如日常运作章程、人事管理制度、联谊联络制度、会议召开制度等，通过完善这些制度建设，使知联会发展成为有着强大向心力、凝聚力的，且工作机制健全、日常运转良好的组织，更好地为中国特色社会主义事业凝心聚力。[1]

其次，鼓励党外知识分子发展壮大或成立更多的自治性组织。一方面，原有的党外知识分子统战组织要不断做大做强，继续发挥作用。如：欧美同学会要继续吸引更多的学术造诣深、事业成就大、社会影响广、群众认可度高的高端出国和归国留学人员加入，更好地发挥中国共产党联系广大留学人员的桥梁和纽带作用，继续协助党和政府做好留学人员工作。另一方面，要在组织形式上不断有所创新。可以根据党外知识分子不断分化的具体情况，在高校、科研院所、企业等建立各种商会、协会、事务所、联谊会等新的组织。同时，可以依托社区开展党外知识分子统战工作。社区作为区别于党政部门和企事业单位的一种存在，在新时代日益成为公民推动经济发展、参与民主政治、建设先进文化、维护自身权益的重要组织形式。党外知识分子统战工作必须发挥社区组织的"零距离"优势，对党外知识分子进行广泛联系、密切接触、深入了解、多方协调，使工作更加有针对性和时效性。

---

[1] 张璐、许烨：《新时代党外知识分子统战工作研究》，载《云南省社会主义学院学报》2019 年第 2 期，第 62 – 67 页。

（二）不断创新党外知识分子统战工作的活动

首先，要结合各方党外知识分子的实际，不断开展各类形式丰富、内容多样的活动。比如：组织党外知识分子中各类专业人才就事关当地经济社会发展的各类问题开展调研；为社会各界提供专业咨询，像组织非公有制经济组织、新的经济组织中的企业家为各个企业解答有关企业发展的管理和技术方面的疑惑，组织高校、科研机构和新的社会组织中的法律专家为各类人群提供法律咨询服务；积极参加各类社会公益活动，如教科文卫下乡活动，为广大农民送去优秀的文艺演出，丰富他们的精神文化生活。

其次，要进行主题活动的创新。优化和创新主题活动，才能使其更容易被党外知识分子认可、更能达到预期效果。主题活动的创新要充分利用党外知识分子数据库，掌握各行业党外知识分子分布及发展情况后，积极把握主动权，建立与其人才数据相对应的主题活动。此外，还可以从党外知识分子利益诉求出发，在主题活动中提高其政治素质和专业素质，切实解决其在工作生活中遇到的问题。

（三）不断拓宽传递党外知识分子统战信息的媒介

首先，要优化传统的传播手段，继续发挥它们在党外知识分子统战工作中的作用。虽然报纸、杂志、广播、电视等媒体传播范围和实效性有限，但它们大多是主流媒体，传播的都是官方的、权威的、正能量的信息，所以必须加强这块阵地的建设，不断引导全社会提高党外知识分子统战意识。

其次，要创新传播手段，构建全媒体传播格局。一是确立"互联网+统战"工作思维，通过建立各类互联网平台，传播统战信息，以及及时掌握党外知识分子的思想和诉求，有针对性地进行舆论引导和需求满足。针对党外知识分子流动性大、分散性强、思想活跃的特点，积极占领网络阵地，通过建立统一战线"服务热线"等手段，及时了解掌握他们对重大活动、重大事件、重要决策的意见和诉求。利用微博、QQ、微信等新媒体平台开展网上调研、网上座谈、网上聚人，及时准确地了解把握社会动态，对他们的思想问题及时疏导化解，让工作从单向交流向多向互动转变，从被动接受向主动交流转变，为积极参与治理增添新的有利因素。二是建设好统战工作主题网站，正确引导党外知识分子增强抵御"西化""分化"渗透的能力和政治敏锐性。要加强网络综合治理，对一些自媒体发布的信息，尤其是对党外知识分子比较关心关注的问题信息进行严格把关，营造风清气正的网络环境，不能让流言谣言误导他们的思想，影响他们的政治认同，破坏社会的团结和谐。

总之，要始终坚持以习近平总书记系列重要讲话精神和治国理政新理念新思想新战略为指导，按照"大统战"工作要求，着力创新方式方法；强化思想政治引导；搭建工作平台载体；加强党外代表人士队伍建设。

第六章
新时代中华优秀传统文化的传承发展研究

中华优秀传统文化是在中华民族5000多年的发展历程中孕育和产生的。它深植于华夏儿女的精神血脉之中，是所有中华儿女的精神记忆，更是中国人安身立命的精神支撑。当前，中国特色社会主义发展已经进入新时代。在新时代，伴随着经济和社会层面的急剧变迁，作为我国独有的精神标识，中华优秀传统文化依旧为指引中国人民解决发展新问题提供智慧指引和价值源泉。传承发展中华优秀传统文化是新时代下增强国家文化软实力、推进国家治理现代化、全面提升人民群众文化道德素养的重要举措。《中华人民共和国国民经济和社会发展第十四个五年规划和2035年远景目标纲要》中也提出要"深入实施中华优秀传统文化传承发展工程，强化重要文化和自然遗产、非物质文化遗产系统性保护，推动中华优秀传统文化创造性转化、创新性发展"。[①] 无疑，在新时代传承发展中华优秀传统文化成为一项重要课题。

第一节 新时代中华优秀传统文化的内涵及其基本精神

一、文化及传统文化的内涵

文化产生于社会生活之中，它是社会历史的集中体现。广义上的文化，不

[①]《中华人民共和国国民经济和社会发展第十四个五年规划和2035年远景目标纲要》，载中国政府网 http：//www.gov.cn/xinwen/2021-03/13/content_ 5592681.htm，最后访问日期：2021年8月29日。

仅涵盖了思维观念、取向与风俗习惯，也包括科学技术与风土人情。文化代表了人类物质生活和精神生活的总和。

人们可以依据不同的标准对它展开分类，比如东方文化和西方文化，工业文化和农业文化，大陆文化与海洋文化等。文化这一概念比较宏观，它是社会现象，也是历史现象。而这种现象仅在人类社会存在。换言之，在人类社会尚未产生之时，是没有文化的。传统文化又称"文化遗产"，是与当代文化和外来文化相对应的一个概念。传统文化是由文明发展而来的，其中反映了特定民族的价值观念与习俗习惯。比如，中国传统文化就是中国人民在长期的社会实践过程中逐渐发展起来的，并随着社会生产的发展而向前演进。传统文化包括四个维度：器物维度、价值维度、行为维度和制度维度。它不仅是对以往生产生活的抽象总结，也是今天人们行为选择的指引。

二、新时代中华优秀传统文化的内涵与基本精神

马克思主义认为，时代是一个综合的概念。它的产生主要由经济因素决定，并对政治和文化、社会等其他因素产生影响，且最终将导致整体性的质变进而开启一个崭新的发展阶段。党的十九大报告指出中国特色社会主义进入新时代，这是我国所处的新的历史方位。"新时代"是一个历史时间段的概念，也是一个承前启后的过程。从纵向维度理解新时代，其时间节点起始于党的十八大。以习近平同志为核心的党中央在中国特色社会主义事业建设成果基础之上，领导中国人民统筹推进各项事业，开启了新的征程。"每个时代都有每个时代的精神，每个时代都有每个时代的价值观念。"[1] 党的十九大发出号召："深入挖掘中华优秀传统文化蕴含的思想观念、人文精神、道德规范，结合时代要求继承创新，让中华文化展现出永久魅力和时代风采。"[2] 新时代中华优秀传统文化是指中华传统文化中的优秀文化因子，这些因子在新时代仍能发挥作用，需要在继承中创新。在庆祝改革开放40周年大会上，习近平总书记曾经说过："自古

---

[1] 习近平：《在北京大学师生座谈会上的讲话（2018年5月2日）》，载《思想政治工作研究》2018年第6期，第6—9页。

[2] 习近平：《决胜全面建成小康社会 夺取新时代中国特色社会主义伟大胜利》，人民出版社2017年版，第42页。

以来，中国大地上发生了无数变法变革图强运动，留下了'治世不一道，便国不法古'等豪迈宣言。自古以来，中华民族就以'天下大同''协和万邦'的宽广胸怀，自信而又大度地开展同域外民族交往和文化交流，曾经谱写了万里驼铃万里波的浩浩丝路长歌，也曾经创造了万国衣冠会长安的盛唐气象。"[1] 正如习近平总书记所说，中华优秀传统文化源远流长、历史悠久，给予我们民族以源源不断的精神滋养，也为社会主义先进文化的形成奠定了坚实的文化基础。

三、新时代中华优秀传统文化的基本精神

新时代中华优秀传统文化体现了中国人民在几千年的社会生产生活中所积淀形成的世界观、人生观和价值观，其基本精神已经内化为中国人民内在的文化基因。具体来看，新时代中华优秀传统文化，涵盖了以下几个向度的内容。第一，思想文化向度。如儒家提倡的仁义礼智信，以及修身齐家治国平天下等观念，长期以来被视为中国人最为重要也最基础的价值规范，这些价值品质不能丢失。另外，儒家思想中的舍生取义、三省吾身、忧患意识等，也是重要的精神品质。道家思想主张的无为而治、道法自然等观念，强调尊重自然，实现人与自然和谐发展，符合今天我们提倡的和谐社会的要求。墨家主张的兼爱非攻尚贤和贵义，传递了达观向上的处世态度，以及提倡人人接受教育的公平性，也与社会主义核心价值观内核一致。第二，个人道德向度。中华优秀传统文化鼓励人们面对困难不屈不挠，如"天行健，君子以自强不息；地势坤，君子以厚德载物"等，其强调的迎着困难不屈奋斗和进取的精神令人动容。中华优秀传统文化包含了人民对国家的深厚情感，"天下兴亡，匹夫有责""苟利国家生死以，岂因祸福避趋之""苟利国家，不求富贵""国而忘家，公而忘私"等展现了浓烈的家国情怀。中华优秀传统文化中提倡的注重个人素质、自律观、廉耻观，"恻隐之心，仁也；羞恶之心，义也；恭敬之心，礼也；是非之心，智也"，强调克制个人欲望，遵守言行规范，也符合当代社会的要求。第三，社会和谐向度。大同世界的理想是中国人民自古以来的追求，"和为贵""和而不

---

[1]《庆祝改革开放40周年大会在京隆重举行 习近平发表重要讲话》，载《党建研究》2019 年第 1 期，第 2 页。

同"等和谐观念中流露出中华儿女内心对和平与和谐的渴望。在历史上，社会和谐观念对于促进国内发展和世界文明交融产生了重要作用，今天它也能助力于化解社会矛盾、实现国家统一和民族团结、构建良好的国际关系。

第二节　新时代中华优秀传统文化传承发展的重大意义和遵循原则

一、新时代中华优秀传统文化传承发展的重大意义

（一）有利于维护国家文化安全、增强国家文化软实力

当前的国际环境呈现出经济全球化、政治多极化以及文化多样性的特点。国与国之间综合实力的比较不仅体现在经济、军事等维度，也体现在文化实力层面。文化软实力在国家综合实力的构成中占据着十分重要的地位，有着十分重要且特殊的作用。这是因为文化是一种无形的力量，是一种具有以柔克刚能力的国家安全战略资源。文化交流的样态既可能是互相借鉴融合，也可能是走向冲突对抗。当前中华文化正面临着西方文化的挑战，为了更好地融入国际文明交流对话、抵御西方意识形态的侵蚀以及文化挑战、提高国家文化软实力进而提升综合国力无疑会成为中国的选择。所谓天下之至柔，驰骋天下之至坚，就是说最坚硬的力量也要有最柔软的力量作为辅助。治国必须借助文化这种柔性的巧力。文化作为精神武器，对于国内社会的发展以及与国外的竞争，都是一种极为宝贵的力量。中华优秀传统文化是中华民族的文化特色与优势，是我们最应当挖掘的内生文化资源。正是由于中华优秀传统文化对于文化软实力的巨大影响，在新时代我们必须充分深挖中华优秀传统文化的底蕴和内涵。

（二）有利于推进国家治理体系和治理能力现代化

按照"五位一体"总体布局，文化建设是中国特色社会主义建设的重要方面，会影响其他领域的建设。长期的发展实践，充分证明了文化建设事关国家

发展，大力推进文化建设是实现高质量发展的重要任务之一。

遵循"五位一体"总体布局的要求，建设文化强国，推进文化的大繁荣和大发展，要花大力气来发展文化产业和文化事业。文化产业和文化事业与社会的文化发展程度存在高度的相关性，同时它又首先体现在与社会经济发展水平相吻合的、契合老百姓需要的文化市场。那么，我们的大众究竟需要怎样的文化、喜欢怎样的文化呢？在中国的场景下审视上述问题，中华优秀传统文化毫无疑问是答案之一。中华优秀传统文化凝练了中国人的智慧和价值观，群众基础到今天仍然十分牢固。一方面公众比较容易接受这种文化形式，另一方面其蕴藏的精神理念又符合当下建设文化产业和文化事业的要求。中华优秀传统文化具有中国特色，反映中国精神和中国品格，以之作为文化事业和文化产业发展的重点之一乃是必然。

此外，文化即人化，人的现代化又首先表现为人的思维意识发生转变。国家治理体系和治理能力现代化向公民个人提出了人的意识观念现代化的要求。中华优秀传统文化能够带给处于新时代的中华儿女以行为选择上的启迪，也能从精神层面帮助我们树立正确的价值观。

（三）有利于全面提升人民群众文化道德素养

衡量国家和社会的进步，不能以 GDP 作为唯一指标，社会道德水平也是一个很重要的向度。改革开放 40 多年来，中国人民的物质生活水平得到了很大提高。然而，在经济高速增长的同时，我国也存在很多的社会问题。这些社会问题，对精神文化领域产生了不良影响。实现中华民族伟大复兴的中国梦，离不开公民个人较高的思想道德素质，这是社会良性运转的前提。试想一下，如果一个社会中的公民都没有思想，不讲道德修养，那么这个社会的存在就没有意义，遑论希望。

中华优秀传统文化传承发展，与加强思想道德建设和精神文明建设具有一致性。中华民族以礼仪之邦闻名于世，我国的传统文化极为重视思想道德建设，注重通过道德教育来提高个人修养素质。新时代，我们依旧可以通过教育手段传播中华优秀传统文化来提升公民个人道德层次，进而奠定社会道德秩序和社会和谐稳定的基础。习近平总书记说:"继承和发扬中华优秀传统文化和传统美德……积极引导人们讲道德、尊道德、守道德,追求高尚的道德理想。"① 中华优秀传统文化内含中华传统美德,是今天中国加强社会主义思想道德建设、培育和弘扬社会主义核心价值观的思想源泉。新的历史时期,思想道德建设将被置于更加重要的地位。加强思想道德建设,离不开对传统美德的继承和学习。我们应该把传统美德建设、思想道德建设和中华优秀传统文化传承结合起来。

二、新时代传承发展中华优秀传统文化应遵循的原则

(一) 坚持马克思主义指导

坚持以马克思主义为指导,也就是要从马克思主义理念视角出发,审视判断和分析当前中华优秀传统文化传承发展面临的现实问题,联系中国的实际情况来充分激发中华优秀传统文化的作用,开展创造性转化和创新性发展。从马克思主义唯物史观视角来看,文化的传承发展就是在传统与现代融合中,遵循文化发展规律,回应时代问题和需求,从而在开展创造性转化和创新性发展过程中增强传统文化生命力、激发传统文化的活力,扩大传统文化影响力,解决中国当代的问题。一是要跳出单一文化的领域理解文化传承。文化的传承发展是随着整个社会历史发展进行的,它与社会的现实是紧密关联的。根据马克思主义唯物史观的观点,文化必须适应当时社会的经济、政治状况,三者之间有着联动关系。因此马克思主义文化传承观不再是将文化传承问题囿于文化领域,而是将其置于社会有机体的整体中去理解:文化只是社会有机体中的一个要素,其传承发展是随着整个社会有机体发展变化而发生的,而且这种传承发展伴随历史继承性的同时,也会受到经济、政治因素的影响。二是要正确地看待中华传统文化的两面性,识别优秀文化,拒绝传统文化中不符合时代发展要求、有害社会公共利益的糟粕内容,对陈规陋习说不。三是要从马克思主义唯物史观出发,认识到在新时代传承发展中华优秀传统文化,必须进行创新,科学把握

---

① 习近平:《把培育和弘扬社会主义核心价值观作为凝魂聚气强基固本的基础工程》,载《人民日报》2014 年 2 月 26 日,第 1 版。

传统文化与现代文化的关系，找出传统文化进行现代性转化的突破口。四是要坚持一切从实际出发，认识到中华优秀传统文化传承发展应当符合现代文明社会的要求，文化传承必须遵循文化的自身发展规律。马克思唯物史观在强调经济、政治对文化的决定作用的同时，也强调文化的相对独立性，还有文化对经济、政治的反作用。在"两创"进程中要将传统文化的相对独立性摆在重要位置，准确把握"两种作用"，即经济、政治对文化的决定作用，文化对经济、政治的反作用，并处理好两者的关系。

（二）坚持以人民为中心

源远流长的中华优秀传统文化不是凭空产生的，它之所以能成为独特的民族记忆和精神追求，就是因为它是一代又一代中华儿女在长期的生产生活中累积和承继而来的。现在，中华优秀传统文化仍是引领中国人民围绕第二个百年奋斗目标和中华民族伟大复兴中国梦而不懈奋斗的精神动力。中华优秀传统文化传承保护的价值归属，也要体现在为了人的全面自由发展。人是各种文明成果的享受者，因而文化要为人而服务。在新时代，传承和发展中华优秀传统文化，要牢牢把握住"以人民为中心"的导向，而不是本末倒置。要高度尊重人民群众，把人的需要作为传承保护活动的出发点，让人民群众切实享有文化的参与感和认同感，满足人民群众对美好文化生活的需要。

（三）坚持实践导向

中国特色社会主义发展已经进入新时代，在这一时期传承发展中华优秀传统文化必须立足于新时代这一历史定位。中华优秀传统文化源自中华民族5000多年的历史，反映了中国的国情。改革开放后，我国以经济建设为中心，经济发展水平稳步提升。而在思想文化领域，也迎来了新的变化。受市场经济的影响，一些错误观念侵蚀了少部分人的大脑。拜金主义、奢靡之风、个人主义思想抬头。弘扬社会主义核心价值观，防范错误观念给社会带来的不良影响，成为当前我们推进文化建设的任务之一。所以，我们主张以传承发展中华优秀传统文化来解决这些现实问题，必须高度关注社会实践，从新时代新形势出发，立足于解决现实问题。

(四) 具备国际视野

当前,面对全球化趋势,我们应如何看待中华优秀传统文化的走向,这是新时代必须回答的问题。中华优秀传统文化属于中华民族,也是世界文化不可或缺的一个重要组成部分。中华优秀传统文化既体现着鲜明的民族性,又表现出高度的世界性。民族性和世界性不是独立的,而是互为条件。如果我们在文化发展道路上选择故步自封,那就会止步不前甚至倒退。只有以开放包容的心态,主动参与文化全球化进程,才能实现更好的发展。文化全球化,并不等同于牺牲文化的民族性或者走向西化,而是强调要在保有文化民族性的同时,融入多样性的世界文化,主动与世界其他民族的文化交流碰撞。

(五) 批判继承传统

马克思曾经说过,"后来的每一代人都得到前一代人已经取得的生产力并当作原料来为自己新的生产服务,由于这一简单的事实,就形成人们的历史中的联系"[1]。新时代,怎样从中华优秀传统文化中获得智慧滋养,让中华优秀传统文化满足新时代的客观要求,值得我们认真思考。习近平总书记也曾经说过,由于人们的认识水平、时代条件等制约,中华传统文化"不可避免会存在陈旧过时或已成为糟粕性的东西",要坚持"有鉴别的对待、有扬弃的继承"[2]。中华优秀传统文化的发展要注重与时俱进,实现创造性转化和创新性发展,也就是要做到"以古人之规矩,开自己之生面"。我们不是要搞文化复古主义,也不是要搞历史虚无主义,而是在正确把握中国现实国情的基础上,实现既与时俱进又一脉相承的发展。

---

[1] 《马克思恩格斯选集 (第1卷)》,人民出版社1972年版,第220页。
[2] 《习近平在纪念孔子诞辰2565周年国际学术研讨会暨国际儒学联合会第五届会员大会开幕会上的讲话》,载《人民日报》2014年9月25日,第2版。

第三节 新时代中华优秀传统文化传承发展存在的问题和困境

一、从传承发展的主体来看，政府包揽过多、社会参与度低、协同不够

人民是历史的创造者，也是文化传承的主体。新时代中华优秀传统文化的传承和发展，必须充分激发 14 亿中国人民的主观能动性。现实情况是政府主体大量包揽优秀传统文化传承事务，但效果不尽如人意，优秀传统文化传承发展乱象犹存。政府不同部门之间也尚未厘清对中华优秀传统文化传承发展的责任划分，导致一些部门不作为、乱作为；文化领域相关企业参与度还有较大的提升空间，没有充分意识到优秀传统文化传承保护与文化事业、企业发展之间的相关性，没有看到其中的机遇。加之，政策激励有限，导致缺乏积极性，创新意识不足，出现过度商业化、市场化、三俗文化产品；随着文化发展越来越多元，一些民众对于中华优秀传统文化也缺乏正确认知，主动参与传承创新过程的意识不足。此外，各主体在传承发展传统文化的时候，缺乏同其他主体协同配合的意识，往往是各行其是，影响了传承的效果。

二、从传承的客体来看，文化自觉和文化认同不足

在与世界文化的交流学习过程中，开放的态度一方面使得中华优秀传统文化得以走向世界，实现自身的发展；另一方面又使得一些年轻人受到了西方文化的影响，对西方文化过于推崇。例如，美国等西方国家基于本国雄厚的经济与科技实力，借助于美国大片等形式，对中国观众进行意识形态渗透。这些年轻人在强烈的文化冲击之下，对西方文化和礼仪表现得极为认同，认为西方的月亮比中国的圆。圣诞节、万圣节等洋节也在中国大行其道，吃西餐成为不少人追求的一种生活方式。与之相对应的是，我们的传统节日和风俗却被束之高阁，被不少人认为没有存在价值和吸引力，是过时的。而这仅仅是文化自信和文化自觉受到冲击的一个缩影。中华优秀传统文化如果没有实现与社会发展要求的同步,加上西方文化的强势冲击,就必然产生认同危机。

三、从传承的内容来看,对与时代要求紧密结合的内容发掘和阐释不到位

文化由经济和政治决定,并且要为政治服务。文化也只有顺应经济和政治的变迁,反映时代要求,方能保持活力。进入新时代,中华优秀传统文化不应静止地停留于过去,而是要"活起来",与时代同频共振,在薪火相传中推陈出新。"看不到优秀传统文化所蕴含的社会主义因素,就必然把传统和落后等同起来,把传统和现代截然对立起来,陷入形而上学的窠臼之中。"[①] 传承和发展中华优秀传统文化,不是说要搞复古主义,更不是对传统文化照单全收。中华优秀传统文化与中华传统文化并不是完全相同的概念。传统文化中包含了优秀传统文化,这些思想精髓直到今天仍能指导我们正确开展实践活动。但我们也要承认传统文化中存在的一些观念已经不符合当下客观实际的需要,需要与时俱进地对内涵进行再次挖掘。

四、从传承的方式和手段来看,方式和手段相对单一且滞后

互联网新媒体因简单的操作方式、较高的传播自由度和较大的影响力,在近些年来得到迅速推广,同时也成为意识形态传播的重要场域。在这一背景下,把新媒体、互联网等新兴技术与中华优秀传统文化传承结合起来,体现出重要价值。传统的传承发展方式主要依靠官方渠道通过书本和广播等形式开展,方式和手段单一,边际效率也越来越低。虽然一些主管部门也已经开始尝试各种新的方式,但从量和质的角度来说,目前我们在推进优秀传统文化传承发展的方式创新上的探索是不够的,内容吸引力还有待提升,交互体验感也不足,还处于比较粗浅的阶段。

---

① 陈志刚:《习近平关于中华优秀传统文化的新思想新定位》,载《新视野》2020年第5期,第5-11页。

五、从传承的保障系统来看，机制和制度保障不力

新时代中华优秀传统文化的传承和发展，需要有制度和机制作为保障。制度是为了规范和激励传承发展过程中各相关主体的行为，保障中华优秀传统文化能够在法律规范和政策支持下实现良性发展。而机制则强调在推动中华优秀传统文化传承发展的过程中，实现部门和机构的良好配合。当前我们相关法律法规政策不完善，难以为传承保护各项工作提供强有力的支持。尽管我国在立法方面，已经比较完善，但具体到中华优秀传统文化这一特定领域，则显得并不完备，法治的保障作用有限。政策方面，依旧需要进一步补充和细化，激励作用尚有挖掘空间。另外，由于目前尚未建立统一的管理体制，部门各自为政、协同配合难、职责权限划分不清等问题尚存。此外，专业人才缺乏，也是影响传承创新的掣肘因素之一。

第四节 新时代中华优秀传统文化传承发展的实现路径和具体对策

一、新时代中华优秀传统文化传承发展的实现路径

（一）整理鉴别中华优秀传统文化，深入阐发其中精髓与要义

首先，中华优秀传统文化包罗万象，兼容并蓄，为了更好地对中华优秀传统文化进行"两创"，前提是对其进行整理鉴别。整理鉴别是指对中华传统文化进行历史的考察，确立某种标准，整体性地整理清楚中华文化的形成根源、整体结构、精神内核、核心价值、发展脉络等精髓与要义。这是实现"两创"的一个重要前提。具体来说，一要追根溯源，追溯中华文化的根源。只有不断追根溯源，才能以整体性眼光和思维把握中华民族的精神脉络。如道家创始人老子，还曾被传为是孔子的老师，他的道家思想从何而来，如何形成？通过追根溯源，将其置于中华文明数千年发展历程中，探索其血脉源流。二要正本清源，

通过考据、训诂等方法在学术研究上下功夫，厘清传统文化典籍文本在历史中的流变及其思想发生的演变，弄清其最初原形态和原始含义及历史嬗变形态和衍生涵义。三要辨别显隐，传统文化中的内容哪些是以显性形态呈现，可以直接进行"两创"的？哪些又是以隐性形态呈现，需要通过提炼加工才能进行"两创"的？四要分清主次，分清中华传统文化中哪些可以称为"中华民族最基本的文化基因"，哪些对于当今中国来说最重要。当代传统文化创新发展应该有所偏重，分清主次。五要有所先后，传统文化中哪些内容急需"两创"？哪些有着明显的中华民族特征的传统价值观念急需"两创"为现代价值观？六要区别难易，传统文化中哪些内容较容易与现代社会相融合、为现代人所接受？哪些内容相对难以被接受？

其次，在鉴别整理的基础之上，要结合现代社会的需要和要求对中华传统文化做出新的诠释与阐发。在其初始内涵的基础上，扩大适用范围、转换思想语境、丰富思想内涵。一要对传统文化载体进行新的诠释与阐发。传统思想文化大多是以语言文字为载体而存在的。因此，我们必须破除古代汉语与现代汉语之间各方面的障碍，如语音、字形、意义等的不同，要通过考据和训诂等专业研究来实现。二要对传统文化思想的内涵进行新的诠释和阐发。传统文化思想在漫长的历史变迁中不断损益融合，其含义早已不是初始含义。我们要用马克思主义的立场、观点和方法对传统思想文化全面把握、辩证分析，而非拘泥于原意或是过度进行现代化的诠释和阐发。

（二）找准切入点，让中华优秀传统文化融入现代生活

首先，要把中华优秀传统文化转化为当代中国人不断奋斗的精神力量。任何文化思想必须进入社会实践才能真正转化为精神力量。中华优秀传统文化的"两创"不能只停留在思想层面的诠释和阐发，必须让思想文化通过社会实践转变为当今社会的某种精神要素，再以核心价值观为引领，把这种精神要素变为具有现实社会价值的精神力量，以实践对其进行不断检验和打磨，以至于循环往进，决不能让这种精神力量成为脱离现实的虚无存在。这也是马克思主义实践性品格对中华优秀传统文化"两创"的要求，即进入社会实践并接受其检验，

也就是把中华优秀传统文化中的精华内容——核心价值理念、传统美德、人文精神融入现代生活之中，使之成为当代中国人不断奋斗的精神力量，这是真正实现其"两创"的根本路径。

其次，要把中华优秀传统文化转化为当代中国人精神家园的重要构成。一要把中华优秀传统文化融入理想信念塑造培育。理想信念是人们选择文化和判断价值的深层依据，对人们思想和行为起决定性作用。在当代中国人理想信念塑造培育过程中，把优秀传统文化中与理想信念有关的内容融入进去，不断赋予其新的时代内涵，使其具备时代特征，进入现代中国人的精神世界，从而实现中华优秀传统文化的"两创"。二要把中华优秀传统文化融入价值理念塑造培育。社会主义核心价值观是现代中国价值观念的高度凝练，在培育弘扬社会主义核心价值观的过程中，关注并深入探索其与中华优秀传统文化的价值观之间的承续关系，从而实现中华优秀传统文化的"两创"。三要把中华优秀传统文化融入道德伦理建设。中华文化是特别重视伦理道德的一种文化，中国人习惯用道德标准审视评判一切。在进行现代道德伦理建设的过程中，吸收中华优秀传统文化中的道德成分，从而实现中华优秀传统文化的"两创"。

（三）坚持交流互鉴、开放包容，让中华优秀传统文化走向世界

中华文化是在文化交流互鉴过程中借鉴和吸收其他文明优秀成果而形成的。今天我们要实现中华优秀传统文化的"两创"，也必须继续坚持交流互鉴、开放包容，让中华优秀传统文化走向世界。正如习近平总书记说的："充分激发人民群众的创造活力、创新能力，必须融入不同文明，学习借鉴他人的优势和长处，启发思维补足自己的短板。"[①] 要将中华传统文化放到世界文明发展中去观照，在与其他文化对照时取长补短，在开放交流互鉴中保持包容心态，这是推动中华传统文化"两创"的重要路径。中华传统文化如何在自我传承发展的同时走向世界？

首先，要基于"和而不同"的尊重平等态度，进行交流对话，而非文化灌输。"和而不同"承认并尊重了世界文化文明的平等且多彩，只有从这种基本态

---

① 《习近平谈治国理政》第三卷，外文出版社2020年版，第470页。

度出发而进行的文明交流，才可能让全人类文明得到创新发展；只有在交流互鉴中充分展示中华优秀传统文化的巨大魅力，才能让其他文化自觉自愿自主做选择。

其次，要将中华优秀传统文化的深层价值观与其他文化进行交流。价值观的交流不仅是文化思想的深层对话，也是价值理念的较量博弈，唯有保持对话与博弈辩证统一才能真正让中华优秀传统文化走向世界。在这个过程中，中华优秀传统文化会被激发出新的价值意蕴，从而焕发出新的生命力，也即实现了"两创"。

（四）强化各项保障，确保中华优秀传统文化"两创"工作顺利进行

首先，要加强组织领导，强化中华优秀传统文化"两创"工作的组织保障。党的领导是中华优秀传统文化"两创"工作顺利进行的根本政治保证。要实现中华优秀传统文化"两创"，坚持党对文化建设工作的领导是关键所在。中华优秀传统文化"两创"要由党总揽全局和协调各方，充分发挥党在中华优秀传统文化"两创"工作上谋大局、定方向、制政策的重大作用。各级党委和政府要把中华优秀传统文化"两创"工作摆在重要位置上，以党的强大凝聚力、组织力和战斗力，提升对中华优秀传统文化"两创"工作的领导水平和执行效果，打造上下贯通且执行有力的组织体系，确保党的有关决策、部署贯彻落实。在发挥党员领导干部带头作用的同时，也要调动和协调各方的资源力量，发挥广大群众、先进模范、非公经济组织以及社会组织在中华优秀传统文化"两创"工作中的积极作用。

其次，要加强制度探索，强化中华优秀传统文化"两创"工作的制度保障。要根据传统文化传承发展的实践经验，探索形成系统、协同、可行的各项政策措施，保障中华优秀传统文化"两创"工作顺利进行。具体而言，一是形成保障中华优秀传统文化"两创"工作顺利进行的财税制度。要争取更多的财政支持，设立"两创"专项资金，增加有关财政投入以及加大金融支持力度，给予相关领域税收优惠政策，保证"两创"资金充足。二是形成保障中华优秀传统文化"两创"工作顺利进行的人才培养制度。要提高中央和地方对有关人才的

重视程度，制定完善相关的人才选拔、培养、评价制度，打造一支有担当、有能力、有作为的"两创"人才队伍。三是形成保障中华优秀传统文化"两创"工作顺利进行的激励制度。通过物质和精神双重激励，鼓励引导全社会力量参与中华优秀传统文化"两创"工作，对那些在中华优秀传统文化"两创"工作中作出卓越贡献的人物和组织进行奖励和表彰，在全社会营造促进中华优秀传统文化"两创"的良好氛围和环境。

二、新时代中华优秀传统文化传承发展的具体对策

（一）充分调动全社会积极性创造性，构建多元协同合作的传承发展体系

从党政部门的角度而言，要切实转变政府职能，提升服务意识，在优秀传统文化传承发展方面充分发挥积极推动和正确引导作用。党政部门在传承保护体系中居于把控方向和大局的地位，各部门之间要做好协同配合，避免产生各自为政、职责不清的现象。广大党员干部要带头参与优秀传统文化传承保护，并与地方建设结合起来。同时，党委政府要引导企业、社会组织和人民群众等社会主体主动融入优秀传统文化传承发展体系中来，充分发挥引导、激励、服务与监督职能，调动各主体的积极性，致力于实现不同主体之间的协同配合。从企业的角度而言，要自觉承担起中华优秀传统文化传承发展的责任，如文化企业可以创新中华优秀传统文化的传播模式与技术手段，创新传播方式，进一步扩大传播面。从社会的角度而言，广大人民群众是新时代推进中华优秀传统文化传承发展的最广泛的社会基础。要运用好优秀历史人物、先进典型人物的榜样示范作用，讲好中国故事，创新传播形式，推动中华优秀传统文化实现创造性转化、创新性发展，在整个社会掀起优秀传统文化传播热潮。

（二）着力加大教育宣传力度，加强文化自觉和文化认同

中华优秀传统文化之所以能够经久不衰，与中华民族一直高度重视教育密切相关。正是一代代承担教育使命的人，保障了中华文明绵延至今。习近平总书记也高度重视中华优秀传统文化教育，认可"文化立人"。要把优秀传统文化

的传承发展与学校教育有机结合起来；把优秀传统文化传承发展融入学校教育全过程，与幼儿教育、基础教育、职业教育、高等教育和继续教育等各种教育形式相融合；把思政课这一载体有效利用起来。与此同时，学校应优化文化环境，在各种功能区中加强对中华优秀传统文化的宣传教育，以润物细无声的方式培育学生对优秀传统文化的自信。

新时代中华优秀传统文化的宣传需要借助于多样化的传播载体，通过文学、美术、音乐、电影等多种形式，适应群众的文化需求、审美情趣与生活习惯。平台方面，要充分利用线下公共文化服务机构，把这些机构打造成有力的传播渠道，结合现代科技，优化宣传方式，以生动活泼亲和新颖的手段来实施宣传活动；要提高电视、广播和互联网等传播平台的利用效率，通过打造文化类综艺节目，来覆盖更多的人群。尤其是在新媒体时代，通过线上平台和融媒体矩阵来宣传中华优秀传统文化，更是大势所趋。要加大公共场所对中华优秀传统文化的宣传，如公交车站、文化宣传墙等场所，扩大宣传的覆盖面。

（三）全面加强研究阐释，形成符合新时代要求的传承发展内容

中华优秀传统文化是数千年的智慧结晶，具有极其深厚的底蕴和丰富的内涵。新时代要实现中华优秀传统文化的传承发展，首要任务是对其内涵进行更深一步的挖掘，并进行整理分类。为了深入挖掘中华优秀传统文化的内涵，我们要坚持辩证观点，实事求是地分析传统文化。例如传统文化中的孝悌礼义、自强奋斗、文明和谐等理念，在新时代仍然具有推动作用。我们要继续挖掘这些有益文化与新时代的联系，激发其活力和价值。我们要正确地分析中华优秀传统文化的精神要义，自觉地把中华优秀传统文化与新时代联系起来，让中华优秀传统文化展现其优势和魅力。要讲清楚优秀传统文化的内在价值与特征，方便人们通过更加通俗化的语言来理解其内涵，充分实现创造性转化。

（四）重点利用现代化信息化资源，丰富并创新传承发展方式和手段

互联网技术的进步，使得利用网络多媒体传播中华优秀传统文化成为可能。如今，推进中华优秀传统文化传播的方式除了传统的书本学习和学校课程之外，

还可以灵活运用网络传播方式。要顺应新媒体时代发展趋势，充分运用新媒体技术，打造中华优秀传统文化的传播平台。"善于利用新媒体与新载体，提高优秀传统文化传播的覆盖面和影响力，逐渐解决传播中华优秀传统文化的内容乏味、形式单一、技术落后等问题。"① 在这些平台上定期发布相关文章咨询，优化内容设计与编辑，吸引公众关注，引导转载分享。各类学习平台或账号，应当设置互动模块，为公众提问交流提供途径。充分运用直播等新兴方式，借助直播平台、短视频平台的引流优势，以具有吸引力的视频和互动，吸引越来越多的人参与中华优秀传统文化传承。利用 VR 技术，创新优秀传统文化的展览形式，让公众通过多媒体的浸润式体验对优秀传统文化产生亲近感，通过具体物件收获对传统文化更为准确的认识。

（五）多方探索并确立制度，建立健全中华优秀传统文化传承发展保障系统

一是要建立统一的管理体制。新时代推进中华优秀传统文化的传承和发展，需要多个部门的配合，而不是由一两个职能部门就能够推动的。因此要建立统一的管理体制，明确各自的职责职能，健全相关的政策保障。二是要完善法律法规。针对传统文化传承和发展的法律体系还处于起步时期，法律规范尚不健全，执法环节缺乏力度，监督职能发挥有限。我们要建立中华传统文化保护机构，强化文化领域法治保障。三是要大力培养人才。科学把握当前我国优秀传统文化的传承保护现状，形成人才教育机制，鼓励公众参与优秀传统文化保护，促进专业人才队伍成长。四是要加大资金支持。在加大政府财政资金投入的同时，引导社会机构参与到中华优秀传统文化的传承保护中来，加大基础设施项目建设，重点完善文化活动室、图书室和博物馆等场所建设，提高文化基础设施的利用效率。

---

① 吴增礼、肖佳：《中国共产党对待中华传统文化的态度变迁及基本经验》，载《湖南大学学报（社会科学版）》2021 年第 1 期，第 8－14 页。

参考文献

[1]《习近平新时代中国特色社会主义思想三十讲》，学习出版社 2018 年版。

[2]《党的十九大报告辅导读本》，人民出版社 2017 年版。

[3]《习近平谈治国理政》第一卷，外文出版社 2018 年版。

[4]《习近平谈治国理政》第二卷，外文出版社 2017 年版。

[5]《习近平谈治国理政》第三卷，外文出版社 2020 年版。

[6]《毛泽东选集（第 2 卷）》，人民出版社 1991 年版。

[7]《毛泽东选集（第 3 卷）》，人民出版社 1991 年版。

[8]《毛泽东选集（第 4 卷）》，人民出版社 1992 年版。

[9]《马克思恩格斯选集》第 1－4 卷，人民出版社 1995 年版。

[10]《马克思恩格斯全集》第 42 卷，人民出版社 1957 年版。

[11]《马克思恩格斯全集》第 23 卷，人民出版社 1979 年版。

[12]《马克思恩格斯全集》第 25 卷，人民出版社 1974 年版。

[13]《马克思恩格斯全集》第 46 卷上，人民出版社 1979 年版。

[14]《中央社会主义学院科研部统一战线与政治参与若干问题研究》，华文出版社 2013 年版。

[15] 李晖：《政治的根本问题：党的群众基础研究》，湖南人民出版社 2009 年版。

[16]《中国共产党统一战线工作条例》，人民出版社 2021 年版。

[17] 习近平：《高举中国特色社会主义伟大旗帜 为全面建设社会主义现代化国家而团结奋斗——在中国共产党第二十次全国代表大会上的报告》，人民出

版社 2022 年版。

[18] 习近平：《推进国家治理体系和治理能力现代化》，载《实践：党的教育版》2014 年第 3 期。

[19] 《习近平在中共中央政治局第三十三次集体学习时强调 严肃党内政治生活 净化党内政治生态 为全面从严治党打下重要政治基础》，载《人民日报》2016 年 6 月 30 日，第 1 版。

[20] 《毫不动摇坚持和加强党对一切工作的领导——学习习近平〈论坚持党对一切工作的领导〉》，载《人民日报》2019 年 11 月 22 日，第 7 版。

[21] 习近平：《毫不动摇坚持和发展中国特色社会主义 在实践中不断有所发现有所创造有所前进》，载《人民日报》2013 年 1 月 6 日，第 1 版。

[22] 习近平：《找到全社会最大公约数是人民民主真谛》，载《中国党政干部论坛》2014 年第 10 期。

[23] 《习近平出席全国宣传思想工作会议并发表重要讲话》，载《实践（思想理论版）》2013 年第 9 期。

[24] 《举旗帜 聚民心 育新人 兴文化 展形象 更好完成新形势下宣传思想工作使命任务 习近平出席全国宣传思想工作会议并发表重要讲话》，载《时事报告》2018 年第 9 期。

[25] 《引领网信事业发展的思想指南——习近平总书记关于网络安全和信息化工作重要论述综述》，载《人民日报》2018 年 11 月 6 日，第 5 版。

[26] 《习近平在中共十八届三中全会第一次全体会议上的讲话》，载《论党的宣传思想工作》，中央文献出版社 2020 年版。

[27] 习近平：《我国广大知识分子要主动担当积极作为 为国家富强民族振兴人民幸福多作贡献》，载《人民日报》2017 年 3 月 5 日，第 1 版。

[28] 《习近平同党外人士共迎新春》，载《人民日报》2013 年 2 月 8 日，第 1 版。

[29] 《习近平在中共中央政治局第十八次集体学习时强调 牢记历史经验历史教训历史警示 为国家治理能力现代化提供有益借鉴》，载《人民日报》2014 年 10 月 14 日，第 1 版。

[30] 习近平：《大力弘扬伟大爱国主义精神 为实现中国梦提供精神支柱》，载《人民日报》2015 年 12 月 31 日，第 1 版。

[31] 习近平：《在北京大学师生座谈会上的讲话（2018年5月2日）》，载《思想政治工作研究》2018年第6期。

[32] 《庆祝改革开放40周年大会在京隆重举行 习近平发表重要讲话》，载《党建研究》2019年第1期。

[33] 习近平：《把培育和弘扬社会主义核心价值观作为凝魂聚气强基固本的基础工程》，载《人民日报》2014年2月26日，第1版。

[34] 《习近平在纪念孔子诞辰2565周年国际学术研讨会暨国际儒学联合会第五届会员大会开幕会上的讲话》，载《人民日报》2014年9月25日，第2版。

[35] 《邓小平文选》（第2卷），人民出版社1994年版。

[36] 中共中央文献研究室：《习近平关于社会主义文化建设论述摘编》，中央文献出版社2017年版。

[37] 中央社会主义学院理论学习中心组：《画出最大的同心圆——习近平中央统战工作会议重要讲话精神学习讲座》，中共中央党校出版社2015年版。

[38] 张晓东、舒忠飞：《国外高级公务员能力素质模型建设及其对我国领导干部继续教育工作的启示——以美、英、荷、澳为例》，载《继续教育》2016年第8期。

[39] 高浩宇、潘超：《基于能力素质模型的工作负责人分级管理体系》，载《电力与能源》2015年第2期。

[40] David C. McClelland, "Testing for competency rather than for intelligence", *American Psychologist*, Vol. 28, 1973.

[41] 叶娜：《党外代表人士差异化管理初探——基于湖南实证调研》，载《山西社会主义学院学报》2017年第2期。

[42] 王永风：《非公有制企业如何开展党建工作》，载《人民论坛》2011年第5期。

[43] 王金中：《新的历史条件下房地产公司中的党建工作》，载《世纪桥》2012年第13期。

[44] 向葵葵：《关于非公有制经济组织党建工作机制创新的思考》，载《云南社会主义学院学报》2002年第4期。

[45] 祝全永：《"两新"组织党组织作用发挥存在难题及对策探析》，载《中国

延安干部学院学报》2009 年第 2 期。

[46] 闫东伟：《创新非公企业党建工作发展对策研究》，载《黑龙江省社会主义学院学报》2016 年第 2 期。

[47] 叶麒麟：《非公企业党建的困境及其破解对策——来自福建省泉州市的经验启示》，载《理论与改革》2014 年第 1 期。

[48] 杨久华、陈朝：《关于私营企业党建制度创新的理论思考与实证分析》，载《理论与改革》2006 年第 3 期。

[49] 王世谊、王婷：《近年来非公企业党的建设研究述评》，载《新视野》2011 年第 6 期。

[50] 刘兆第：《非公企业党建的探索及启示——以广东省阳江市为例》，载《理论探索》2012 年第 1 期。

[51] 王世谊：《非公有制经济组织党建运行机制研究——以江苏省为例》，中国社会科学出版社 2014 年版。

[52] 常胜、闫婉荣、杜涛：《近年来非公企业党的建设研究综述》，载《观察与思考》2013 年第 11 期。

[53] Polanyi K, *The Great Transformation*: *The Political and Economic Origins of Our Time*, Boston: Beacon Press, 1944.

[54] Granovetter M S, "Economic action and social structure: The Problem of embeddedness", *American of Sociology*, Vol. 91(3), 1985.

[55] Gulati R, "Alliances and networks", *Strategic Management Journal*, Vol. 19(4), 1998.

[56] Andersson U, Forsgren M, Holm U, "The strategic impact of external networks: Subsidiary performance and competence development in the multinational corporation", *Strategic Management Journal*, Vol. 23(11), 2002.

[57] 刘殿国：《社会嵌入性视角能源效率影响因素理论模型及应用研究》，科学出版社 2017 年版。

[58] 杨日鹏：《嵌入性视角下政党在社会管理中的作用——以宁波市北仑区区域化党建为例》，载《领导科学》2011 年第 7 期。

[59] 张诺夫：《新形势下非公企业党建研究》，浙江工商大学出版社 2015 年版。

[60] 李锡炎:《非公企业党建与领导管理创新》,人民出版社2013年版。

[61] 熊远帆、黄姿:《为"力量之都"注入"红色动力"——长沙经开区非公党建工作纪实》,载《湖南日报》2016年6月29日,第6版。

[62] 张大伟、李鸿渊:《非公有制企业党建有效性研究》,江西人民出版社2014年版。

[63] 宋莹、王继崐:《关于做好新媒体代表人士统战工作的思考》,载《中央社会主义学院学报》2016年第1期。

[64] 中共中央统战部、中共中央党校、国家行政学院、中央社会主义学院:《中国统一战线教程》,中国人民大学出版社2013年版。

[65] 朱春阳:《新媒体时代的政府公共传播》,复旦大学出版社2014年版。

[66] 石平:《警惕网络负能量》,载《求是》2013年第12期。

[67] 揭晓:《新媒体从业人员的兴起及统战工作机制探析》,载《广州社会主义学院学报》2015年第1期。

[68] 李雯:《新媒体从业人员政治引导问题探究》,载《中央社会主义学院学报》2015年第3期。

[69] 民进安徽省委课题组:《新媒体从业人员的社会定位与统战策略研究》,载《中央社会主义学院学报》2013年第2期。

[70] 俞可平:《社会和谐与政府创新》,社会科学文献出版社2008年版。

[71] [美] 科塞:《社会冲突的功能》,孙立平译,华夏出版社1989年版。

[72] 张玉堂:《利益论——关于利益冲突与协调问题的研究》,武汉大学出版社2001年版。

[73] 傅如良:《综论我国学界关于公平与效率问题的研究》,载《湖南师范大学社会科学学报》2005年第1期。

[74] 李大棚、邹素妍:《统战工作视角下新媒体从业人员的政治认同研究——以大连市为例》,载《重庆社会主义学院学报》2016年第1期。

[75] 唐绪军、吴信训、黄楚新:《新媒体蓝皮书:中国新媒体发展报告(2016)》,社会科学文献出版社2017年版。

[76] 刘学军:《新形势下党外知识分子统战工作研究》,载《辽宁省社会主义学院学报》2018年第1期。

[77] 习近平：《在哲学社会科学工作座谈会上的讲话》，载《人民日报》2016 年 5 月 19 日，第 1 版。

[78] 吴增礼、肖佳：《中国共产党对待中华传统文化的态度变迁及基本经验》，载《湖南大学学报（社会科学版）》2021 年第 1 期。

[79] 许烨：《党外代表人士能力素质模型建构及应用》，载《统一战线学》2018 年第 2 期。

[80] 许烨：《党外代表人士能力素质建设研究——基于湖南省的调研数据》，载《山东社会主义学院学报》2018 年第 3 期。

[81] 许烨：《传统党建在非公有制经济组织领域遭遇的困境和原因分析——以湖南省为例》，载《湖南省社会主义学院学报》2018 年第 2 期。

[82] 许烨：《新形势下非公有制企业的党组织发挥实质作用研究》，载《天津社会主义学院学报》2018 年第 2 期。

[83] 许烨：《新形势下新媒体代表人士政治认同及其引导——基于湖南省的调研》，载《江苏社会主义学院学报》2018 年第 3 期。

[84] 许烨：《"大网络大统战"：构建新媒体中的代表性人士政治认同引导整合机制思考》，载《山东省社会主义学院学报》2017 年第 1 期。

[85] 许烨：《嵌入性治理：企业党建与现代企业制度的有机结合》，载《湖南省社会主义学院学报》2018 年第 1 期。

[86] 张彩云、许烨：《政治社会化视角下新媒体代表人士政治引导工作研究》，载《黑龙江社会主义学院学报》2018 年第 1 期。

[87] 张璐、许烨：《新时代党外知识分子统战工作研究》，载《云南省社会主义学院学报》2019 年第 2 期。

[88] 张璐、许烨：《新时代中华优秀传统文化的传承发展研究》，载《云南社会主义学院学报》2021 年第 3 期。

附录

A. 非公有制企业党建工作开展情况问卷调查

您好！为进一步了解非公有制企业党建工作情况，全面做好非公有制企业党员发展与党组织集中组建工作，特制作本问卷，请您在认为合适的选项前打"√"。谢谢您的支持！

调查地点：湖南省市街道（镇）　　企业访员姓名：　　访员电话：

第一部分：基本信息

A1 您的性别：（　　）

A. 男　　B. 女

A2 您的年龄是_____周岁。

A3 您加入中国共产党时间：_____。

A4 您的学历：____。

A5 您的职务：（　　）

A. 领导班子成员　　B. 中层　　C. 普通职工

A6 您所在的企业人数：____人。

A7 您所在的企业的党员人数：____人。

A8 您所在企业业主的政治面貌：（　　）

A. 中共党员　　B. 民主党派　　C. 群众

第二部分：党建工作开展

1. 您的信仰是什么？（可选多项）
   A. 共产主义　　B. 实用主义　　C. 宗教　　D. 没有信仰　　E. 其他

2. 您认为能在实现中华民族伟大复兴的过程中凝聚全国人民的共同思想基础是什么？（可选多项）
   A. 马克思主义　B. 儒学　C. 瑞典式的民主社会主义　D. 民族主义
   E. 其他

3. 当企业发展和个人利益关系发生冲突时，您的打算是什么？
   A. 与企业同发展　　B. 视企业发展情况而定　　C. 寻找机会准备跳槽
   D. 其他

4. 在社会建设方面，您最关心的是什么？（可选多项）
   A. 社会就业和物价　　B. 台海局势　　C. 企业改革发展前景
   D. 反腐倡廉　　E. 能源供给和环境保护　　F. 社会分配差距较大
   G. 农民、农村和农业问题　　H. 其他

5. 您最崇拜的偶像是什么？
   A. 政治领袖　　B. 各类明星　　C. 商界领袖　　D. 科技精英
   E. 英雄人物　　F. 其他

6. 您平时读书和业务学习的时间为多少？
   A. 平均每天 2 小时以上　B. 平均每天 1~2 小时　C. 平均每天 1 小时内
   D. 想起来就学习，想不起来就不学习　　E. 根本不学习

7. 您每年平均接受各类培训的时间累计是多少？
   A. 1 个月以上　　B. 半个月至 1 个月　　C. 1 周至半个月
   D. 少于 1 周　　E. 没有

8. 您平时是否关注时政、阅读党政报刊？
   A. 经常　　B. 有时　　C. 偶尔　　D. 从不

9. 在您的学习过程中，您认为最迫切需要了解的是什么？
   A. 习近平新时代中国特色社会主义思想
   B. 当前对经济和社会发展具有重要指导意义的法规和文件

C. 所在企业改革发展中的特点和难点

D. 专业技能和知识

E. 日常生活和社会服务类信息

F. 其他

10. 您所在的企业是否建立了党组织？（选已建跳至第 12 题）

A. 已建　　B. 没有建　　C. 准备建

11. 没有建党组织的主要原因是（可选多项）：

A. 没有党员或仅有个别党员，不符合建党组织条件　B. 业主不认同

C. 部分党员不认同　D. 其他原因　E. 不清楚

12. 您认为在非公有制企业中应怎样建立党组织（可选多项）：

A. 单独建立　B. 和其他企业联合建立　C. 挂靠建立

13. 您所在的党组织书记是如何产生的？

A. 上级党组织选派　B. 内部产生　C. 面向社会选聘　D. 其他途径

14. 您认为贵单位党务工作者工作经验是否丰富？（选丰富跳至第 16 题）

A. 很丰富　B. 一般　C. 不清楚　D. 不丰富　E. 完全不丰富

15. 工作经验不丰富主要体现在哪些方面？（可多选）

A. 对党的知识组织活动程序不了解　B. 工作不得法、方法单一

C. 党务工作和生产经营两层皮

16. 您所在企业的中共党员发挥先锋模范作用的形式（可选多项）：

A. 与党组织保持高度一致，维护党的团结和统一

B. 服从组织分配和决定

C. 按时参加党组织的政治理论学习活动，认真学习党的基本知识

D. 贯彻执行党的基本路线和教育方针、政策

E. 按时参加党的组织生活

F. 自觉遵守党的纪律，遵守国家的法律法规

17. 您所在的企业党组织负责人是否列席管理层会议？

A. 经常　B. 偶尔　C. 从不

18. 您的党员组织关系是否转入了您所在的企业党组织？（选已转跳至第 20 题）

A. 已转　B. 未转

19. 未转的主要原因是（可选多项）：

A. 没有党组织接受　B. 企业主不支持　C. 接转组织关系太烦琐

D. 怕暴露身份带来一些不必要的麻烦　E. 转不转组织关系对工作没有影响

F. 党组织没有做明确要求　J. 其他

20. 您多长时间交纳一次党费？

A. 每月　B. 3个月　C. 6个月以上　D. 不能正常交纳

21. 您认为您所在的企业法人代表对党组织开展的党建活动持什么态度？（选支持跳至第23题）

A. 非常支持　B. 比较支持　C. 无所谓　D. 不支持　E. 完全不支持

22. 您认为不支持的主要原因是（可选多项）：

A. 担心增加成本　B. 担心权力失控　C. 担心影响正常的生产经营活动

D. 其他

23. 您认为您所在的企业中员工中共党员对党组织开展活动持什么态度？（选参加跳至第25题）

A. 积极参加　B. 愿意参加　C. 受客观因素制约不能参加

D. 不愿参加　E. 完全不愿参加

24. 您认为不愿意参加组织活动的主要原因是（可选多项）：

A. 工资奖金等经济利益会受到影响　B. 形式单一，缺乏吸引力

C. 内容空洞，教育效果差　D. 党组织平时关心、帮助不够，有抵触情绪

E. 参不参加一个样，没有任何约束　F. 其他

25. 您所在的企业党组织有无固定活动场所？

A. 有　B. 无

26. 您所在的党组织工作经费来源是：

A. 每年列入了企业财务经费预算　B. 没有列入预算，随用随报

C. 通过其他途径解决　D. 完全没有来源

27. 您所在企业召开支部团员大会、支部委员会、团组织生活会、团课或党课的情况是：

A. 1月1次　B. 1月多次　C. 没有规律　D. 很少开展　E. 没有

28. 您所在的企业党组织开展活动的主要形式有哪些？（可选多项）

A. 集中学习"两学一做"、党的十九大、二十大精神 B. 生产竞赛

C. 文化体育活动 D. 外出学习考察 E. 定期开展党建主题活动 F. 其他

29. 您所在的企业是否跟社区联合？（选否跳至第 31 题）

A. 是 B. 否

30. 您所在企业跟社区联合的形式有（可选多项）：

A. 社区建立非公党建领导小组

B. 非公党建领导小组，定期到非公支部走访，指导工作

C. 成立非公有制企业党支部服务站，为非公有制企业提供服务、环境和平台

D. 社区通过走访、座谈等形式了解企业需求和困难

31. 您所在企业在党建工作创新上进行了何种探索？（可选多项）

A. 招聘党员 B. 纳入企业管理制度 C. 探索流动党员管理新途径

D. 实行党组织活动经费税前列支 E. 其他

32. 您所在企业反腐倡廉建设是否纳入企业管理制度，效果如何？

A. 否，无效果 B. 是，有促进作用

C. 是，有副作用 D. 是，无效果

33. 您是否认同党组织在非公有制企业中的核心地位作用？

A. 非常同意 B. 同意 C. 说不清 D. 不同意 E. 完全不同意

34. 您对上级党组织选派党建工作指导员到企业开展党建工作持欢迎的态度：

A. 非常欢迎 B. 欢迎 C. 说不清 D. 不欢迎 E. 完全不欢迎

35. 您认为上一级党组织对非公有制企业党建工作相当重视：

A. 非常重视 B. 重视 C. 说不清 D. 不重视 E. 完全不重视

36. 您觉得您所在的党组织关心中共党员员工：

A. 非常关心 B. 关心 C. 说不清 D. 不关心 E. 完全不关心

37. 您所在的党组织经常宣传贯彻党的路线方针政策和国家的法律法规：

A. 非常同意 B. 同意 C. 说不清 D. 不同意 E. 完全不同意

38. 您认为党组织发展党员工作按照坚持标准、保证质量、改善结构、慎重发展：

A. 非常同意 B. 同意 C. 说不清 D. 不同意 E. 完全不同意

39. 您认为您所在的企业党组织开展的活动对生产经营有促进作用：

A. 非常同意　B. 同意　C. 说不清　D. 不同意　E. 完全不同意

40. 您经常关注党的重大会议和主要决策：

A. 非常同意　B. 同意　C. 说不清　D. 不同意　E. 完全不同意

41. 您认同党和国家大政方针：

A. 非常同意　B. 同意　C. 说不清　D. 不同意　E. 完全不同意

42. 您认同我国社会主义核心价值体系建设已经完善：

A. 非常同意　B. 同意　C. 说不清　D. 不同意　E. 完全不同意

问卷结束，再次感谢您的支持与合作！

B. 新媒体代表人士政治认同调查问卷

您好！

欢迎参加"新媒体代表人士政治认同"的调查工作！希望您能抽出宝贵时间配合我们的调查工作，谢谢您的参与。

第一部分：基本情况

您的年龄_____，参加工作年限_____，学历水平_____，所学专业_____，政治面貌_____，每日上网时长_____小时。

B1. 在网上发布言论频率：

（1）经常；（2）频繁地随时表达；（3）偶尔。

B2. 发布或转发言论的主要内容：

（1）经常以微信群等网络聊天形式建言献策；（2）定期参加相关人士座谈会、网络信箱及时反映个人建议或意见；（3）直接参加党政大会；（4）其他。

B3. 对人生观价值观的主流认识：

（1）奉献社会；（2）实现个人价值；（3）拥有财富、社会地位；（4）享受生活；（5）向往政治地位。

第二部分：政治认同

一、选项题

（问卷采用李克特 5 点计分方式，选项"1"代表"非常不同意"，选项"2"代表"比较不同意"，选项"3"代表"不确定"，选项"4"代表"比较同意"，选项"5"代表"非常同意"）

1. 改革开放以来，中国的政治体制有力地推动了中国的发展　　1 2 3 4 5
2. 中国政治体制是否需要改革　　1 2 3 4 5
3. 中国改革开放以来的发展，充分体现了中国特色社会主义制度优越性　　1 2 3 4 5
4. 中国特色社会主义制度还有待进一步完善　　1 2 3 4 5
5. 对我国建设有中国特色的社会主义社会充满信心　　1 2 3 4 5
6. 中国的政治协商制度和多党合作制度对改革开放以来中国的发展极为有利　　1 2 3 4 5
7. 采用多党竞争制度更有利于中国发展　　1 2 3 4 5
8. 坚持中国共产党的领导，对中国的发展极为重要　　1 2 3 4 5
9. 党的形象是否符合您的要求　　1 2 3 4 5
10. 对中国共产党的历史功绩的肯定　　1 2 3 4 5
11. 对中国共产党的执政绩效是否满意　　1 2 3 4 5
12. 您是否愿意加入中国共产党　　1 2 3 4 5
13. 对本届政府是否认同或满意　　1 2 3 4 5
14. 政府是为群众的利益服务的　　1 2 3 4 5
15. 政府官员大部分是合格的　　1 2 3 4 5
16. 民众能有效利用各种渠道向政府表达自己的意见　　1 2 3 4 5
17. 党和政府对民众反映的问题能够做出积极回应　　1 2 3 4 5
18. 中国政府为公民的政治参与提供了多种有效的途径　　1 2 3 4 5
19. 在处理各方利益关系方面，党和政府是公正的　　1 2 3 4 5
20. 作为中国人，我很自豪　　1 2 3 4 5
21. 在国外被误认为是韩国人或日本人时，会郑重地说明自己是

中国人　　　　　　　　　　　　　　　　　　　　1 2 3 4 5
22. 公民的身份对个人来说是无所谓的　　　　　　　　1 2 3 4 5
23. 个人的民族身份不应该被忽视　　　　　　　　　　1 2 3 4 5
24. 作为中国公民，我的基本权利得到了很好的保障　　1 2 3 4 5
25. 中国传统文化对您个人具有很大的影响　　　　　　1 2 3 4 5
26. 大力弘扬中华优秀传统文化十分必要　　　　　　　1 2 3 4 5
27. 在全球化影响下，文化的多元性比文化的本土性更重要　1 2 3 4 5
28. 是否认同"党和政府强调的社会主义核心价值观"　1 2 3 4 5
29. 是否了解和认同极端民族主义　　　　　　　　　　1 2 3 4 5
30. 是否了解和认同民粹主义　　　　　　　　　　　　1 2 3 4 5
31. 党和政府的政策，比较符合改革开放以来中国发展实际　1 2 3 4 5
32. 改革开放以来，党和政府的政策曾有严重失误　　　1 2 3 4 5
33. 中央的重大决策能够在全国全面执行　　　　　　　1 2 3 4 5
34. 对统一战线相关政策了解　　　　　　　　　　　　1 2 3 4 5
35. 对统战工作在社会主义建设方面的作用的认同　　　1 2 3 4 5
36. 对统战工作在促进社会稳定方面的作用的认同　　　1 2 3 4 5
37. 对统战工作在文化建设方面的作用的认同　　　　　1 2 3 4 5
38. 对统战工作在实现中国梦方面的作用的认同　　　　1 2 3 4 5
39. 改革开放是中国发展的正确选择　　　　　　　　　1 2 3 4 5
40. 国家的发展与我关系不大　　　　　　　　　　　　1 2 3 4 5
41. 中国的政治体制改革应该一步到位，而不是慢慢来　1 2 3 4 5
42. 中国在全球化背景下已经找到了适合本国国情发展的道路　1 2 3 4 5

二、选择题

43. 您认为中国的政治体制改革应着重于以下哪些方面？请在列出的10个选项中选择3项，并根据选项的重要性进行排序：

（1）基层群众自治制度改革；（2）民族区域自治制度改革；（3）人民代表大会制度改革；（4）司法制度改革；（5）行政管理制度改革；（6）选举制度改革；（7）中国共产党的领导体制改革；（8）中央和地方决策体制改革；（9）走向"三权分立"和"多党制"；（10）政治协商制度改革。

44. 您认为"为了使中国更好地发展，中国共产党应该做哪些事情"，请在列出的6个选项中选择3项，并根据选项的重要性排序：

(1) 保持党的先进性、纯洁性；(2) 坚持反腐败；(3) 坚持改革开放的基本方针和路线；(4) 推动党内民主；(5) 提高党的执政能力；(6) 注重政策的科学化、民主化、法治化。

45. 请就政治参与意愿做出选择：

(1) 与自己相关的事情可以考虑参政议政；(2) 可以为政府建言献策；(3) 希望能够参政议政，发挥自己的才能；(4) 不想与政治有瓜葛。

46. 您认为参政议政属于什么行为：

(1) 代表职业技术特点的有组织的行为；(2) 代表行业特点的有组织的行为；(3) 自发性个体行为；(4) 行为界限模糊不清；(5) 其他。

47. 您比较看重的是以下哪些身份？请在列出的8个选项中选择3项，并根据选项的重要性排序：

(1) 户籍身份（城市人或农村人身份）；(2) "干部"身份；(3) "单位"身份；(4) 地域身份（某省市人或某地人身份）；(5) 民族身份（少数民族或汉族身份）；(6) 公民身份（中国公民的身份）；(7) 职业身份；(8) "中国人"的身份。

48. 您认为在全球化和信息化的背景下，发展中国文化应着重于以下哪些方面？请在列出的6个选项中选择3项，并根据选项的重要性排序：

(1) 多种文化融合的中国现代文化；(2) 发扬光大中国传统文化；(3) 以马克思主义主导中国文化发展；(4) 用西方文化改造中国文化；(5) 注重中国传统文化与马克思主义的结合；(6) 注重宗教对中国文化的影响。

49. 请在政策的法治性、公平性、科学性、民主性、有效性中选择最关注的一种：

(1) 法治性；(2) 公平性；(3) 科学性；(4) 民主性；(5) 有效性。

50. 请在与发展有关的"六大建设"中选择最关注的一种：

(1) 党的建设；(2) 经济建设；(3) 社会建设；(4) 政治建设；(5) 文化建设；(6) 生态建设。

问卷结束，再次感谢您的支持与合作！

后记

在2015年中央统战工作会议上，习近平总书记发表了重要讲话，科学回答了新形势下需不需要统一战线、需要什么样的统一战线、怎样巩固发展统一战线等重大问题，提出了一系列新思想、新观点、新要求，是指导统一战线事业发展的纲领性文献。对于新兴热点领域，要与时俱进主动作为的，不只是统战工作，而是包括但不限于统战工作。哪里有热点，哪里就要关注。哪里有持续的热点，哪里就要持续关注。哪里有特殊的热点，哪里就要重点关注。随着新形势的发展，统战工作呈现出日益复杂的趋势，统战领域不断向基层延伸和拓展，统战工作越来越显得重要，且任务更加艰巨，要求和标准更高。就研究内容而言，新时代统一战线领域仍面临诸多挑战，统战领域热点问题研究还有待进一步深入，如优化营商环境、发展两岸关系、促进金融服务实体经济等问题将有待进一步研究。由于工作繁忙，书稿完善期间要不断获取大量跨学科的知识，有时难以消化，因此写作中有许多问题有待进一步探究，许多想法也需要进一步梳理。

本书是我近几年研究课题的部分成果汇总，第一章为2017年中共湖南省委统战部重点课题"党外代表人士能力素质模型建构研究"，第二章为2018年度全省统一战线理论政策研究课题委托项目"民主党派参政议政提质增效研究"，第三章为中央社会主义学院统一战线高端智库重点课题"嵌入性治理视角下非公有制经济组织中的党组织作用研究"（ZK20170128），第四章为湖南省哲学社会科学基金项目"新形势下湖南新媒体代表人士政治引领研究"（16WTC28）的研究成果，等等。因为是在课题研究的基础上扩展而成的，所以还显得十分稚嫩，对于相关问题的把握和研究还很笼统甚至片面，在实证研究方面是以湖南地区为主，选取的调研对象十分有限，对于相关对策建议如要大范围推广，仍需大量的样本。此外，由于篇幅、内容等其他原因，对于民族、宗教等方面的重点内容未有纳入，也比较遗憾，但对于作者而言往往也是敝帚自珍，毕竟这是多年的研究总结。而且自本书2020年初稿呈现至2023年成稿，这中间经过多次修改和完善，得到了中共湖南省委统战部、中央统战部等有关部门领导的关心与关注。自反复打磨到最终呈现，又历经了近两年的时间，实属不易。当然，在反复修改完善的过程中，我也不断地吸收新的养分，获得了新的进步。虽然我是一名九三学社社员，但更是湖南省社会主义学院的老师，是统战理论与政策的研究者和实践者，理应不断与时俱进，深入研究、探求规律、把握方向、创新方法、解决问题。

本书的完成与出版，就我而言是一项系统而庞大的工程，在"工程"即将完成、稍做总结之际，回首过去几年来的岁月，需要感谢的领导、师友实在太多。

在课题的申报和研究过程中，我自始至终得到了湖南省社会主义学院的关心和大力支持。在本书付梓之际，我谨向他们致以谢意。感谢符俊根书记、洪真健副院长、黄自荣副院长、李蓉副院长、彭仕敏副巡视员对本书的指导和帮助。特别感谢中共湖南省委统战部副部长、我院原党组书记邓焕生作为课题组主要成员，不辞辛劳地带领我们去调研、学习，不厌其烦地对本书进行精心把关和指导。感谢周述杰巡视员、彭英副院长、刘蓉宝主任、潘慧春处长对本书的指导和对我的一贯扶持；感谢九三学社湖南省委会、中共湖南省委统战部政研室对课题组的指导和帮助；感谢课题组成员张璐老师、张彩云老师、康杰老师的支持和付出。同时，也感谢研究出版社的同志们对本书出版的全力投入。最后，感谢家人、亲朋好友对我的无私关怀，也感谢湖南省社会主义学院专著出版基金的资助。

我衷心感谢以不同方式对本书顺利完成并出版作出贡献的所有人。感谢那些先驱者留下的探索、印迹、成果，他们的研究留下无尽的启发与影响。学术研究从来就没有终点，著作的出版也不意味着探索的终止。在不断深入研究的过程中，更觉得自己浅薄无知。本书中的诸多议题都坚持问题导向，在调查研究方面做了一些基础性工作，期待抛砖引玉，期待更多的学者能关注统一战线领域，为巩固和发展最广泛的爱国统一战线添砖加瓦。

许　烨

2023 年 6 月 1 日于湖南省社会主义学院